Politik und Gesellschaft

Politik und Gesellschaft
für die bayerische Realschule

Band 10

Inklusive Aktualitätendienst
Viele Schaubilder, Tabellen und Diagramme werden regelmäßig aktualisiert.

Erklärfilm
73000-502

Bearbeitet von
Florian Benz
Walter Ludwig
Nina Schröck

unter Beratung von
Philipp Beyer

Bayern

C.C.BUCHNER

#Politik und Gesellschaft – Bayern

Politik und Gesellschaft für die bayerische Realschule

Band 10

Bearbeitet von Florian Benz, Walter Ludwig, Nina Schröck
unter Beratung von Philipp Beyer

Zu diesem Lehrwerk sind erhältlich:

- Digitales Lehrermaterial **click & teach** Einzellizenz, Bestell-Nr. 700411
- Digitales Lehrermaterial **click & teach** Box (Karte mit Freischaltcode), ISBN 978-3-661-70041-0

Weitere Materialien finden Sie unter www.ccbuchner.de.

Dieser Titel ist auch als digitale Ausgabe **click & study** unter www.ccbuchner.de erhältlich.

1. Auflage, 3. Druck 2022
Alle Drucke dieser Auflage sind, weil untereinander unverändert, nebeneinander benutzbar.

Dieses Werk folgt der reformierten Rechtschreibung und Zeichensetzung. Ausnahmen bilden Texte, bei denen künstlerische, philologische oder lizenzrechtliche Gründe einer Änderung entgegenstehen.

Redaktion: Marius Rossmeissl, Tabea Schüller-Ruhl
Layout, Satz und Illustrationen: Wildner + Designer GmbH, Fürth
Druck und Bindung: Firmengruppe Appl, aprinta Druck, Wemding

www.ccbuchner.de

ISBN 978-3-661-**70040**-3

Übersicht: Politik Aktiv

Übersicht: Methoden

Übersicht: Methodenglossar

Zur Arbeit mit dem Buch

Liebe Schülerinnen und Schüler,

das Fach Politik und Gesellschaft ist in diesem Jahr neu für Sie. Sie können gespannt sein, mit welchen Themen Sie sich in diesem Fach beschäftigen werden.
Das vorliegende Buch dient Ihnen nicht nur als Begleitung für den Unterricht. Sie können sich die Inhalte auch angeleitet durch Lernaufgaben selbstständig erschließen und diese zudem zu Prüfungszwecken wiederholen und üben. Damit sind Sie optimal vorbereitet, um sich den spannenden Themen des neuen Faches in Ihrem Abschlussjahr zu stellen.
Wie Sie mit dem Buch arbeiten können, erfahren Sie auf den folgenden Seiten.

Viel Erfolg und Spaß wünschen
das Autorenteam und der Verlag

1 Kapitelauftaktseiten
Jedes Kapitel beginnt mit einer Auftaktdoppelseite. Eine Materialseite und offene Aufgaben ermöglichen Ihnen eine erste Annäherung an die Inhalte des neuen Kapitels. Dabei können Sie auch zeigen, was Sie schon über das Thema wissen. Außerdem hilft Ihnen ein kleiner Einführungstext, einen Überblick zu erhalten. Schließlich erfahren Sie hier, über welches Können Sie am Ende des Kapitels verfügen sollten.

2 Selbstgesteuertes Lernen – Lernaufgaben
Auf den ersten zwei Seiten im Kapitel wird Ihnen immer eine Lernaufgabe zur Erschließung des Kapitels vorgestellt. Diese bietet Ihnen einen Weg, über den Sie weitgehend selbstständig das Kapitel bearbeiten können („**Politik aktiv**"). Dazu müssen Sie sich projektartig mit den Materialien und Inhalten des Kapitels auseinandersetzen und abschließend ein Produkt dazu erstellen oder eine Präsentation halten.

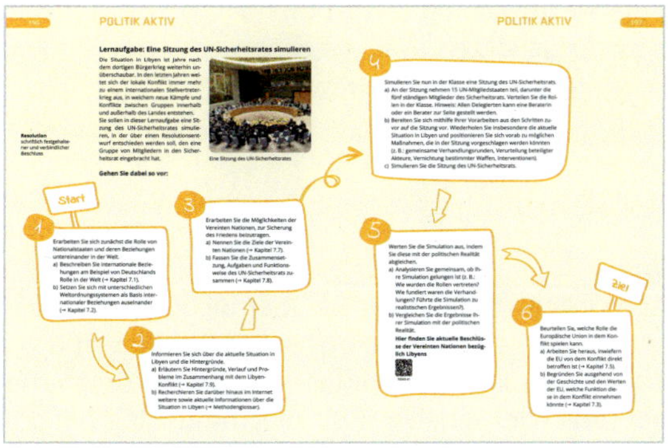

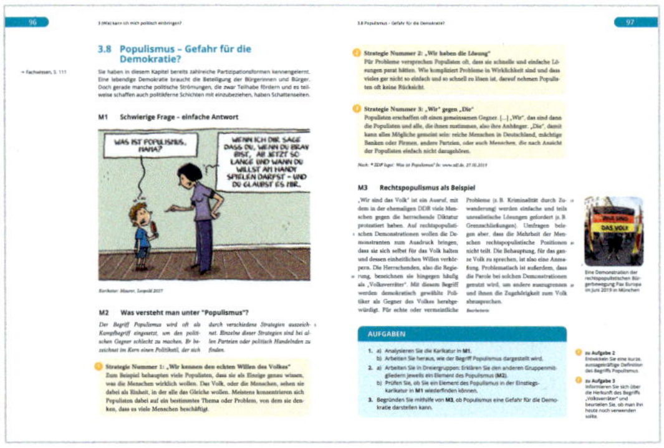

3 Aufbau der Unterkapitel

Die Inhalte des Kapitels erarbeiten Sie sich in der Regel auf Doppelseiten. Ein kurzer Einführungstext unter der Überschrift erklärt Ihnen in wenigen Sätzen das Thema.
Dieses können Sie sich anschließend anhand der durchnummerierten Materialien erschließen.
Die Materialien sind dabei stets so angeordnet, dass Sie zunächst Gelegenheit erhalten, sich in das Thema einzuarbeiten. Danach werden die zentralen Informationen dargeboten, während Sie abschließend ein oder mehrere Materialien vorfinden, die als Diskussionsgrundlage dienen oder eine Stellungnahme verlangen.
Am Ende jeder Doppelseite ist ein Aufgabenblock platziert. Die **Aufgaben** zeigen Ihnen, wie Sie mit den Materialien arbeiten können.

4 Selbstständiges Wiederholen – Fachwissen

Am Ende jedes Kapitels befinden sich Seiten zum **Fachwissen**. Hier werden die wesentlichen Inhalte zusammengefasst und Sie können zur Nacharbeit oder zur Vorbereitung einer mündlichen oder schriftlichen Prüfung das Wichtigste nachlesen.
Darüber hinaus enthalten der Großteil der Erklärungen sowie einige Grafiken in den Kapiteln einen Mediencode, welcher Sie zu Aufgaben führt, mit denen Sie selbstständig digital üben können.
Scannen Sie einfach den QR-Code in der Randspalte mit Ihrem Smartphone oder geben Sie den darunter stehenden Mediencode auf der Verlagshomepage ein (www.ccbuchner.de/medien).

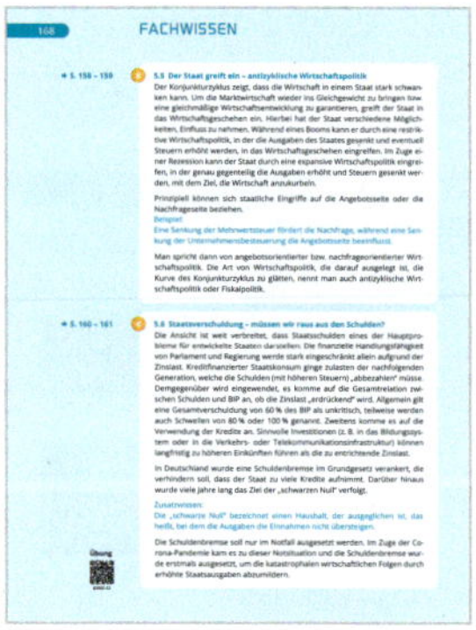

5 Selbstkontrolle – Kapitelabschluss

Die Doppelseite **Kompetenzcheck** schließt ein Großkapitel ab. Hier können Sie selbst überprüfen und zeigen, ob Sie die erlernten Kompetenzen in einer konkreten Situation sinnvoll anwenden können.
Über einen QR-Code haben Sie auch die Möglichkeit, Ihre Ergebnisse selbst zu kontrollieren.
Ein weiterer Code führt Sie zu einer tabellarischen Auflistung der wichtigsten Kompetenzen, die Sie im Kapitel erworben haben sollen. Hier können Sie selbst einschätzen, was Sie schon können und welche Aspekte Sie vielleicht noch einmal wiederholen sollten.

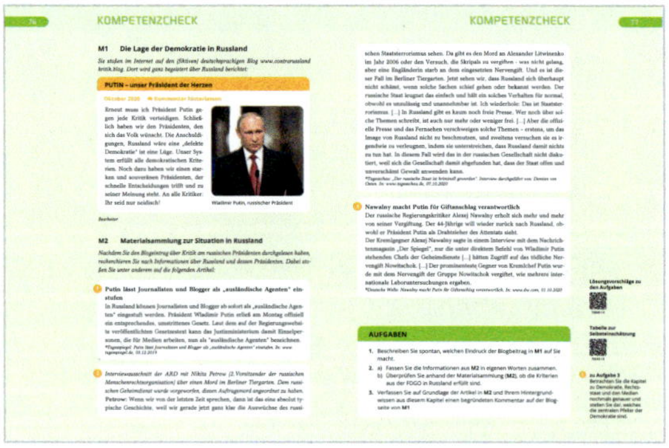

6 Methodentraining

Im Fach Politik und Gesellschaft sollen Sie aber nicht einfach Fakten auswendig lernen und wiedergeben. Vielmehr sollen Sie aktiv und kritisch an der Demokratie teilhaben können. Dafür müssen Sie Zusammenhänge verstehen und beurteilen lernen. Das Rüstzeug dafür sind bestimmte Fähigkeiten und Fertigkeiten – auch Kompetenzen. Mithilfe der **Methoden** lernen Sie Schritt für Schritt, wie man z. B. eine Karte beschreibt, eine Karikatur analysiert oder eine Meinungsumfrage durchführt.

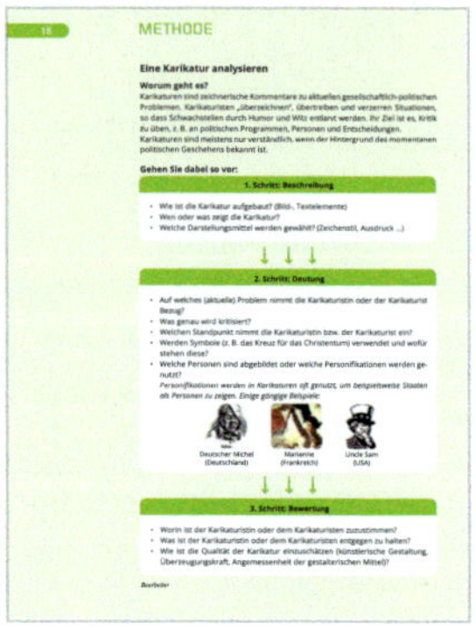

7 Differenzierung

Natürlich lernt und arbeitet nicht jeder gleich schnell. Deswegen gibt es in der Randspalte der Aufgaben oft Hilfen **H** oder auch Zusatzangebote **F** zu den einzelnen Aufgaben.
Die Hilfe **H** bietet Tipps oder Hinweise, welche die Bearbeitung einer Aufgabe erleichtert, während die **F**-Aufgaben weiterführende Herausforderungen enthalten.

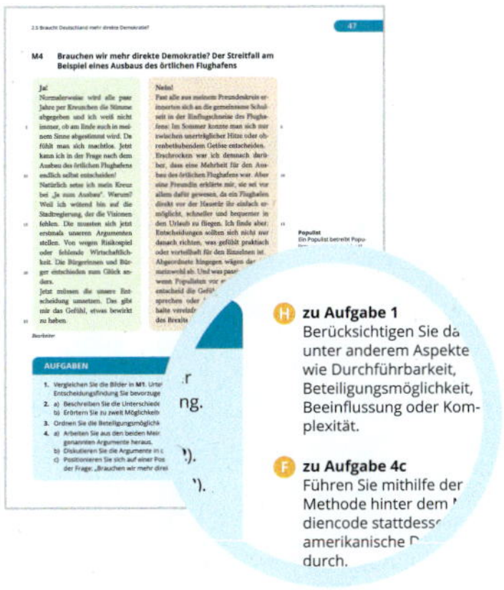

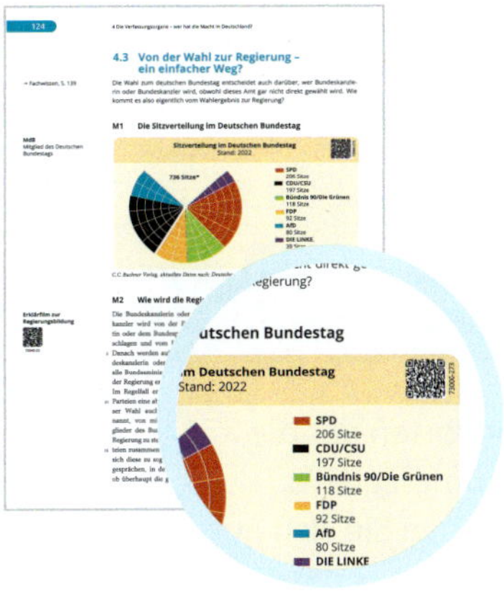

8 Aktualitätendienst

#Politik und Gesellschaft – Bayern ist das erste Politik-Buch für Bayern, das Ihnen die Möglichkeit bietet, stets die neusten Zahlen und Daten abzurufen. Bei allen zentralen Statistiken oder Diagrammen, für die regelmäßig neue Daten vorliegen, kann eine aktualisierte Fassung der Statistik oder des Diagramms aus dem Schulbuch aufgerufen werden.
Scannen Sie einfach den QR-Code neben der Überschrift der Grafik mit Ihrem Smartphone oder geben Sie den nebenstehenden Mediencode auf der Verlagshomepage ein (www.ccbuchner.de/medien).

9 Allgemeine Hinweise

- Das **Methodenglossar** am Ende des Buches bietet Ihnen wichtige Methoden, um die Aufgaben besser bearbeiten zu können.
- Eigens für das Schulbuch erstellte **Zusatzmaterialien oder Erklärfilme** (drei bis fünf Minuten) können auf der Verlagshomepage (www.ccbuchner.de/medien) kosten- und werbefrei jederzeit abgerufen werden. Mithilfe von Mediencodes können Sie diese entweder direkt (Quick-Response-Code ↔ Smartphone/Tablet) oder über die Eingabe des jeweiligen Mediencodes in das Suchfeld der Verlagshomepage beziehen.
- **Geschlechtergerechte Sprache:** Im Schulbuch werden durchweg sowohl die weibliche als auch die männliche Form verwendet; wo immer möglich, werden Paarformulierungen wie *„Bürgerinnen und Bürger"* oder neutrale Formen wie *„Lehrkraft"* gebraucht.
  Ausnahmen davon bilden ausschließlich Fremdtexte, welche sich keiner geschlechtergerechten Sprache bedienen.
  Selbstverständlich sind auch in diesen Fällen Personen jeglichen Geschlechts gemeint.
- Unter allen Materialien finden Sie eine Quellenangabe, die verdeutlicht, woher diese stammen.
- Sofern bei Materialien aus dem Internet kein Verfassungsdatum ermittelt werden konnte, wird das „Abrufdatum" genannt.

QR- und Mediencodes in #Politik und Gesellschaft

70040-01

URLs aller verwendeten Materialien aus dem Internet

70040-02

Das Inselspiel

Stellen Sie sich vor, Ihre Klasse sei für eine TV-Show ausgewählt, in der es Ihre Aufgabe ist, das Überleben und Zusammenleben auf einer einsamen Insel für 6 Monate selbständig zu organisieren. Die Insel bietet genügend frisches Wasser und Nahrung, es gibt einfache Unterkünfte und wichtige Materialien wie z. B. Angelruten, Schlafsäcke, Taschenmesser, Taschenlampen und Batterien. Andere Stromquellen gibt es nicht.

Ihre Aufgabe ist es nun, zu klären, wie das Zusammenleben auf der Insel gestaltet werden soll. Welche Regeln sollten gelten? Welche Probleme und Konflikte können auftreten und wie gelöst werden? Wie werden Entscheidungen getroffen und welche Rechte soll jede und jeder haben?

Was wissen Sie schon?

1. a) Sammeln Sie zunächst in Kleingruppen spontan Antworten auf die aufgeworfenen Fragen über die Regelung des Zusammenlebens.
b) Diskutieren Sie Ihre Antworten nun in der Klasse, einigen Sie sich auf Grundregeln und halten Sie diese auf einem Plakat fest.

2. Vergleichen Sie Ihre Regeln aus Aufgabe 1b mit den ersten 20 Artikel des Grundgesetzes und entscheiden Sie, welche Sie davon übernehmen möchten.

3. Sie haben ein politisches System bereits festgelegt, jedoch treten häufig Konflikte um wirtschaftliche Grundfragen auf, die es zu klären gilt:
Soll es Privateigentum für bestimmte Güter geben? Welche Güter müssen von allen genutzt werden dürfen? Darf jedes Gruppenmitglied anbauen oder produzieren, was es möchte oder soll es einen Arbeitsplan geben? Dürfen Mitglieder zur Arbeit gezwungen werden? Wie können die Güter am effizientesten und gerechtesten verteilt werden? Welche Waren und Dienstleistungen dürfen frei von allen gehandelt werden, welche nicht? Darf es individuelle Abmachungen zwischen Gruppenmitgliedern geben, die von den gemeinsamen Regeln abweichen?

4. a) Werten Sie das Inselspiel gemeinsam aus: Beschreiben Sie Ihre Gedanken, Eindrücke und Empfindungen während des Spiels, die Konflikte und deren Lösungen. Wie gerecht empfanden Sie die Regeln und Entscheidungen?
b) Ziehen Sie ein abschließendes Fazit: Ist es Ihnen gelungen, Einzelinteressen mit dem Gemeinwohl in Einklang zu bringen und welche Werte waren dahingehend entscheidend?

5. Beantworten Sie spontan für sich selbst die Kapitelfrage: Was ist Politik und betrifft sie mich?

1

(Wie) betrifft mich Politik?

Es gibt Menschen, die interessieren sich leidenschaftlich für Fußball. Manche überhaupt nicht. Ebenso verhält es sich mit der Politik: manche verfolgen leidenschaftlich die Nachrichten, andere schalten gelangweilt ab, sobald es um Politik geht. Es gibt aber mindestens einen wichtigen Unterschied zwischen Fußball und Politik: wer sich nicht für Fußball interessiert, den betrifft der Fußball auch nicht. Wer sich nicht für Politik interessiert, hat aber trotzdem keine Chance, der Politik zu entkommen. Denn die Ergebnisse bzw. Folgen von Politik betreffen uns jeden Tag in vielen verschiedenen Bereichen ... sogar im Fußball. Und auch auf einer einsamen Insel könnten wir „der Politik" nicht entkommen.

Was lernen Sie in diesem Kapitel?

Sie lernen, ...

- den Begriff Politik zu erklären.
- den Einfluss von Politik auf das Leben der Menschen darzustellen.
- den Politikzyklus als Modell von Entscheidungsfindungen zu beschreiben.
- Politik als Kompromissfindung zu verstehen und einzuordnen.
- die individuelle Verantwortung in politischen Fragestellungen zu erörtern.
- politische Maßnahmen zu kritisieren und eigene Lösungsansätze zu entwickeln.
- die Umsetzung politischer Entscheidungen vor Ort zu überprüfen und kritisch zu hinterfragen.
- den eigenen Medienkonsum zu reflektieren und in Zusammenhang mit gesellschaftlicher Verantwortung zu setzen.

Lernaufgabe: Eine Umfrage zu Bedeutung und Einfluss von Politik durchführen

Mit dem Begriff „Politik" verbinden viele Menschen ganz unterschiedliche Dinge. Daher gibt es auch unterschiedliche Anforderungen, denen „die Politik" gerecht werden muss. In dieser Lernaufgabe können Sie in einer Umfrage Meinungen darüber sammeln und sich im Zuge dessen der Bedeutung des umfassenden Begriffes „Politik" annähern.

Gehen Sie dabei so vor:

Start

1

Finden Sie sich in Gruppen von mindestens vier Schülerinnen und Schülern zusammen. Einigen Sie sich auf einen geeigneten Ort für die Umfrage (z. B. die Schule, eine Einkaufsstraße oder ein öffentlicher Platz) und teilen Sie sich innerhalb Ihrer Gruppe in Zweierteams auf, um mehr Menschen zu erreichen.

2

Erstellen Sie mithilfe der Informationen aus dem Kapitel einen gemeinsamen Fragebogen. Sie sollten eigene Fragen entwickeln und diese möglichst präzise formulieren, um auch klare Antworten zu erhalten. Folgende Aspekte sollten Ihre Fragen dabei berücksichtigen:

- Auffassungen darüber, was Politik ist und ausmacht.
- Erwartungshaltungen der Menschen an die Politik (→ **Kap. 1.2, M2**).
- Probleme der Befragten, die von politischen Organen gelöst werden sollen (→ **Kap. 1.1, M3 und Kap. 1.2**).
- Die Bedeutung von Nachhaltigkeit oder Klimaschutz für die befragten Personen.
- Einstellungen bezüglich der Mobilität (z. B. Nutzung von Fahrrad, Bahn, Auto, Flugzeug) oder Ernährungsgewohnheiten (z. B. Menge an importierten Gemüse, regionalen Lebensmitteln, Nahrung aus ökologischer Landwirtschaft, Fleischkonsum) der Befragten (→ **Kap. 1.2-1.4**).
- Fragen bezogen auf den Medienkonsum (z. B. ob Nachrichten verfolgt werden, welche Sendungen angesehen oder welche Musik gehört wird) (→ **Kap. 1.5**).

3

Führen Sie die Umfrage durch. Denken Sie daran, genug Schreibmaterial mitzunehmen und immer mindestens zu zweit unterwegs zu sein. Dies sorgt nicht nur für Sicherheit, sondern ermöglicht es auch, dass jemand die Aussagen der Befragten notieren kann.

4

Werten Sie Ihre Umfrageergebnisse aus. Gehen Sie insbesondere auf folgende Punkte ein:

- Stellen Sie Widersprüche in den Forderungen der Befragten untereinander fest (z. B. würde die Erfüllung der einen Forderung einer anderen entgegenwirken)? Welche Folgen ergeben sich hieraus für „die Politik"?
- Stehen die Ansichten der Personen in Bezug auf die Erwartungen an Klimaschutz und Nachhaltigkeit im Konflikt mit den eigenen Angewohnheiten z. B. bei der Nutzung von Verkehrsmitteln oder der Ernährung?
- Welche politischen Dimensionen können Sie aus den Ergebnissen des Medienkonsums der Menschen ableiten (z. B. inwiefern ist der Medienkonsum politisch oder hat Einfluss auf die Gesellschaft)?

5

Fassen Sie die Ergebnisse zusammen und präsentieren Sie diese Ihrer Klasse in einer geeigneten Form. Dies kann beispielsweise ein Plakat (→ Methodenglossar) oder eine digitale Präsentation sein.

6

Ziel

Diskutieren Sie anschließend in der ganzen Klasse die Ergebnisse der Umfrage. Gab es Aspekte, die Sie überrascht haben? Welche Antworten hätten Sie gegeben?

1.1 Beeinflusst Politik meine Lebensqualität?

→ Fachwissen, S. 27

Worin besteht „Lebensqualität"? Das „gute Leben" beschäftigt Philosophinnen und Philosophen seit Jahrtausenden. Einig waren sie sich selten. Zu einem freien Leben gehört wohl auch eine individuelle Antwort darauf. Aber was könnten Bestandteile eines „guten Lebens" sein und welchen Einfluss hat „die Politik" darauf?

M1 (Fiktive) Schlagzeilen und das „gute Leben"?!

1. Experten warnen: Tausende Brücken müssen saniert werden.
2. Innenminister verbietet rechtsextremen Verein „Combat 18".
3. München erlässt Diesel-Fahrverbote.
4. Corona-Krise vernichtet Tausende Arbeitsplätze.
5. Frauen leisten den größten Anteil der unbezahlten Haus- und Pflegearbeit.
6. Vereine beklagen Mangel an Schwimmhallen.
7. ARD-Chef fordert Erhöhung des Rundfunkbeitrags.
8. Lehrer- und Elternverbände fordern: Entrümpelt die Bildungspläne!

Bearbeiter

Verband
Zusammenschluss von Menschen mit gleichen oder ähnlichen Interessen, um ihre Anliegen und Forderungen effizienter vorbringen zu können und damit den Einfluss auf die Politik zu erhöhen

M2 Was ist „Politik" und welche Aufgaben hat diese?

Anna (8 Jahre, Schülerin): Politik ist, was Olaf Scholz macht.

Peter (38, Journalist): Politik ist der Versuch, gesellschaftliche Probleme zu lösen.

Hannah (61, Philosophin): Der Sinn von Politik ist Freiheit.

Niklas (16, Schüler): Politik ist endloses Gelaber um langweiliges Zeug.

Karla (24, KFZ-Mechanikerin): Politik muss alles „Grundsätzliche" schaffen: Straßen, Schulen, Kindergärten, ...

Martin (70, Rentner): Kriege beginnen, wenn Politik schiefgelaufen ist.

Ibrahim (33, Polizist): Alles kann politisch sein! Fußball, Musik, Filme, meine Ehe und Kindererziehung, ... einfach alles!

Bearbeiter

M3 Wie funktioniert Politik?

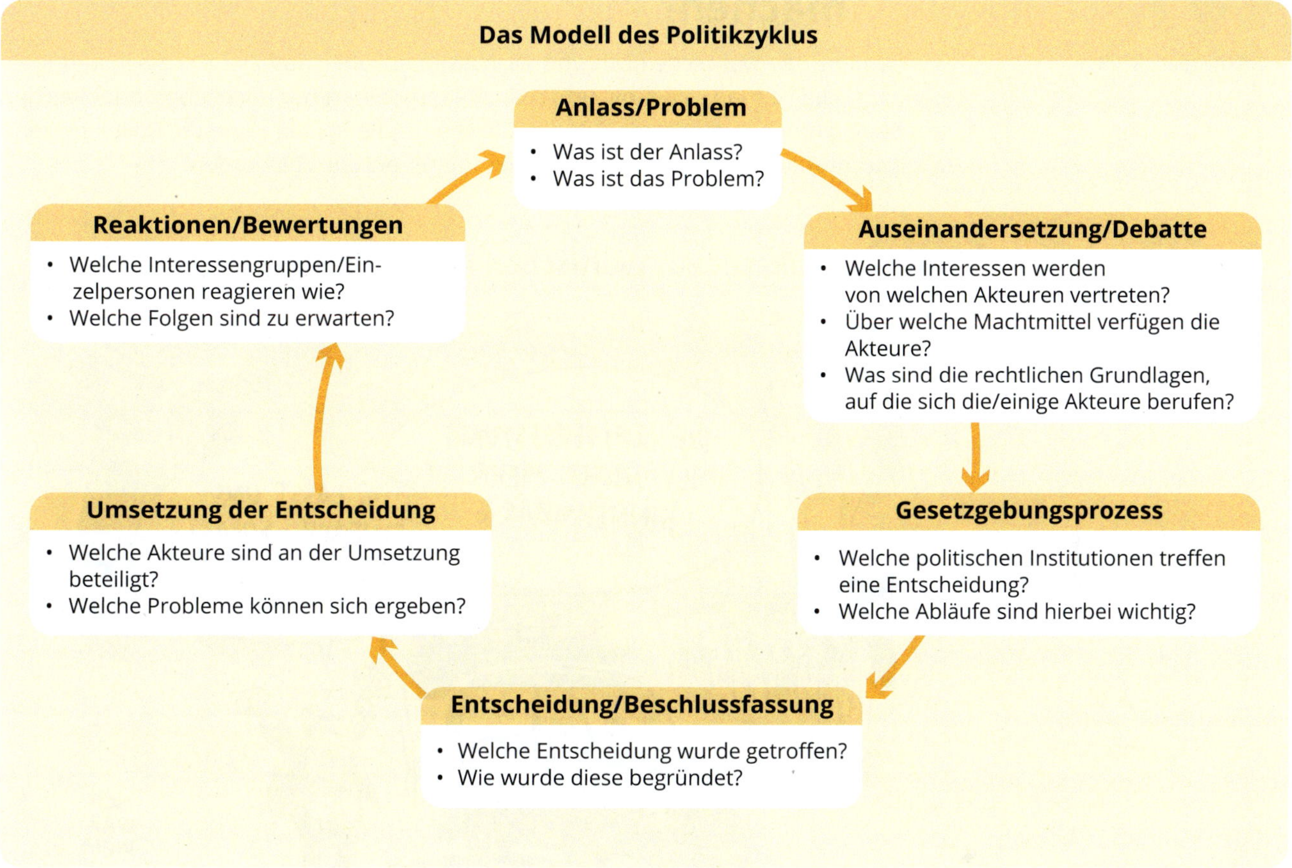

Bearbeiter

AUFGABEN

1. a) Alle Zeitungsausschnitte in **M1** betreffen die Lebensqualität der Menschen. Finden Sie für jeden ein Schlagwort, das für Sie „Lebensqualität" ausmacht.
b) Sammeln Sie Ihre Schlagwörter an der Tafel und entscheiden Sie sich in der Klasse für die wichtigsten fünf.

2. Diskutieren Sie in Kleingruppen ausgewählte Meinungen aus **M2**.
a) Welchen Aussagen stimmen Sie zu und welchen nicht?
b) Fallen Ihnen Beispiele oder Gegenbeispiele ein?

3. Formulieren Sie ausgehend von **M2** eine eigene Definition des Begriffes „Politik" in einem Satz.

4. Wenden Sie den Politikzyklus aus **M3** auf die Schlagzeilen in **M1** an.

H **zu Aufgabe 4**
An welcher Stelle im Modell befindet sich das Beispiel gerade? Wie geht es (wahrscheinlich) weiter?

F **zu Aufgabe 4**
Modelle vereinfachen die Wirklichkeit. Bewerten Sie das Modell des Politikzyklus aus **M3** danach, ob es ein realistisches Bild von Politik liefert oder ob wichtige Aspekte fehlen.

1.2 Kann „die Politik" es allen recht machen?

→ Fachwissen, S. 28

Sie kennen das wahrscheinlich von Diskussionen über das Ziel der nächsten Klassenfahrt: Nie ist man sich einig und manche müssen immer nachgeben oder werden am Ende einfach überstimmt. Gilt das Gleiche für die Politik? Kann die Politik es denn allen recht machen oder muss irgendwer immer enttäuscht werden?

M1 Karikatur zur politischen Problemlösung

Karikatur: Schwarwel 2017

M2 Das Problem der Dieselfahrzeuge in den Innenstädten

Menschen sind manchmal widersprüchliche Wesen: Wir wollen alle irgendwie „dazugehören", aber auch möglichst individuell sein. Wir wollen möglichst frei sein, gleichzeitig aber auch in größtmöglicher Sicherheit leben. Wir wollen gesunde Luft in den Städten atmen, aber auch möglichst ungehindert mit unseren Autos in die Innenstädte fahren. Und wenn dann noch verschiedene Gruppen und ihre Interessen aufeinandertreffen, wird es wirklich schwierig. Politikerinnen und Politiker sind sehr oft mit widersprüchlichen Forderungen konfrontiert: Anwohnerinnen und Anwohner fordern Fahrverbote für Dieselautos, Handwerkerinnen und Handwerker sowie Lieferantinnen und Lieferanten fordern freien Zugang zur Kundschaft. Daneben wollen Personen im Besitz eines Dieselfahrzeugs mit ihrem – möglicherweise erst letztes Jahr gekauften – Auto dahinfahren, wo sie möchten. Umweltschützerinnen und Umweltschützer unterstützen die einen, Automobil-Unternehmen und deren Verbände die anderen. Die Medien sind teilweise neutral, teilweise kritisch-beobachtend und teilweise auch auf der einen oder anderen Seite. Und die Politik? Die ist mehr oder weniger großen Versuchen der Beeinflussung ausgesetzt und versucht eine möglichst effektive und gerechte Lösung für alle anzustreben. Aber gibt es diese überhaupt und wie findet man sie? Und wie bekommt man die in einer Demokratie dafür notwendigen Mehrheiten zustande? Das kann manchmal ganz schön schwierig sein.

Bearbeiter

M3 Dieselfahrzeuge in Innenstädten: (fiktive) Forderungen in der Diskussion

A Alle – nicht nur die Dieselfahrerinnen und Dieselfahrer – müssen ihren Beitrag für saubere Luft in den Innenstädten leisten: So dürfen z. B. an einem Tag nur Nummernschilder mit gerader Zahl in die Städte und an einem anderen Tag nur die mit ungerader Zahl. Darauf können sich dann auch alle einstellen.

B Alle Verbrennungsmotoren gehören in den Städten verboten: Ich fordere, nur noch E-Autos zu erlauben – und zwar ab der Stadtgrenze – sowie staatliche Unterstützung beim Kauf von E-Autos und E-Bikes.

C Fahrverbote sind ungerecht. Wir müssen den Autos einfach den Platz wegnehmen: Busspuren, die auch für E-Autos erlaubt sind, Fahrradautobahnen und dazu ein möglichst umfassender Ausbau des Öffentlichen Nahverkehrs lösen das Problem genauso!

Bearbeiter

AUFGABEN

1. Nehmen Sie spontan Stellung zu der Kapitelfrage: Kann es die Politik allen recht machen?
2. Analysieren Sie mithilfe der Methodenkarte (→ Methodenkarte, S. 18) die Karikatur (**M1**).
3. Setzen Sie sich mit möglichen Maßnahmen zur Problemlösung auseinander.
   a) Das Thema Dieselfahrzeuge in Innenstädten ist hoch umstritten: Stellen Sie ausgehend von **M2** dar, welche Akteure hierbei welche Interessen vertreten.
   b) Bewerten Sie die in **M3** dargestellten Maßnahmen (→ Methodenkarte, S. 19).
4. Diskutieren Sie in Kleingruppen, für welche der in **M3** dargestellten Maßnahmen Sie sich entscheiden würden. Stellen Sie Ihre begründete Entscheidung der Klasse vor.

H zu Aufgabe 3b
Sie können sich unter anderem an folgenden Leitfragen orientieren: Ist die Idee leicht oder schwierig umzusetzen? Mit welchen Einschränkungen oder Kosten wäre zu rechnen? Ist der Vorschlag gerecht und mit dem Gesetz vereinbar? Kann der Vorschlag das gewünschte Ziel erreichen?

METHODE

Eine Karikatur analysieren

Worum geht es?

Karikaturen sind zeichnerische Kommentare zu aktuellen gesellschaftlich-politischen Problemen. Karikaturisten „überzeichnen", übertreiben und verzerren Situationen, so dass Schwachstellen durch Humor und Witz entlarvt werden. Ihr Ziel ist es, Kritik zu üben, z. B. an politischen Programmen, Personen und Entscheidungen.
Karikaturen sind meistens nur verständlich, wenn der Hintergrund des momentanen politischen Geschehens bekannt ist.

Gehen Sie dabei so vor:

1. Schritt: Beschreibung

- Wie ist die Karikatur aufgebaut? (Bild-, Textelemente)
- Wen oder was zeigt die Karikatur?
- Welche Darstellungsmittel werden gewählt? (Zeichenstil, Ausdruck ...)

2. Schritt: Deutung

- Auf welches (aktuelle) Problem nimmt die Karikaturistin oder der Karikaturist Bezug?
- Was genau wird kritisiert?
- Welchen Standpunkt nimmt die Karikaturistin bzw. der Karikaturist ein?
- Werden Symbole (z. B. das Kreuz für das Christentum) verwendet und wofür stehen diese?
- Welche Personen sind abgebildet oder welche Personifikationen werden genutzt?
  Personifikationen werden in Karikaturen oft genutzt, um beispielsweise Staaten als Personen zu zeigen. Einige gängige Beispiele:

Deutscher Michel (Deutschland)

Marianne (Frankreich)

Uncle Sam (USA)

3. Schritt: Bewertung

- Worin ist der Karikaturistin oder dem Karikaturisten zuzustimmen?
- Was ist der Karikaturistin oder dem Karikaturisten entgegen zu halten?
- Wie ist die Qualität der Karikatur einzuschätzen (künstlerische Gestaltung, Überzeugungskraft, Angemessenheit der gestalterischen Mittel)?

Bearbeiter

Ein begründetes Urteil bilden

Worum geht es?

„Das ist eben meine Meinung!" So kann man sich in Deutschland immer auf die im Grundgesetz Artikel 5 geschützte Meinungsfreiheit berufen. Wer andere aber auch überzeugen möchte, sollte in der Lage sein, gehaltvolle und in sich stimmige Urteile bilden zu können. Dafür kann diese Methode genutzt werden.

Gehen Sie dabei so vor:

1. Schritt: Formulierung eines Spontanurteils

Formulieren Sie ein spontanes Urteil zum Thema oder der Fragestellung. Begründen Sie dieses vorläufig in einem oder mehreren Sätzen.

2. Schritt: Auswahl begründeter Kriterien

Überlegen Sie sich Fragen, die dabei helfen, das Thema genauer zu prüfen und entwickeln Sie passende Kriterien bzw. Prüfsteine für das Thema:
Welche der Maßnahmen...

- ... ist am ehesten mit dem Grundgesetz (oder auch anderen Gesetzen) vereinbar? (Kriterium der Legalität)
- ... erreicht das erhoffte Ziel am besten oder wirkungsvollsten? (Effektivität)
- ... wäre die gerechteste? (Leistungs-, Bedarfs-, Verteilungs-, ... -Gerechtigkeit)
- ... hat das beste Kosten-Nutzen-Verhältnis? (Effizienz)
- ... schützt die Freiheit der Menschen bzw. schränkt sie so wenig wie möglich ein? (Freiheit)
- ... hat die geringsten (unbeabsichtigten) negativen Nebenwirkungen oder sogar positive? (Folgen)
- ... löst das Problem am nachhaltigsten bzw. trägt am meisten zu einer wirklichen Beilegung des Konflikts bei? (Nachhaltigkeit)
- ...

Argument
=
Behauptung
+
Begründung
+
Beispiel oder Beleg

3. Schritt: Betrachtung unterschiedlicher Perspektiven

Überlegen Sie sich, welche Personen oder Personengruppen mit der Frage oder Entscheidung zu tun haben und prüfen Sie, welche Argumente diese vorbringen könnten:
Welche Individuen oder Personengruppen...

- ... wären am stärksten (wie) betroffen?
- ... würden sich (wahrscheinlich) wie dazu positionieren?
- ... könnten mit den entstehenden Nachteilen am besten umgehen?
- ...

Achten Sie jeweils auf präzise, korrekte und gehaltvolle Begründungen Ihrer Argumente! Untermauern Sie diese mit passenden Beispielen, um die Bewertung überzeugender zu machen.

4. Schritt: Formulierung des Urteils

Formulieren Sie unter Nennung mindestens eines, besonders wichtigen, Prüfsteins Ihr begründetes Urteil.

Bearbeiter

1.3 (Inwiefern) beeinflusst mein Fleischkonsum die Lebensqualität anderer?

→ Fachwissen, S. 28 – 29

Unser Verhalten hat ständig Auswirkungen auf andere. Auch Lebensbereiche, die eigentlich eine reine Privatangelegenheit sind, wie die Frage danach, was ich esse, können Einfluss auf andere und die Umwelt haben. Ein Aspekt, der dabei oft genannt wird, ist der Fleischkonsum. Aber inwiefern kann dieser denn die Lebensqualität anderer beeinflussen?

M1 Über zwei Millionen Schlachtungen pro Tag

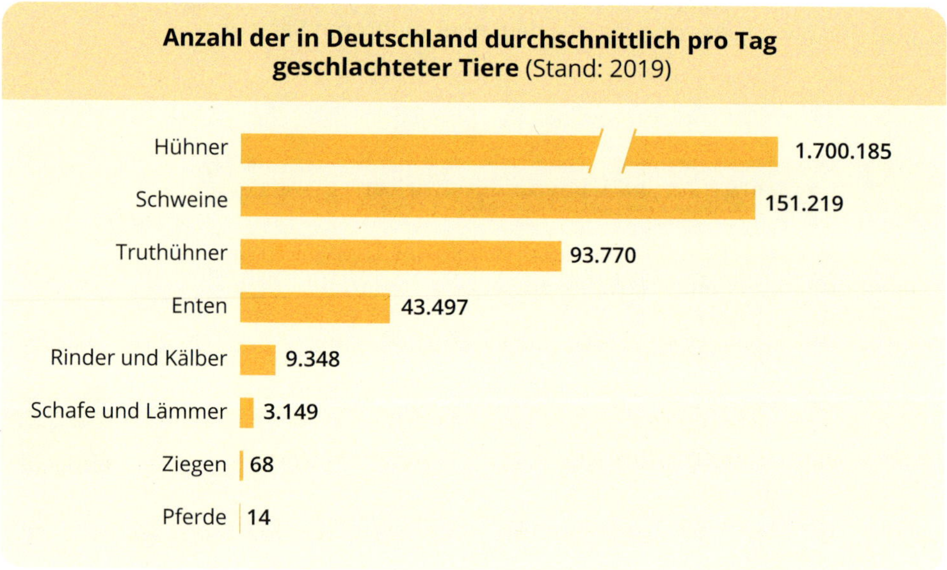

Nach: Statista, Quelle: © Statistisches Bundesamt: Über 2 Millionen Tiere werden täglich geschlachtet. In: de.statista.com, 23.06.2020

M2 Welche Folgen hat der Fleischkonsum?

Regelmäßig Fleisch zu essen war lange Zeit nur den Wohlhabenden vorbehalten. Als das Fleisch immer billiger wurde, fingen auch die ärmeren Schichten an, den Reichen nachzueifern und es kam immer öfter Fleisch auf den Tisch. Heute gehört es für viele täglich zum Essen dazu. Ermöglicht wird dies unter anderem durch die Massentierhaltung. Die Tiere haben dabei meist nur sehr wenig Platz, Schweine können sich meist nicht einmal umdrehen und in manchen Geflügelhöfen werden regelmäßig Hühner von anderen totgetrampelt, weil es dort so eng ist. Die große Enge haben auch immer wieder Seuchenausbrüche zur Folge, die dann zu Massenschlachtungen führen oder sogar auch auf den Menschen übergehen können. Durch den großen Produktivitätsdruck in der Massentierhaltung kommt es auch dazu, dass beispielsweise Ferkel – noch – ohne Betäubung kastriert werden oder Antibiotika oder andere Medikamente teilweise präventiv, also ohne konkreten Anlass, ins Futter gemischt werden, was wiederum durch den Menschen mitkonsumiert wird.

Daneben sind aber auch die Arbeitsbedingungen in der Fleischindustrie in vielen Bereichen problematisch. Viele Arbeiterinnen und Arbeiter in Schlachtbetrieben sind Saisonarbeiter aus Rumänien, Ungarn oder Bulgarien. Für sie ist die Arbeit in Deutschland eine Möglichkeit, verhältnismäßig viel Geld zu verdienen. Durch komplizierte Subunternehmerstrukturen werden diese Arbeiter teilweise ausgebeutet: Sie arbeiten mitunter viele Stunden am Tag in Akkordarbeit, hausen eng gedrängt in viel zu kleinen Wohnungen und verdienen weniger als den Mindestlohn.
Schließlich kommen auch klimatische Belastungen durch den Fleischkonsum hinzu, denn die Produktion von Fleisch in diesem Umfang ist für 14,5 bis 18 Prozent der Treibhausgase verantwortlich, die zur globalen Erwärmung beitragen. Dass in Teilen der Welt große Flächen Wald gerodet werden, um Ernteflächen für das Tierfutter zu schaffen, verstärkt außerdem die Klimaerwärmung.

Bearbeiter

M3 Die Bundeslandwirtschaftsministerin über das Problem

Julia Klöckner stellt Ihren Vorschlag einer Tierwohlabgabe in einem Interview vor:
„Nirgendwo sonst in Europa haben wir solche Niedrigstpreise für Fleisch, die nicht den Wert wiedergeben, dass hierfür ein Tier lebte und geschlachtet wurde. Das wirkt sich aus: auf Arbeitsverhältnisse, auf Betriebsbedingungen. Der Kostendruck wird weitergegeben bis zu den Tierhaltern. Es hilft wenig, sich darauf zu konzentrieren, Ställe tierwohlgerechter umzubauen, wenn dafür an der Kasse nicht gezahlt wird. Dann exportieren wir die Tierhaltung, werden aber Fleisch weiter essen, auf dessen Produktionsstandards wir dann keinen Einfluss mehr haben. Ich werde die Tierhaltung umbauen in Deutschland und dabei Stallumbauten für mehr Tierwohl fördern. Aber ich meine, wir benötigen ebenso eine Tierwohlabgabe auf Fleisch und Wurst."

Strauss, Hagen: „Mehr Tierwohl und faire Arbeitsbedingungen kosten Geld". In: www.saarbruecker-zeitung.de, 25.06.2020

Julia Klöckner, Bundesministerin für Ernährung und Landwirtschaft 2018 – 2021

AUFGABEN

1. a) Analysieren Sie die Statistik in **M1** (→ Methodenkarte, S.102).
   b) Verschaffen Sie sich einen groben Überblick über Ihren eigenen Fleischkonsum pro Woche und vergleichen Sie die Verhältnisse mit denen aus der Statistik in **M1**.
2. Sammeln Sie stichpunktartig in Kleingruppen Ihr Vorwissen über die Folgen unseres Fleischkonsums.
3. Erstellen Sie anhand von **M2** eine Tabelle mit den Folgen des hohen Fleischkonsums für Menschen, Tiere und die Umwelt.
4. a) Beziehen Sie kritisch Stellung zu dem Vorschlag in **M3**.
   b) Sammeln Sie in Gruppen ausgehend von **M3** eigene Maßnahmen, die den Fleischkonsum reduzieren könnten. Stellen Sie Ihre Vorschläge in Form eines Info-Flyers der Klasse vor.

H **zu Aufgabe 4b**
Sollten Sie eine Reduzierung des Fleischkonsums ablehnen, formulieren Sie ein Antwortschreiben an das Bundesministerium für Ernährung und Landwirtschaft.

F Führen Sie die Umfrage unter dem Mediencode durch: Was überrascht Sie (nicht)? Welche Konsequenzen ziehen Sie aus diesen Sachverhalten? Welche Konsequenzen sollte „die Politik" ziehen?

70040-03

1.4 Politik vor Ort – gelingt die Verkehrswende in Ihrer Region?

→ Fachwissen, S. 29

Wie sieht die Verkehrssituation in Ihrer Heimatregion aus? Ist sie auf einem guten Weg, die „Verkehrswende“ hin zu umweltfreundlicher Mobilität zu schaffen?

M1 Die Verkehrswende: ein Jahrhundertprojekt?

Fossile Energieträger
Als fossile Brennstoffe/Energieträger werden Erdöl und -gas sowie Braun- und Steinkohle bezeichnet.

Neben der sogenannten Energiewende (weg von fossilen Energieträgern, hin zur Sonnen- und Wasserenergie) gilt die Verkehrswende als die große Aufgabe der nächsten Jahrzehnte. Jede Gemeinde und jede Region muss Wege finden, umweltschädliche Formen der Mobilität auf umweltfreundliche umzustellen. Konkret heißt das für die Zukunft: weniger Autos und LKWs, mehr Bus und Bahn, Fahrräder und elektrobetriebene Fortbewegungsmittel.

Bearbeiter

M2 Mit Gesamtkosten in Höhe von 75 Milliarden Euro plant das Bundesverkehrsministerium, dass bis zum Jahr 2030 …

- … mindestens sieben Millionen Elektroautos durch Deutschland fahren sollen.
- … genügend Ladesäulen für bis zu zehn Millionen Elektroautos entstehen.
- … der Kauf von Elektroautos durch eine Prämie gefördert werde.
- … doppelt so viel Geld in den Aus- und Neubau des Schienennetzes fließen werden.
- … in den Städten jeder zweite Bus elektrisch verkehren soll.
- … in den Städten aber auch außerhalb Radwege ausgebaut werden.
- … die Entwicklung alternativer Kraftstoffe gefördert wird.

© Stern: Verkehrswende bis 2030: Das sehen die Pläne von Scheuer vor. In: www.stern.de, 13.09.2019

AUFGABEN

1. Beschreiben Sie die Verkehrssituation Ihrer Heimatregion (bzw. der nächsten größeren Stadt) ausgehend von **M1**.
2. Erklären Sie sich zu zweit gegenseitig, welchen Erfolg sich das Verkehrsministerium aus den beispielhaften Maßnahmen in **M2** erhofft.
3. Führen Sie mithilfe der nachfolgenden Methodenkarte eine Expertenbefragung zu folgendem Thema durch:
   Wie ist der aktuelle Stand der Verkehrswende in Ihrer Heimatregion? Welche Ziele werden verfolgt? Wie geht der Fortschritt voran? Wie unterschiedlich sind die Ansichten der Parteien hierzu?
4. Diskutieren Sie in der Klasse, welche 2 – 3 Maßnahmen die wichtigsten oder drängendsten für die Verkehrswende in Ihrer Heimatregion sind.

F **zu Aufgabe 3**
Bewerten Sie die These „Die Verkehrswende ist ein Jahrhundertprojekt!“ aus **M1** ausgehend von den Materialien, eigenen Recherchen und möglichen Experteninterviews. Fokussieren Sie sich bei Ihrer Antwort auf Ihre Heimatregion.

Expertinnen und Experten befragen

Worum geht es?

Für manche Themen muss man sich an Expertinnen oder Experten wenden, um glaubwürdige und gehaltvolle Informationen zu bekommen. Im Folgenden finden Sie ein beispielhaftes Vorgehen für das Thema „Verkehrswende in meiner Heimatregion".

Gehen Sie dabei so vor:

1. Schritt: Vorbereitung

- Bilden Sie Kleingruppen, die sich arbeitsteilig an folgende Expertinnen oder Experten wenden: Fraktionen im Gemeinderat, Bürgermeisterin oder Bürgermeister, Lokaljournalistinnen und -journalisten, örtliche Busunternehmen, den ADFC, die Polizei, die Verkehrswacht, ...
- Sammeln Sie ca. 5 – 10 offene, zielführende und gehaltvolle Fragen, die Sie den jeweiligen Expertinnen und Experten stellen wollen.
- Suchen Sie im Internet die Kontaktadressen der zu befragenden Personen oder Organisationen heraus und verfassen Sie eine höfliche E-Mail mit Ihren Fragen.
  Hinweis: Sie können auch ein persönliches Treffen oder (Video-)Telefonat als Alternative zu einer Antwort per Mail anbieten. Auf diese Weise sind zum Beispiel auch Nachfragen möglich.

Fraktion
Zusammenschluss von Abgeordneten einer Partei im Parlament

ADFC
Allgemeiner Deutscher Fahrrad-Club: Interessenverband für Fahrradfahrende

↓ ↓ ↓

2. Schritt: Durchführung

- Halten Sie Schreibutensilien für die Durchführung bereit. Falls Sie Tonbandaufnahmen o. Ä. machen wollen, müssen Sie unbedingt um Erlaubnis bitten.
- Achten Sie auf die wichtigen formalen Dinge wie Begrüßung, Aufmerksamkeit signalisieren durch Blickkontakt, Dank und Verabschiedung etc.
- Fragen Sie nach Beispielen, möglichen Gegenargumenten, unbeabsichtigten Folgen für Betroffene etc. Haken Sie höflich nach, wenn etwas nicht ganz verständlich ist.

↓ ↓ ↓

3. Schritt: Auswertung/Vorstellung der Ergebnisse

- Fassen Sie die Antworten zusammen und arbeiten Sie diese medial oder grafisch auf (z. B. als Plakat, Präsentation oder Portfolio).
- Stellen Sie Ihr Ergebnis der Klasse vor.
- Diskutieren Sie gemeinsam, welche Schritte folgen könnten: Bietet sich eine zweite Fragerunde an, ein Artikel für die Schüler- oder Lokalzeitung, eine Schulausstellung, eine Podiumsdiskussion, ...?

Bearbeiter

1.5 Hat auch mein Medienkonsum Folgen für die Gesellschaft?

→ Fachwissen, S. 29

Welche Musik jemand hört, welche Filme produziert werden (oder nicht), welche YouTube-Kanäle oder Mediatheken konsumiert werden, all das sind zunächst einmal sehr private Fragen. In ihrer grundsätzlichen Bedeutung sind sie aber gleichzeitig auch politisch, denn Politik ist eben nicht nur das, was man täglich in den Nachrichten sieht.

M1 Zwei Jugendliche streiten sich über ihren Medienkonsum

Tim: Ich hab voll den krassen Rapper entdeckt, musst du dir mal anhören, der scheißt echt auf alles, macht Witze über Juden, erzählt von Gewalt gegen Frauen. Echt krass!

Leni: So einen Dreck hörst du? Singst du auch mit, oder was?

Tim: Ist doch nur Musik, Kunst halt. Irgendwie find' ich's ja auch lustig, wenn sich alle so aufregen. Meine Eltern z. B. – die flippen da voll aus. Versteh ich nicht.

Leni: Ich schon. Solche Worte haben doch Einfluss. Der Gedanke ist dann in der Welt, und der ultra-coole Rapper könnte ja auch stattdessen über was Sinnvolles rappen.

Tim: Der darf rappen über was er mag. Ist doch ein freies Land.

Leni: Klar, aber jede Freiheit hat halt auch ihre Grenzen. Und checkst du eigentlich gar nicht, dass der Typ diese Tabubrüche auch einfach nur nutzt, um Aufmerksamkeit zu erhalten und damit Geld zu verdienen?

Bearbeiter

M2 Welche politischen Grundfragen liegen meinem eigenen Verhalten zugrunde – ausgewählte Beispiele

Grundfrage	Wichtige Begriffe	Beispiel
Welche Dinge funktionieren auch ohne Regeln und Gesetze? Was muss geregelt werden?	Freiheit, Sicherheit, Gemeinwohl, Grundrechte	Was darf man in Liedtexten singen und was nicht? Dürfen Kinder schon YouTube-Stars oder Jugendliche Influencer werden?
Wer darf entscheiden und mit welcher Berechtigung?	Gewaltenteilung, Parlamente, Ministerien, Volksentscheide, Gerichte, Einzelinteresse, Gemeinwohl	Wer darf einzelne Lieder oder Alben verbieten und warum? (z. B. wegen jugendgefährdender Inhalte)
Sind alle Regeln immer zu befolgen? Mit welcher Rechtfertigung darf man sich herausnehmen, Regeln auch mal nicht zu befolgen?	Recht, Gerechtigkeit, Moral, Rechtfertigung	Darf man verbotene Lieder manchmal doch anhören? Ein Messenger-Dienst ist erst ab 16 erlaubt – halten sich alle (zurecht) daran?

Bearbeiter

M3 Mit Medienkonsum zur Mündigkeit?

Karikatur: Schwarwel 2017

M4 Mögliche Urteile zum Thema Medienkonsum

1. „Frauenfeindlichkeit und Hass auf Homosexuelle im Rap ist gefährlich für eine Gesellschaft!"

2. „Nichts schadet der Entwicklung einer gesunden und freien Sexualität mehr, als diese sexistische und frauenfeindliche Pornokultur im Internet!"

3. „Seit 2000 Jahren schimpft man über die Verrohung der Jugend: alles Quatsch!"

4. „Die Jugend hat das Recht, Dinge auszuprobieren, die die Erwachsenen nicht verstehen."

5. „Rechtsrock ist die Einstiegsdroge Nummer eins in den Rechtsextremismus!"

6. „Eltern müssen den Smartphone-Zugang ihrer Kinder überwachen. Welche Apps wie lange benutzt werden, dürfen nun mal erst Volljährige selbst entscheiden!"

Bearbeiter

AUFGABEN

1. Setzen Sie die Diskussion in **M1** als Rollenspiel fort (→ Methodenglossar).
2. Positionieren Sie sich entlang einer Positionslinie (→ Methodenglossar) dazu, wer in **M1** eher Recht hat und begründen Sie Ihre Position.
3. Erläutern Sie in Kleingruppen ausgehend von den Informationen aus **M2** und eigenen Beispielen die Folgen des Medienkonsums für Individuen, ausgewählte Gruppen und die Gesellschaft.
4. a) Analysieren Sie die Karikatur in **M3**.
   b) Beziehen Sie Stellung zu der Aussage der Karikatur.
5. „Mein Medienkonsum kann nicht *nicht* politisch sein!" Diskutieren Sie diese These ausgehend von **M1 – M4** sowie Ihren Ergebnissen aus den vorherigen Aufgaben.

H **zu Aufgabe 2**
Leni meint, jede Freiheit habe Grenzen. Finden Sie Beispiele oder Gegenbeispiele für dieses Argument.

H **zu Aufgabe 5**
Es gibt z. B. politische und unpolitische Lieder. Ist es eine politische Entscheidung, unpolitische Lieder zu hören? Ab welcher Stufe werden frauenfeindliche oder homophobe Texte politisch? Beim Hören, Mitsingen oder bei Zustimmung?

DIE BEDEUTUNG VON POLITIK IM ALLTAG

➡ S. 10 – 25

1 (Wie) betrifft mich Politik?

Politik bezeichnet jede Art der Einflussnahme auf Angelegenheiten, die in der Öffentlichkeit geregelt oder als regelungsbedürftig betrachtet werden.

Beispiele:
Wo wird ein neuer Radweg gebaut?
Welche Regeln gelten bei einer Pandemie?
Was steht in den Lehrplänen für den Schulunterricht?
Welche Standards müssen die Lebensmittel in unseren Supermärkten erfüllen?

Auch eigentlich individuelle Entscheidungen können als politische Problemstellungen begriffen werden. Sie haben direkt oder indirekt Einfluss auf die Umwelt oder die Gesellschaft und sind damit auch politische Entscheidungen.

Beispiele:
Was esse ich?
Vegetarisch, Bio-Lebensmittel, Fast Food, ...

Welche Kleidung trage ich?
Fast-Fashion, Faire-Kleidung, Bio-Baumwolle, ...

Mit welchem Verkehrsmittel komme ich in die Schule?
Fahrrad, Bus, Auto, ...

Welche Musik höre ich?
Lieder mit politischen Aussagen?
Von welchen Künstlerinnen oder Künstlern?

Damit betrifft Politik jede Einzelne und jeden Einzelnen von uns täglich. Aus diesem Grund dürfen und sollen alle Bürgerinnen und Bürger, auch Kinder und Jugendliche, „Politik" machen, also über die Belange der Stadt bzw. Gemeinschaft bestimmen. Für Kinder und Jugendliche gibt es dafür z. B. Vereine, die jenseits von Parteien helfen, „Politik" zu machen. Politik findet nicht nur in der Gemeinde, Stadt, Land oder Bund statt, sondern auch in der Schule. Hier dürfen und sollen Kinder und Jugendliche innerhalb und außerhalb der Schule mithelfen, ihre Anliegen vorzutragen und Probleme zu lösen.

Zusatzwissen:
Der Begriff „Politik" stammt vom griechischen Wort „polis" ab, welches „Stadt" oder „Gemeinschaft" bedeutet. In einer Polis hatten alle männlichen Bürger einer Stadt das Recht (und auch die Pflicht), über die Angelegenheiten der Gemeinschaft mitzubestimmen.

Heute leben wir immer noch in Gemeinschaften bzw. Städten und sogar in Bundesländern und Staaten. War es damals nur Männern einer Stadt vorbehalten, über die Angelegenheiten der Stadt zu bestimmen, haben heute alle Bürgerinnen und Bürger das Recht mitzubestimmen. Das ist wichtig, da Politik und politische Entscheidungen uns alle betreffen.

Übung
82000-11

1.1 Beeinflusst Politik meine Lebensqualität?

➜ S. 14 – 15

Was jeder Mensch für sich persönlich als das „gute Leben" empfindet, kann stark variieren. Einerseits gibt es eine große Übereinstimmung darüber, was die wichtigsten Determinanten (= bestimmende Faktoren) der Lebensqualität sind, andererseits ist es wiederum eine sehr individuelle Entscheidung, welche der Determinanten jemandem wichtiger sind als andere.

Die wichtigsten Determinanten der Lebensqualität:

- Freiheit
- Sicherheit
- Wohlstand
- Umweltschutz
- Gesundheit
- Gerechtigkeit
- stabiles soziales Netzwerk (z. B. die Familie)

Politische Entscheidungen können Einfluss auf die Lebensqualität einer Person haben. Da aber jedem Menschen andere Determinanten der Lebensqualität wichtig sind, ist es sehr schwierig für politisch Verantwortliche, diese Determinanten gezielt zu beeinflussen. Nicht zuletzt hat darauf Einfluss, dass man sich in einem komplexen Mehrebenensystem (Gemeinde, Land, Bund) befindet, in dem man Kompromisse machen muss, da die Menschen eben verschiedene Ansichten haben. Außerdem können politische Maßnahmen immer auch unbeabsichtigte (Neben-)Folgen haben, die es zu berücksichtigen gilt.

Beispiel:

Manche streben eher Freiheit als Sicherheit an, bei anderen ist es umgekehrt. Entscheidungsträgerinnen und Entscheidungsträger stehen dann schnell vor dem Problem, dass ein Mehr an Sicherheit häufig individuelle Freiheiten beschneidet (z. B. durch schärfere Gesetze).

Politikzyklus:

Wie Politik gesellschaftliche Probleme zu bewältigen versucht, zeigt der Politikzyklus. Am Beginn des Politikzyklus steht ein Problem, mit dem sich die Politik beschäftigen muss. Es gibt eine (öffentliche) Debatte darüber, was man tun soll. Hier stehen sich verschiedene Meinungen gegenüber, die auch auf eine unterschiedliche Bewertung der Determinanten der Lebensqualität zurückzuführen sind. Daraufhin folgt der Gesetzgebungsprozess in den zuständigen politischen Institutionen. Ist eine Entscheidung getroffen, wird diese umgesetzt und wieder in der Öffentlichkeit diskutiert und bewertet. Wenn das Problem damit beseitigt werden kann, dann wird der Politikzyklus nur einmal durchlaufen. Verändert sich das Problem oder sind die getroffenen Maßnahmen nicht wirksam, dann beginnt der Zyklus von vorn.

Übung

82000-13

➡ S. 16 – 17

1.2 Kann „die Politik“ es allen recht machen?

Menschen haben unterschiedliche Meinungen, wie man auf die großen und kleinen Probleme unseres Daseins reagieren sollte. Dies liegt daran, dass sie unterschiedliche Werte haben.

Beispiel:
„Tradition und Heimat sind wichtig!“ oder „Freiheit und Selbstbestimmung sind wichtiger!“

Es liegt aber auch daran, dass sie oft unterschiedliche Perspektiven auf die gleiche Problematik haben.

Beispiele:
- Arbeitgebende sehen Löhne als Kostenfaktor, der die Gewinne schmälert, während das Personal die persönlichen Gewinne der Unternehmerinnen und Unternehmer als etwas sieht, das ihren Lohn schmälert.
- Wenn es um Fahrverbote geht, haben Anwohnerinnen und Anwohner an vielbefahrenen Straßen meist eine andere Meinung als Unternehmerinnen und Unternehmer, die schnell und einfach zu ihren Kundinnen und Kunden kommen wollen.

Und so kommt es, dass „die“ Politik es so gut wie nie „allen recht machen“ kann. Politische Entscheidungen fußen meist auf einem Kompromiss zwischen verschiedenen Interessenslagen. Es wird versucht, Probleme zu lösen, und meistens entstehen dabei neue. Der große Vorteil von Demokratien ist, dass jeder, der möchte, mitreden und mitmachen kann, und Politik nichts ist, was von Einzelpersonen gemacht wird, sondern im Idealfall von der ganzen Bevölkerung.

➡ S. 20 – 21

1.3 (Inwiefern) beeinflusst mein Fleischkonsum die Lebensqualität anderer?

Das Fallbeispiel „Fleischkonsum“ zeigt, dass auch eigentlich individuelle Entscheidungen, wie die eigene Ernährung, als politische Problemstellungen begriffen werden können. Sie haben direkt oder indirekt Einfluss auf die Umwelt oder die Gesellschaft und sind damit auch politische Entscheidungen.

Beispiel Fleischkonsum:
Hinter der Wahl einer Billigfleisch-Packung im Supermarkt verbergen sich weitreichende Folgen u. a. für das Klima, die Gesundheit der Konsumentinnen und Konsumenten, die Arbeits- und Lebensbedingungen der Saisonarbeiterinnen und -arbeiter und das Tierwohl.

Die Politik greift manchmal ein, um Vorschriften oder Gesetze zu erlassen, die in solchen Bereichen die individuelle Entscheidungsmöglichkeit einschränken oder eine bestimmte Entscheidung der Menschen begünstigen soll, um diesem Umstand gerecht zu werden.

Beispiel Fleischkonsum:
Die Bundesministerin für Ernährung und Landwirtschaft hat beispielsweise eine Tierwohlabgabe vorgeschlagen, welche sich positiv auf die Produktionsstandards in der Fleischindustrie auswirken soll.

Diese Vorschriften oder Gesetzte beeinflussen dann wiederrum die Lebensqualität anderer Bürgerinnen und Bürger.

Beispiel Fleischkonsum:

- Die Fleischwaren werden teurer, sodass sich manche Menschen nur noch seltener Fleisch leisten können.
- Nimmt der Fleischkonsum insgesamt ab und die Produktionsstandards zu, kann dies positive Auswirkungen auf die Umwelt und die Gesundheit haben.

Übung

82000-21

1.4 Politik vor Ort – gelingt die Verkehrswende in Ihrer Region?

➡ S. 22

Oft hat es den Anschein, als sei Politik etwas, dass „weit weg" passiert, zum Beispiel im Bundestag in Berlin oder im Landtag in München. Das Fallbeispiel der Verkehrswende zeigt jedoch, dass die lokale Politik gerade bei der konkreten Umsetzung von politischen Entscheidungen, die auf Bundes- oder Landesebene getroffen wurden, eine wichtige Rolle spielt.

Das Bundesverkehrsministerium hat bis 2030 über 75 Milliarden Euro eingeplant, um die Verkehrswende bundesweit voranzubringen. Für die Umsetzung der konkreten Maßnahmen, zum Beispiel der Planung und dem Bau neuer Radwege, ist die Politik vor Ort verantwortlich. Für die aufkommenden Kosten kann die lokale Politik Gelder des Bundesverkehrsministeriums beantragen.

1.5 Hat auch mein Medienkonsum Folgen für die Gesellschaft?

➡ S. 24 – 25

Jeden Tag trifft jede Einzelne und jeder Einzelne von uns viele verschiedene Entscheidungen, die unseren Medienkonsum betreffen und auch hierin liegt eine politische Dimension.

Beispiele:

Welche Musik höre ich?
Welches Bild wird im Lied z. B. über Frauen oder Ausländer transportiert?

Welche/n Filme/Serien schaue ich an?
Wie werden z. B. Minderheiten in einem Film dargestellt?

Welchen Messenger-Dienst benutze ich?
Ist mir der Datenschutz bei meinem Messenger-Dienst egal?

Welchen Influencerinnen und Influencern folge ich?
Hat die Influencerin/der Influencer verquere politische Ansichten?

Wie wir auf diese Fragen antworten bzw. wie wir Medien nutzen und mit ihnen umgehen, kann Folgen für die Gesellschaft haben. Der Medienkonsum beeinflusst und verändert unsere eigenen politischen Ansichten. Da jede und jeder von uns Teil der Gesellschaft ist, wird diese auch durch die Ansichten und das Verhalten von jeder und jedem beeinflusst und verändert.

KOMPETENZCHECK

M1 Begriffe rund um das Thema Politik

Politik ist ...

Gerechtigkeit

Macht

Durchsetzung

Gesellschaft

Lösung

Problem

Gemeinwohl

Streit

Entscheidung

Interessen

Kompromiss

Konflikt

Harmonie

Prozess

Akteure

Bearbeiter

M2 Zum Einfluss individueller Entscheidungen auf die Gesellschaft

1 Marcel legt viel Wert darauf, sich modebewusst zu kleiden. Allerdings hat er meist nicht sehr viel Geld zur Verfügung, weswegen er die meisten Klamotten in den bekannten Billig-Modeketten kauft. Er hat letztens davon gehört, dass die Arbeitsbedingungen bei der Herstellung dieser Kleidung des Öfteren problematisch sind, um den Preis so niedrig zu halten, aber bei diesen Preisen kann er nicht widerstehen.

2 Alina shoppt mit großer Begeisterung online. Sie wohnt zwar nur wenige Minuten von der Innenstadt mit reichlich Einkaufsmöglichkeiten entfernt, aber sie findet es deutlich bequemer, sich ihre Einkäufe direkt nach Hause liefern zu lassen. Meist sind die Produkte dort billiger und sie muss nie anstehen. Wenn etwas nicht passt, schickt sie es einfach wieder zurück.

3 Yusuf reist für sein Leben gern. Er war schon in vielen fernen Ländern und spart fast sein ganzes Geld, um mindestens zwei Mal pro Jahr in den Urlaub fliegen zu können. Dabei gilt für ihn: je weiter weg, desto besser! Meistens zieht es ihn nach Amerika, Asien oder auch Australien. Urlaub in Europa oder gar in Deutschland hält er für Zeitverschwendung.

Bearbeiter

M3 Politischer Konflikt in der Karikatur

Karikatur: Plaßmann, Thomas

AUFGABEN

1. a) Erstellen Sie eine ausformulierte Definition von Politik, die Sie persönlich überzeugt. Wählen Sie dazu Begriffe aus **M1** aus.
b) Begründen Sie, warum Sie bestimmte Begriffe ausgewählt bzw. nicht ausgewählt haben.

2. Diskutieren Sie in der Klasse, wie die Entscheidungen oder Vorgänge aus **M2** die Lebensqualität anderer beeinflussen können.

3. a) Greifen Sie zu zweit eines der Beispiele aus **M2** oder ein selbstgewähltes heraus und benennen Sie das zugrundeliegende Problem. Wenden Sie nun den Politikzyklus (→ Kap. 1.1, **M3**, S. 15) darauf an.
b) Entwickeln Sie eigene Lösungsvorschläge für das Problem und beurteilen Sie, inwiefern durch Ihren Vorschlag wiederum neue Probleme entstehen würden.

4. a) Analysieren Sie die Karikatur in **M3**.
b) Beschreiben Sie, inwiefern die aufgezeigte Problematik im Zusammenhang mit der Verkehrswende steht.
c) Erklären Sie ausgehend von der in **M3** geäußerten Kritik, welche Interessen in diesem Beispiel im Konflikt stehen.

H zu Aufgabe 2
Recherchieren Sie über weitere Hintergrundinformationen zu den aufgeworfenen Problemstellungen im Internet.

Lösungsvorschläge zu den Aufgaben

70040-04

Tabelle zur Selbsteinschätzung

70040-05

Am 23. Mai 2019 wurde das Grundgesetz der Bundesrepublik Deutschland 70 Jahre alt. Viele Bürgerinnen und Bürger ließen deshalb am Brandenburger Tor Luftballons mit den für sie wichtigsten Werten in die Luft steigen.

Was wissen Sie schon?

1. Welcher Wert im Zusammenleben ist für Sie ganz besonders wertvoll und wichtig? Begründen Sie Ihre Entscheidung.
2. Legen Sie zuerst in Vierergruppen und danach in der ganzen Klasse zusammen eine Rangfolge der fünf am häufigsten genannten Werte fest.
3. Informieren Sie sich, ob es auch an Ihrer Schule vereinbarte Werte oder Leitbilder gibt. Vergleichen Sie diese mit denen Ihrer Klasse aus **Aufgabe 2**.

2

Wie lauten die politischen Spielregeln in Deutschland?

Grundgesetz
Die vorläufige Verfassung des (west-) deutschen Staates bezeichnete man 1949 als Grundgesetz. Man wollte damit betonen, dass erst dann eine Verfassung für Deutschland geschaffen werden könnte, wenn die Teilung Deutschlands überwunden sei. Aufgrund der Erfolgsgeschichte des Grundgesetzes behielt man nach der Wiedervereinigung diesen Begriff bei und setzte es auch in den neuen Bundesländern in Kraft.

Sie wissen bereits, dass die Demokratie von der Beteiligung jedes Einzelnen lebt, der seine Meinung einbringt. Damit das Zusammenleben in der Gesellschaft friedlich verläuft und unterschiedliche Meinungen nicht zu unlösbaren Konflikten führen, gibt es in unserer Demokratie klare Regeln und allgemein verbindliche Werte. Diese Gebrauchsanleitung mit Regeln für den Staat heißt Grundgesetz und die elementarsten Werte stecken in den ersten 19 Artikeln, den sogenannten Grundrechten. Hierin finden sich auch die Menschenrechte wieder, die für alle Menschen weltweit gelten sollen. Das Grundgesetz ist zugleich auch die Basis aller Gesetze und Verordnungen. Wie genau sieht dieses Regelwerk aus? Und welche Werte stecken darin?

Was lernen Sie in diesem Kapitel?

Sie lernen, ...

- sich selbständig im Grundgesetz zu orientieren.
- sich einen Überblick über den facettenreichen Begriff der Menschenwürde zu verschaffen.
- wesentliche Grundrechte und deren Anwendungsmöglichkeiten zu erklären.
- welche Voraussetzungen unsere Demokratie benötigt und wovon diese abhängt.

Lernaufgabe: Ein Quiz über die politische Ordnung Deutschlands erstellen

Die folgende Lernaufgabe leitet Sie dabei an, anhand der Materialien für jedes Unterkapitel arbeitsteilig ein Quiz zu erstellen, das Antworten auf die wichtigsten Fragen des Kapitels gibt. Sie können das Quiz mit Papier und Stift, am Computer oder mithilfe einer dafür geeigneten Webseite erstellen.

Gehen Sie dabei so vor:

Start

1

Bilden Sie Gruppen aus 2 – 4 Personen. Einigen Sie sich auf eine Möglichkeit (digital oder analog) zur Erstellung des Quiz. Sie können zum Beispiel eine dafür geeignete Seite nutzen, die Sie mit dem untenstehenden Mediencode erreichen.

Webseite zur Gestaltung eines Quiz

70040-06

2

Wählen Sie pro Gruppe ein Unterkapitel aus:

- Kapitel 2.1: Gleiches Recht für alle? Die Bedeutung der Menschenrechte
- Kapitel 2.2: Das geht doch nicht!? Grundrechte im Einsatz
- Kapitel 2.3: Gelten Grundrechte auch für Straftäter?
- Kapitel 2.4: Worauf kommt es an? Der Kern der deutschen Demokratie
- Kapitel 2.5: Braucht Deutschland mehr direkte Demokratie?
- Kapitel 2.6: Vielfalt – Gewinn oder Herausforderung?
- Kapitel 2.7: Der Rechtsstaat – hält sich auch der Staat ans Recht?
- Kapitel 2.8: Kann sich die Demokratie gegen Angriffe wehren?
- Kapitel 2.9: Arm in Deutschland – leistet der deutsche Sozialstaat genug?
- Kapitel 2.10: Schafft Hartz IV Gerechtigkeit?
- Kapitel 2.11: Die Corona-Pandemie – Föderalismus auf dem Prüfstand?
- Kapitel 2.12: Keine Pressefreiheit – keine Demokratie?

Hinweis: Sollten in Ihrer Klasse zu wenig Schülerinnen und Schüler sein, um jeder Gruppe ein Kapitel zuzuteilen, wählen Sie pro Gruppe zwei Unterkapitel aus.

4

Erstellen Sie für Ihre vorbereiteten Begriffe jeweils mindestens eine, besser zwei Fragen.

3

Informieren Sie sich über die Materialien und Aufgaben soweit, dass Sie die Kapitelfrage in der Gruppe beantworten können.
Wählen Sie dann mindestens fünf für Ihr Unterkapitel wichtige Begriffe oder Regelungen aus und formulieren Sie zu diesen gut verständliche Definitionen und Erklärungen.

5

Setzen Sie sich mit einer anderen Gruppe zusammen und tauschen Sie gegenseitig Ihre Fragen aus. Beantworten Sie die Fragen der jeweils anderen Gruppe. Im Anschluss folgt die Auflösung durch die vorher erstellten Definitionen und Erklärungen.

Ziel

6

Setzen Sie sich mit einer anderen Gruppe zusammen und führen Sie Schritt 5 erneut durch. Wiederholen Sie diesen Vorgang so lange, bis Sie das Quiz einer jeden Gruppe bearbeitet haben.

2.1 Gleiches Recht für alle? Die Bedeutung der Menschenrechte

→ Fachwissen, S. 66 – 67

„Alle Menschen sind frei und gleich an Würde und Rechten geboren." (Allgemeine Erklärung der Menschenrechte, Art. 1) – Ist doch eine klare Sache, oder nicht? Menschenrechte sind in vielen Ländern Teil der politischen Kultur und dementsprechend auch in den Verfassungen festgehalten. Doch was genau sind Menschenrechte und was passiert, wenn man sie nicht hat?

M1 „Wenn Rechte eingeschränkt werden ..."

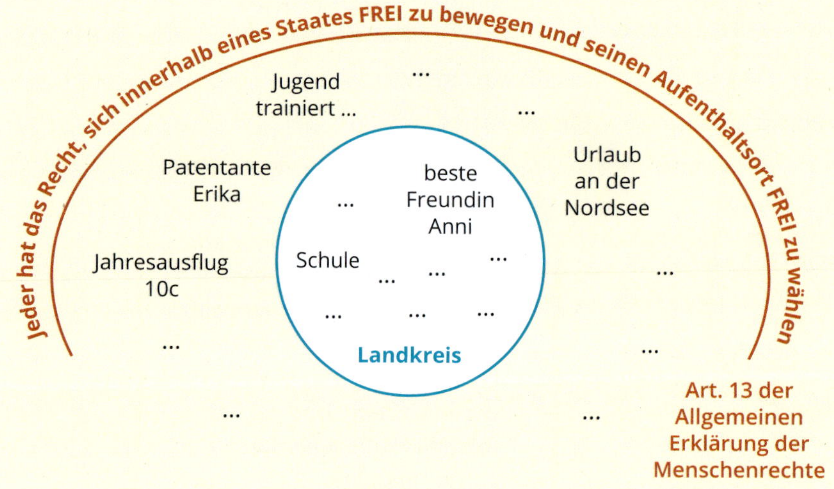

Simulation:

1. Notieren Sie innerhalb des Kreises alle Aktivitäten + Kontakte, die Sie innerhalb Ihres Landkreises, in dem Sie wohnen, unternehmen können.
2. Notieren Sie außerhalb des Landkreises Aktivitäten + Kontakte, für die Sie ihn verlassen müssen.
3. Streichen Sie alle Aktivitäten + Kontakte, die außerhalb des Landkreises liegen.
4. Beschreiben Sie, wie sich Ihr Leben verändern würde, wenn Sie Ihren Landkreis nicht verlassen dürften.

Nach: Reiter-Mayer, Petra, In: Politik betrifft uns 6/2011, S. 4

M2 Was sind Menschenrechte?

Subjektive Rechte
Subjektive Rechte stellen eine rechtlich gewährleistete konkrete Befugnis dar, etwas zu tun (z. B. das Freiheitsrecht, eine bestimmte Meinung zu äußern), zu unterlassen oder zu verlangen.

Als Menschenrechte werden universelle Rechte bezeichnet, die jedem Menschen gleichermaßen zustehen – unabhängig davon, wer er ist oder wo er lebt – einfach, weil er Mensch ist.

Geprägt durch die Erfahrungen aus dem Zweiten Weltkrieg und die Verbrechen der nationalsozialistischen Diktatur in Deutschland einigten sich am 10. Dezember 1948 die damals 56 Mitgliedstaaten der Vereinten Nationen erstmals auf einen gemeinsamen Katalog von Grundrechten basierend auf Gleichheit, Gerechtigkeit und Rechtsstaatlichkeit. Mit der Allgemeinen Erklärung der Menschenrechte wurde ein Wertesystem geschaffen, das für ALLE Menschen gelten sollte.

Die Generalversammlung der UNO hat in 30 Artikeln bürgerliche, politische, soziale und wirtschaftliche Rechte beschlossen. Diese Menschenrechte wurden erst dann rechtsverbindlich, wenn die einzelnen UN-Mitgliedstaaten diese in nationales Recht umsetzten. Die Bundesrepublik Deutschland hat diese Menschenrechte in ihrem Grundgesetz von 1949 verankert. Sie stehen im Kapitel 1 des Grundgesetzes in den Paragraphen 1 – 19.

Bearbeiter

M3 Die Bedeutung der Menschenrechte

Auszug aus der Menschenrechtskonvention der Vereinten Nationen	Wichtig für mich	Wichtig für die Gruppe
Jeder hat das Recht auf Leben, [...] (Art. 3)		
Niemand darf der Folter [...] unterworfen werden. (Art. 5)		
Alle Menschen sind vor dem Gesetz gleich [...]. (Art. 7)		
Jeder Mensch gilt als unschuldig, bis seine Schuld bewiesen ist. (Art. 11)		
Jeder hat das Recht auf Privatleben. (Art.12)		
Jeder hat das Recht, in anderen Ländern vor Verfolgung Asyl zu suchen [...]. (Art. 14)		
Jeder hat das Recht auf Eigentum. (Art.17)		
Jeder hat das Recht auf Gedanken-, Gewissens- und Religionsfreiheit; [...]. (Art. 18)	BITTE INS HEFT!	
Jeder hat das Recht auf Meinungsfreiheit und freie Meinungsäußerung; [...]. (Art. 19)		
Alle Menschen haben das Recht, sich friedlich zu versammeln [...]. (Art. 20)		
Jeder hat das Recht auf Arbeit, auf freie Berufswahl, auf gerechte und befriedigende Arbeitsbedingungen sowie auf Schutz vor Arbeitslosigkeit. (Art. 23)		
Jeder hat das Recht auf Erholung und Freizeit [...]. (Art. 24)		
Jeder hat ein Recht auf [...] [eine] Wohnung [...]. (Art. 25)		
Jeder hat das Recht auf Bildung. (Art. 26)		

Konvention
(völkerrechtliches) Abkommen

Basierend auf: ©UN: Resolution der Generalversammlung. 217 A (III). Allgemeine Erklärung der Menschenrechte. Präambel, www.un.org, 10.12.1948

AUFGABEN

1. Führen Sie die Simulation durch (**M1**).
2. Beschreiben Sie die Entstehung von Menschenrechten (**M2**).
3. Welche Menschenrechte sind besonders wichtig (**M3**)?
   a) Wählen Sie die für Sie wichtigsten Rechte aus.
   b) Einigen Sie sich in einer Gruppe auf fünf Rechte, die für Sie wichtig sind.
   c) Vergleichen Sie Ihr Gruppenergebnis mit den anderen Gruppen.
4. Erklären Sie zu zweit, welche Funktion Menschenrechte innerhalb einer Gemeinschaft erfüllen (**M1 – M3**).

2.2 Das geht doch nicht!? Grundrechte im Einsatz

→ Fachwissen, S. 67 – 68

Was Ihnen heute selbstverständlich erscheint, ist das Ergebnis von jahrhundertelangen Auseinandersetzungen mit den Herrschenden. Dadurch gelang es etappenweise, Menschenrechte festzuschreiben und zu sichern. In Deutschland gibt es auch einen Katalog an grundlegenden Rechten, den Grundrechten. Diese sind so fundamental, dass wir als Bürgerinnen und Bürger fast täglich mit ihnen in Berührung kommen, weil sie uns unsere Freiheit oder Gleichheit garantieren bzw. uns vor staatlicher Willkür schützen.

Grundrechte bestehen aus den Menschenrechten, die alle Menschen weltweit besitzen, und den Bürgerrechten, die für alle Deutschen gelten.

M1 Entscheidungsspiel: Geht oder geht nicht?

Fall 1:
Zwei jungen schwarzen Frauen wird der Eintritt in eine Disco verwehrt. Der Türsteher begründet dies mit der Äußerung, es seien schon genug Schwarze drin.

Fall 2:
Marcella (16) hat sich für einen Aushilfsjob in einer Druckerei beworben. Im Bewerbungsgespräch teilt ihr der Chef mit, dass man für diese Tätigkeit viel technisches Verständnis mitbringen müsse und er deswegen an eine männliche Aushilfe gedacht hatte.

Fall 3:
Ein Arbeitsloser, der auf staatliche Unterstützung (Hartz IV) angewiesen ist, lehnt hintereinander zwei Jobangebote ab, sodass ihm durch das Jobcenter die monatliche Zahlung von 420 € auf nur noch 100 € reduziert wird.

Fall 4:
Ein Schüler bietet eine App an, mit deren Hilfe Lehrkräfte und Schulen bewertet werden können. In vorgegebenen Kategorien können User anonym Noten von 1 – 6 verteilen, wie z. B. für „guter Unterricht", „motiviert" oder „beliebt". Das Gesamtergebnis unter Nennung der Namen lässt sich dann in Form eines Rankings nachlesen.

Bearbeiter

M2 Ist ein Ranking möglich?

Auszug aus den Grundrechten des Grundgesetzes der Bundesrepublik Deutschland

Glaubens-, Gewissens- und Bekenntnisfreiheit
(1) Die Freiheit des Glaubens [ist] unverletzlich. [...]

Versammlungsfreiheit
(1) Alle Deutschen haben das Recht, sich ohne Anmeldung oder Erlaubnis friedlich und ohne Waffen zu versammeln.

Persönliche Freiheitsrechte
(1) Jeder hat das Recht auf freie Entfaltung seiner Persönlichkeit [...].

Unverletzlichkeit der Wohnung
(1) Die Wohnung ist unverletzlich. [...]

Gleichheitsgrundsatz
(1) Alle Menschen sind vor dem Gesetz gleich. [...]

Meinungs-, Informations-, und Pressefreiheit; Kunst- und Wissenschaft
(1) Jeder hat das Recht, seine Meinung in Wort, Schrift und Bild frei zu äußern und zu verbreiten [...].

Brief-, Post- und Fernmeldegeheimnis
(1) Das Briefgeheimnis, sowie das Post- und Fernmeldegeheimnis sind unverletzlich. [...]

Vereinigung- , Koalitionsfreiheit
(1) Alle Deutschen haben das Recht, Vereine und Gesellschaften zu bilden. [...]

Menschenwürde
(1) Die Würde des Menschen ist unantastbar. [...]

Grundgesetz für die Bundesrepublik Deutschland

M3 Coronagrundrechtebeschränkung

Bundeskanzlerin Merkel verkündete am 2. November 2020:

[Heute treten] die Einschränkungen des öffentlichen wie des privaten Lebens in Kraft [...]. Zuzusehen, wie wir näher und näher an die Belastungsgrenze des Personals und der Strukturen in der Intensivmedizin kommen, kann keine Regierung verantworten [...] Das heißt, wir müssen Kontakte reduzieren, wo immer das möglich ist. Das heißt als Erstes: Homeoffice, zu Hause arbeiten, wo immer möglich. Die Maßnahmen greifen dann aber tief in das private Leben ein: keine Urlaubsreisen, keine nicht unbedingt notwendigen Verwandtenbesuche, keine Feste und Feiern, das Freizeitangebot und die Kulturstätten werden geschlossen und zu Hause sollen sich so wenige Menschen wie möglich treffen. Der Aufenthalt im öffentlichen Raum ist beschränkt auf zwei Hausstände.

©Presse- und Informationsamt der Bundesregierung: Pressekonferenz von Bundeskanzlerin Merkel zur Corona-Pandemie. In: www.bundeskanzlerin.de, 02.11.2020

Die ehemalige Bundeskanzlerin Angela Merkel

AUFGABEN

1. a) Entscheiden Sie zunächst spontan für die Situationen 1 – 4 in **M1**, ob so verfahren werden darf.
   b) Begründen Sie Ihre Entscheidung mithilfe des Grundgesetzes (**M1**, **M2**).
   c) Vergleichen Sie zu zweit Ihre Ergebnisse und beschreiben Sie, woran Sie sich bei Ihrer Entscheidung orientiert haben.
2. Erstellen Sie ein „Grundrechte-Ranking", beginnend mit dem für Sie wichtigsten Grundrecht. Begründen Sie Ihre Entscheidung (**M2**).
3. a) Erklären Sie, welche Grundrechte im Zuge der Pandemie beschränkt wurden (**M3**).
   b) Arbeiten Sie heraus, wie die Kanzlerin die Maßnahmen begründet.
4. Bewerten Sie die Grundrechte: Erfüllen sie die Anforderungen, eine gerechte, nachhaltige und moderne Grundlage des Staates zu ermöglichen? Welche Bereiche und Regeln sollten ergänzt werden?

F **zu Aufgabe 3**
Recherchieren Sie, welche Kritik von Opposition oder Öffentlichkeit gegenüber der Regierung im Zuge der Grundrechtseinschränkungen geäußert wurde.

Das Grundgesetz lesen

(am Beispiel der Ausgabe der Bayerische Landeszentrale für politische Bildungsarbeit)

Worum geht es?

Das Grundgesetz wird jeder Schülerin und jedem Schüler im Verlauf der Schullaufbahn ausgehändigt. Als Verfassung unseres Landes ist es das wichtigste Dokument über die Organisation und den Aufbau des Staates, weswegen es auch wichtig ist, damit umgehen und es richtig lesen zu können.

Gehen Sie dabei so vor:

1. Schritt: Betrachtung des äußeren Aufbaus

Sie können es bereits auf dem Umschlag und an der Farbgebung erkennen: Hier sind sogar zwei Verfassungen enthalten. Zunächst findet sich die des Freistaates Bayern in Blau, erst dann das Grundgesetz in Weiß. Der letzte blaue Teil stellt dann wiederum ein Stichwortverzeichnis dar, in dem nach Schlagwörtern gesucht werden kann.

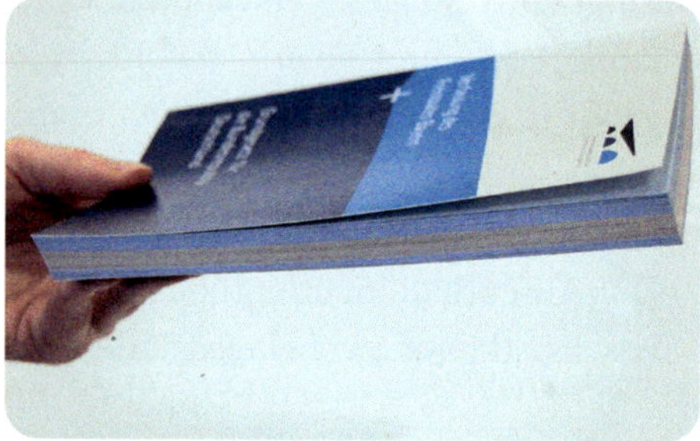

2. Schritt: Untersuchung des inneren Aufbaus

Eine erste Übersicht über die thematischen Abschnitte gibt zunächst einmal ein **Inhaltsverzeichnis**. Hier erkennen Sie auch die übergeordneten Themenblöcke, die mit den **Grundrechten** beginnen.
Es folgt eine Liste von zahlreichen **Abänderungen**. Das Grundgesetz wurde immer wieder verändert, denn obwohl das Grundgesetz möglichst stabile Regeln für die Gesellschaft festlegen soll, muss es trotzdem von Zeit zu Zeit geändert werden, da sich auch die Gesellschaft wandelt.
Und gleich nach der **Präambel** geht es mit den Grundrechten los. Diese werden in **Artikel, Absätze und Sätze** unterteilt, wie z. B. Artikel 3 Absatz 2 Satz 1: „Männer und Frauen sind gleichberechtigt." So findet man genauer Stellen wieder und kann diese eindeutig zitieren, falls man Bezug auf dessen Inhalt nimmt.
Um sich noch besser orientieren zu können, gibt es am Seitenrand **Kurztitel** zum Inhalt der Artikel.
Deutlich konkreter wirken die Formulierungen, wenn Sie statt „des Menschen", „Jeder" oder „Alle Deutschen" beim Durchlesen Ihren eigenen Namen einsetzen!

Präambel
So bezeichnet man das Vorwort bzw. die Einleitung einer Urkunde.

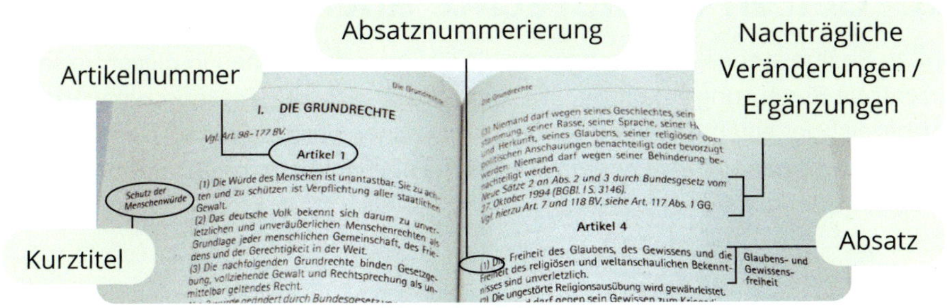

3. Schritt: Überprüfung

1. Lesen Sie zu zweit den Abschnitt der Grundrechte (Artikel 1- 20) selbständig anhand der Kurztitel, die sich am Seitenrand befinden und suchen Sie Ihre im Klassenverband geäußerten Top-5-Werte aus **Aufgabe 2** der **Auftaktseite** dieses Kapitels.
2. Suchen und zitieren (Artikel, Absatz, Satz) Sie folgende Stellen unter den Grundrechten:
   1. „Die ungestörte Religionsausübung wird gewährleistet."
   2. „Kein Lehrer darf gegen seinen Willen verpflichtet werden, Religionsunterricht zu erteilen."
   3. „Die Freiheit der Person ist unverletzlich."
   4. „Niemand darf zu einer bestimmten Arbeit gezwungen werden, außer im Rahmen einer herkömmlichen allgemeinen, für alle gleichen öffentlichen Dienstleistungspflicht."
3. Übertragen Sie den Text in Ihr Heft oder nutzen Sie den Mediencode und füllen Sie die Lücken mit den korrekten Bausteinen. Oftmals kann Ihnen hier auch das Stichwortverzeichnis helfen.

Übung

82000-12

Das Grundgesetz beschreibt die grundlegenden ________ in Deutschland und stellt folglich die ________ der Bundesrepublik Deutschland dar. In den ersten 19 Artikeln werden die wichtigsten ________ des Landes dargestellt. Sie werden ______ genannt und sollen die ________________ vor einem zu mächtigen __________ schützen. In Artikel ________ wird die Staatsform Deutschlands klar definiert: ein ________ und ________ Bundesstaat. Zentrale Bedeutung hat zudem Artikel ________ , der die Änderung des Grundgesetzes regelt und deshalb Ewigkeitsklausel genannt wird. Hier sind nämlich die Hürden zur Änderung sehr hoch: Man benötigt zwei Drittel der Stimmen des ________ und ________. Grundsätze der Artikel ________ und ________ dürfen gar nicht verändert werden. Man kann im Grundgesetz nachlesen, dass es in Deutschland laut Artikel ________ keine Todesstrafe gibt, dem Artikel ________ zufolge die Bundesflagge schwarz-rot-gold ist und wie man nach Artikel ________ Stellvertreter des Bundeskanzlers wird. Artikel ________ schreibt zudem vor, dass man mindestens ________ Jahre alt sein muss, um zum Bundespräsidenten gewählt zu werden.

Bundesrates | sozialer | Grundrechte | 22 | 69 | 40 | 54 | 79 | Regeln | Staat | Verfassung | 20 | Bundestages | 1 | 20 | Bürgerinnen und Bürger | demokratischer | 102 | Werte

Bearbeiter

2.3 Gelten Grundrechte auch für Straftäter?

→ Fachwissen, S. 69

Ganz zu Beginn stehen im Grundgesetz die Grundrechte, denen in dieser Verfassung die zentrale Bedeutung zukommt, allen voran dem Schutz der Menschenwürde. Was aber bezeichnet eigentlich der Begriff der Menschenwürde? Hier setzten Sie sich mit der Frage auseinander, inwieweit diese Würde auch in Ausnahmesituationen für den Staat „unangreifbar ist."

M1 Kann Gewalt gerechtfertigt sein?

Karikatur: Mester, Gerhard 2003

M2 Der Fall Daschner

Im Jahr 2002 wurde der elfjährige Bankierssohn Jakob von Metzler entführt. Schon kurz darauf nahm die Polizei einen Mann fest, den sie eindeutig für den Täter hielt. Die Polizisten fürchteten um das Überleben des vermutlich allein eingesperrten Kindes. Deshalb gab der Polizeivizepräsident die Anweisung, Marcus Gäfgen in den Vernehmungen mit der Anwendung von Gewalt und der Verabreichung eines Wahrheitsserums zu drohen. Durch diese Androhung hoffte man nicht auf ein Geständnis, sondern rechtzeitig den Aufenthaltsort des Kindes zu erfahren. Tatsächlich verriet Gäfgen daraufhin das Versteck Jakob von Metzlers, den er aber bereits unmittelbar nach der Entführung ermordet hatte. Vor Gericht gestand er die Tat später auch ein und wurde zu einer lebenslangen Freiheitsstrafe verurteilt. Aber auch der Polizeivizepräsident Daschner und der verhörende Kommissar wurden angeklagt.

Beide Polizisten wurden im Prozess wegen Nötigung im Amt schuldig gesprochen und zu einer Geldstrafe verurteilt. Der Europäische Gerichtshof für Menschenrechte stellte zudem klar, dass Magnus Gäfgen ein Opfer unmenschlicher Behandlung durch die Polizei geworden sei. 2012 wurde ihm aufgrund der Nötigung Schadensersatz zugesprochen.

Bearbeiter

M3 Kommentare zum Gerichtsverfahren

„Es kann doch nicht sein, dass sich das Gericht auf den Schutz der unantastbaren Würde des Täters beruft. Wie sieht es denn mit der Würde des Opfers aus?"
fiktiver Leserbrief

„Ich will es mal so sagen: Ein verrenkter Arm oder zwei blaue Flecken sind besser, als ein toter Mensch!"
ein fiktiver Strafrechtler

„Man sollte vorsichtig damit sein, die Würde eines Menschen gegen die eines anderen zu setzen. Auch ein Täter bleibt ein Mensch und hat laut Grundgesetz und Völkerrecht uneingeschränkt das Recht auf Menschenwürde!"
fiktive Aussage einer Menschenrechtsorganisation

Bearbeiter

Relativierung
Abschwächung einer Sache, indem sie zu einer anderen Sache in Beziehung gesetzt wird

AUFGABEN

1. a) Analysieren Sie die Karikatur (**M1**, → Methodenkarte, S. 18).
   b) Formulieren Sie in wenigen Sätzen, welches Problem im Zusammenhang mit den Grundrechten thematisiert wird (siehe Kapitel 2.2).
2. Geben Sie den Ablauf des „Fall Daschner" in eigenen Worten wieder und beschreiben Sie, welche Besonderheit hier vorliegt (**M2**).
3. Erstellen Sie arbeitsteilig zu zweit ein kurzes Plädoyer zur Verteidigung der beiden Beamten bzw. eine Anklageschrift (**M2**).
4. Diskutieren Sie folgende Fragen offen in der Klasse (**M2, M3**):
   a) Wie bewerten Sie diesen Fall?
   b) Nehmen Sie dabei verschiedene Perspektiven ein: aus der Sicht des Staates, des Opfers, des Täters, der Gesellschaft, der Familie usw.
   c) Welche Folgen hätte es gehabt, wenn man die Beamten freigesprochen hätte? Und wie lässt sich das Urteil begründen?
5. Formulieren Sie zusammen in Gruppenarbeit eine einfach gehaltene Definition des Begriffs der Menschenwürde (**M1 – M3**).

H zu Aufgabe 3
Berücksichtigen Sie dabei die recht geringe Geldstrafe und dass Beamtinnen und Beamte als Vertretung des Staates agieren. Beziehen Sie daher auch mit ein, welche Folgen dies für die öffentliche Wahrnehmung des Staates haben könnte.

2.4 Worauf kommt es an? Der Kern der deutschen Demokratie

→ Fachwissen, S. 69 – 70

Die Demokratie ist eine Herrschaftsform, in der die Bürgerinnen und Bürger entscheiden. Diese Macht zeigt sich in regelmäßigen Abstimmungen und Wahlen. Damit diese auch wirklich für alle fair ablaufen, brauchen alle Menschen gleiche Rechte und Pflichten und ganz besonders ein hohes Maß an Freiheit, um diesen Einfluss geltend machen zu können. Dafür müssen in den Staaten wichtige Voraussetzungen geschaffen werden. Und weltweit sind nicht alle Demokratien gleich gestaltet.

M1 Lässt sich Demokratie messen oder vergleichen?

Hier finden Sie die Karte der Organisation „Freedomhouse" basierend auf den gesammelten Daten

70040-08

Die Messung und den Vergleich von Demokratie und Freiheit in der Welt versucht die amerikanische Organisation „Freedom House" mit einem jährlichen Überblick. Weltweit werden Länder in die Kategorien „frei", „teilweise frei" und „unfrei" aufgeteilt. Kriterien der Einteilung sind z. B. inwiefern es freie, faire und häufige Wahlen gibt, wer das Wahlrecht besitzt, ob Meinungs-, Informations- und Pressefreiheit herrscht oder ob die Gleichheit vor dem Gesetz vorhanden ist.

Bearbeiter

M2 Die freiheitliche demokratische Grundordnung

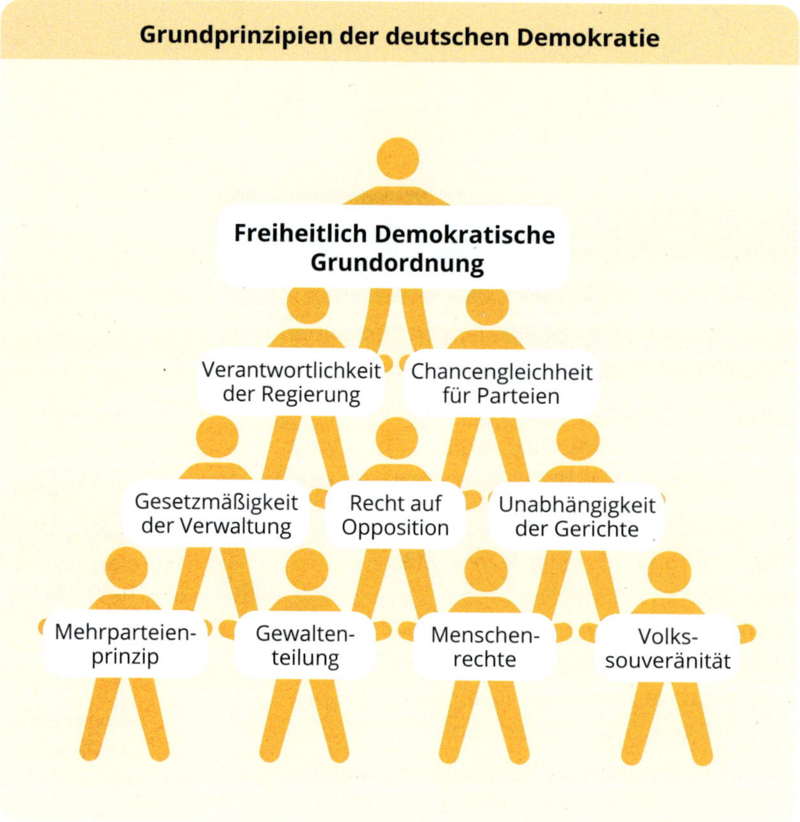

Bearbeiter

Die **f**reiheitliche **d**emokratische **G**rund**o**rdnung (**FDGO**) wird zwar im Grundgesetz erwähnt, aber nicht genau umrissen. Gemeint ist dem Bundesverfassungsgericht zufolge damit nicht das Grundgesetz in seiner Gesamtheit, sondern die unabänderlichen obersten Wertprinzipien als Kernbestand der Demokratie.

Diese fundamentalen Wertprinzipien bilden eine Grundordnung und bestimmen die Gesetzgebung des Bundes und der Länder. Deshalb müssen diese Prinzipien ganz besonders geschützt werden. Ein Angriff auf sie gilt als verfassungsfeindlich.

Bearbeiter

M3 Die FDGO in Zeitungsmeldungen

Fall 1: Der Bundesinnenminister verbietet die rechtsextreme Vereinigung „Combat 18 Deutschland". Als Begründung führt er deren neonazistische, rassistische und fremdenfeindliche Tendenz an. Außerdem vertreibe „Combat 18" offensiv Tonträger und Merchandise-Artikel mit rechtsextremen und judenfeindlichen Motiven. Mitglieder von „Combat 18 Deutschland" wurden darüber hinaus wegen Verstoßes gegen das Waffengesetz verurteilt.

Fall 2: Weil er nachträglich seine Urteile verfälschte, wurde ein Richter zu zwei Jahren Haft auf Bewährung verurteilt. Laut Urteilsbegründung habe er damit geltendes Recht gebeugt und schwere Urkundenfälschung begangen.

Fall 3: Das Verwaltungsgericht Köln verbot der Bundeszentrale für politische Bildung ihren Wahl-O-Mat weiter zu betreiben. Gegen dieses offene Angebot für Bürgerinnen und Bürger, ihre Meinung mit der Meinung der zur Wahl stehenden Parteien zu vergleichen, hatte die Partei Volt geklagt, weil man damit seine politischen Auffassungen nur mit bis zu acht Parteien abgleichen könne.

Fall 4: Eine Verfassungsrechtlerin fordert eine Änderung des Artikels 43 des Grundgesetzes. Bisher können mit einem Mehrheitsbeschluss des Parlaments Mitglieder der Regierung vor dem Bundestag befragt werden. Dieses Recht soll künftig auch der Minderheit zustehen.

Bearbeiter

AUFGABEN

1. a) Formulieren Sie mit eigenen Worten, welche Informationen die Organisation „Freedomhouse" sammelt (**M1**).
b) Gibt es Kriterien, die Sie besonders wichtig finden oder ergänzen würden?

2. a) Ordnen Sie zu, welche Merkmale der FDGO (**M2**) in den Fällen aus **M3** betroffen sind.
b) Stellen Sie dar, inwiefern die Beispiele die Wichtigkeit der FDGO demonstrieren.

3. Tauschen Sie sich in der Klasse aus: Sind Sie mit dem Aufbau der Pyramide in **M2** einverstanden? Welche Wertprinzipien würden Sie verschieben? Begründen Sie Ihre Meinung.

4. Bewerten Sie in Partnerarbeit folgende These: „Parteien, die versuchen, die FDGO anzugreifen, sollten auch in einer freien Demokratie verboten werden!"

F **zu Aufgabe 1**
Betrachten Sie die Karte von „Freedomhouse" mithilfe des Mediencodes aus **M1**. Tragen Sie die gesammelten Informationen zu ausgewählten Ländern zusammen und versuchen Sie herauszufinden, warum sie diese Farbgebung haben. Wo lassen sich Farbblöcke erkennen?

2.5 Braucht Deutschland mehr direkte Demokratie?

→ Fachwissen, S. 70

Artikel 20 des Grundgesetzes gibt vor, dass der Wille des Volkes durch Wahlen und Abstimmungen zu erfolgen hat. Abstimmungen über politische Streitfragen gibt es auf Bundesebene aber nicht. Wird es also Zeit, dass man die Aussage dieses Artikels ernster nimmt?

M1 Zwei Formen der Demokratie

Repräsentative Demokratie: Gewählte Stadträte stimmen im Rathaussaal in München ab.

Direkte Demokratie: In der Schweiz findet eine Volksabstimmung im Freien statt.

M2 Was sind die Unterschiede zwischen direkter und repräsentativer Demokratie?

In der **Repräsentativen Demokratie** wählt die Bürgerschaft Vertreterinnen und Vertreter für eine bestimmte Zeit. Diese treffen dann politische Entscheidungen. Das Volk übt seine Macht mittelbar, also indirekt, aus.

Bei der **direkten Demokratie** soll das Volk selbst unmittelbar, in direkter Form über alle politisch wichtigen Anliegen entscheiden. Dies geschieht zum Beispiel über Volksabstimmungen, auch Plebiszite genannt.

In Deutschland gibt es Elemente einer direkten Demokratie nur durch Bürger- und Volksbegehren auf kommunaler oder Landesebene.

Bearbeiter

Erklärfilm zur Demokratie

70040-09

M3 Direkt oder repräsentativ?

- Gemeinderatswahl
- Für eine Partei kandidieren
- Wahl des Stadtoberhauptes
- Volksabstimmung
- Demonstrieren
- Einen Bürgerantrag stellen, damit sich der Gemeinderat mit einem bestimmten Thema befasst
- Leserbrief verfassen
- Antrag auf Einberufung einer Bürgerversammlung
- Volksbegehren

Bearbeiter

M4 Brauchen wir mehr direkte Demokratie? Der Streitfall am Beispiel eines Ausbaus des örtlichen Flughafens

Ja!

Normalerweise wird alle paar Jahre per Kreuzchen die Stimme abgegeben und ich weiß nicht immer, ob am Ende auch in meinem Sinne abgestimmt wird. Da fühlt man sich machtlos. Jetzt kann ich in der Frage nach dem Ausbau des örtlichen Flughafens endlich selbst entscheiden!

Natürlich setze ich mein Kreuz bei „Ja zum Ausbau". Warum? Weil ich wütend bin auf die Stadtregierung, der die Visionen fehlen. Die mussten sich jetzt erstmals unseren Argumenten stellen. Von wegen Risikospiel oder fehlende Wirtschaftlichkeit. Die Bürgerinnen und Bürger entschieden zum Glück anders.

Jetzt müssen die unsere Entscheidung umsetzen. Das gibt mir das Gefühl, etwas bewirkt zu haben.

Nein!

Fast alle aus meinem Freundeskreis erinnerten sich an die gemeinsame Schulzeit in der Einflugschneise des Flughafens: Im Sommer konnte man sich nur zwischen unerträglicher Hitze oder ohrenbetäubendem Getöse entscheiden.

Erschrocken war ich demnach darüber, dass eine Mehrheit für den Ausbau des örtlichen Flughafens war. Aber eine Freundin erklärte mir, sie sei vor allem dafür gewesen, da ein Flughafen direkt vor der Haustür ihr einfach ermöglicht, schneller und bequemer in den Urlaub zu fliegen. Ich finde aber: Entscheidungen sollten sich nicht nur danach richten, was gefühlt praktisch oder vorteilhaft für den Einzelnen ist.

Abgeordnete hingegen wägen das Gemeinwohl ab. Und was passieren kann, wenn Populisten vor so einem Volksentscheid die Gefühle der Wähler ansprechen oder komplizierte Sachverhalte vereinfachen, kann man anhand des Brexits sehen.

Bearbeiter

Populist
Ein Populist betreibt Populismus. Damit bezeichnet man eine Politik, die durch Übertreibung und starke Vereinfachung versucht, die Unterstützung breiter Massen zu erlangen.

Brexit
Der Begriff bezeichent den Austritt Grobritanniens aus der Europäischen Union als Folge einer Volksabstimmung.

AUFGABEN

1. Vergleichen Sie die Bilder in **M1**. Urteilen Sie spontan, welche Form der Entscheidungsfindung Sie bevorzugen und begründen Sie Ihre Meinung.
2. a) Beschreiben Sie die Unterschiede der Demokratietypen (**M2**).
   b) Erörtern Sie zu zweit Möglichkeiten und Grenzen beider Typen (**M2**).
3. Ordnen Sie die Beteiligungsmöglichkeiten den Demokratietypen zu (**M3**).
4. a) Arbeiten Sie aus den beiden Meinungen in **M4** stichpunktartig die genannten Argumente heraus.
   b) Diskutieren Sie die Argumente in der Klasse und ergänzen Sie eigene.
   c) Positionieren Sie sich auf einer Positionslinie (→ Methodenglossar) zu der Frage: „Brauchen wir mehr direkte Demokratie?"

H **zu Aufgabe 1**
Berücksichtigen Sie dabei unter anderem Aspekte wie Durchführbarkeit, Beteiligungsmöglichkeit, Beeinflussung oder Komplexität.

F **zu Aufgabe 4c**
Führen Sie mithilfe der Methode hinter dem Mediencode stattdessen eine amerikanische Debatte durch.

70040-10

2.6 Vielfalt – Gewinn oder Herausforderung?

→ Fachwissen, S. 71

Jeder Mensch ist anders. Auch in Ihrer Klasse sind alle verschieden. Diese Vielfalt ist interessant und bereichernd, kann aber auch zu Konflikten führen. Wie geht man also mit dieser Vielfalt möglichst konstruktiv um? Wie verhindert man, dass niemand ausgegrenzt oder sogar diskriminiert wird?

M1 Schulalltag mit Tourettesyndrom

Tourettesyndrom
Eine Erkrankung der Nerven sorgt für spontane Laute, Rufe und Bewegungen. Diese Tics ereignen sich ungewollt und sind ähnlich dem Schluckauf oder Niesen nur bedingt kontrollierbar.

Harald (15) hat viele Interessen und ist zudem auch intelligent. Klingt soweit ganz normal, wäre da nicht ein besonderer Umstand: er leidet schon seit neun Jahren unter dem Tourettesyndrom.
Wenn er aufgeregt ist, trommelt er mit den Fäusten auf seine Brust. Zusätzlich hält er den Kopf schräg und zuckt. Diesen sogenannten Tics ist Harald hilflos ausgeliefert. Und falls er sich dagegen wehren will, wird es umso schlimmer. Während dieser Anfälle gibt der Junge bellende Laute von sich. „Natürlich erschrecken sich andere Leute. Die können ja nicht wissen, dass ich das nicht absichtlich mache", sagt Harald.
Trotz dieser Einschränkung besuchte er die reguläre Grundschule und schaffte es anschließend sogar aufs Gymnasium. Möglich war dies nur dank ärztlicher Atteste und spezieller Rahmenbedingungen. So steht Harald im Klassenraum ein Computer zur Verfügung. Seit mehr als einem Jahr hat er sogar einen Schulbegleiter. Das ist ein Erwachsener, der den Schultag mit ihm verbringt, ihn anleitet, fördert und unterstützt, falls ein Tic im Anmarsch ist. Sollte die Klasse Prüfungen schreiben, dann geht Harald mit seinem Schulbegleiter in den Nachbarraum, um seine Mitschülerinnen und Mitschüler nicht zu stören. „Eine Gratwanderung ist es natürlich beim schnellen Abfragen, bei Schulkonzerten oder Klassenfahrten," ergänzt sein Klassenlehrer und fährt fort: „Und falls die Tics dann am Ende eines Schultags im Minutentakt ablaufen, kann sich leider niemand mehr konzentrieren."
„Natürlich reißt es einen immer wieder, wenn Harald unseren Lehrer oder die Mitschüler vor allen anbellt, obszöne Gesten macht oder plötzlich aufs Pult trommelt," bestätigt ein Mitschüler. Zu Beginn gab es zudem viele Auseinandersetzungen mit anderen Jugendlichen. Trotzdem erfährt er laut seiner Mutter mittlerweile eine unwahrscheinlich große Unterstützung seiner Mitschüler. „Es ist ein tolles Gefühl, wenn man sieht, dass er sich zugehörig fühlt", fügt sie hinzu. Dies liegt natürlich auch daran, dass inzwischen die ganze Schule Haralds Krankheit kennt.

Harald wird mittlerweile in der Klasse gut aufgenommen.

Basierend auf: Rohland, Jörg: Bellen ist sein Tick: Timm (12) hat Tourette – und geht damit mutig an die Öffentlichkeit. In: www.merkur.de, 27.04.2018

M2 Integration und Inklusion – was bedeutet das?

Die Leitidee von **Integration** geht davon aus, dass eine Gesellschaft aus einer relativ gleichartigen Mehrheitsgruppe und einer kleineren Außengruppe besteht, die in das bestehende System integriert werden muss. Das bedeutet, die kleine Gruppe muss sich der größeren Gruppe zu einem gewissen Grad anpassen.

Inklusion ist eine gesellschaftliche Leitidee, die davon ausgeht, dass alle Menschen gleichberechtigte Individuen sind, die von vornherein (unabhängig von persönlichen Merkmalen oder Voraussetzungen) Teil des Ganzen sind.

Bearbeiter

M3 Pro und Kontra zur Inklusion

„Die Devise kann nur heißen: Nicht prinzipielle Inklusion um jeden Preis, sondern nur da, wo es für das einzelne Kind sinnvoll ist – und erst dann, wenn die schulischen Gegebenheiten dies tatsächlich zulassen.

Michael Felten, Publizist und Autor

↔

Ob Inklusion gelingt, ist in erster Linie eine Frage der Einstellung und Haltung. Erst danach kommen Fragen der personellen und sachlichen Ausstattung.

Stefan Osthoff, Matthias-Claudius-Schule, Bochum

Anders, Florentine: Inklusion – Gewinn oder Gefahr? In: www.deutsches-Schulportal.de, 02.05.2018

AUFGABEN

1. a) Stellen Sie alle angesprochenen Folgen (**M1**) des Tourettesyndroms für den Jungen zusammenfassend dar.
   b) Überlegen Sie auch, mit welchen anderen Herausforderungen Harald im Alltag zu kämpfen hat, die hier nicht genannt werden.
   c) Erklären Sie, welche Hilfestellungen der Junge im Schulalltag benötigt, um eine Regelschule zu besuchen.

2. Tauschen Sie sich in Gruppenarbeit über Fälle von Inklusion aus. Kennen Sie andere Beispiele an Ihrer Schule?

3. Erklären Sie den Unterschied von Inklusion und Integration in eigenen Worten (**M2**).

4. a) Wenden Sie die Zitate aus **M3** auf das Beispiel in **M1** an: Was bedeuten diese Grundhaltungen in diesem Fall?
   b) Beziehen Sie Position, wer hier aus Ihrer Sicht Recht hat.

5. Diskutieren Sie in der Klasse Chancen und Grenzen von Inklusion ausgehend von dem Beispiel aus **M1** oder einem selbstgewählten (**M2**, **M3**). Beziehen Sie dafür auch Artikel 3 des Grundgesetzes mit ein.

H zu Aufgabe 4a
Bedenken Sie dabei unterschiedliche Formen von körperlichen (z. B. Beeinträchtigung der Sehkraft oder des Gehens) und geistigen (z. B. das in **M1** genannte Syndrom oder Trisomie 21) Beeinträchtigungen.

Recherche vor Ort: Wie inklusiv ist meine Gemeinde/Stadt/Region?

Worum geht es?

Den Schutz der Minderheiten gegen Diskriminierung bei Ihnen vor Ort können Sie mit einer Recherche am Beispiel der Inklusion erkunden. In einer Gemeinde bzw. Stadtverwaltung gibt es viele Expertinnen und Experten, die Ihnen fachkundig Auskunft geben können. Bei Ihrer Recherche sollten Sie einige wichtige Regeln befolgen.

Gehen Sie dabei so vor:

1. Schritt: Festlegung der Problemstellung

1. Bilden Sie Kleingruppen.
2. Finden Sie sich in Ihrer Gruppe zusammen.
3. Sammeln Sie in Ihrer Gruppe Fragestellungen, die im Zusammenhang mit dem Thema „Inklusion vor Ort" von besonderem Interesse sind.
   Tipp: Sie können die Ideen Ihrer Gruppe in Stichpunkten zuerst auf einem Plakat sammeln und anschließend Fragestellungen formulieren.
4. Legen Sie sich in Ihrer Gruppe auf 1-3 Fragestellungen fest, die Sie besonders interessieren.

2. Schritt: Expertenauswahl

1. Erstellen Sie eine Liste mit Expertinnen bzw. Experten und Ansprechpartnerinnen bzw. Ansprechpartner, die Ihnen bei der Beantwortung Ihrer Fragestellung(en) fachkundig Auskunft geben können.
   - Halten Sie auf Ihrer Liste sowohl die Position als auch den Namen der Personen fest
   - Suchen Sie für alle Personen auf Ihrer Liste die Kontaktdaten (z. B. Telefonnummer, Email-Adresse, Sprechstundenzeiten) heraus und tragen Sie diese in eine weitere Spalte Ihrer Liste ein.

Position	Name	Kontaktdaten
Bürgermeisterin/ Bürgermeister	...	...
Abgeordente/r	...	...
Städtische Verwaltung bzw. Sacharbeiterinnen und Sacharbeiter	...	...
Polizistinnen und Polizisten	...	...
...	...	...

BITTE INS HEFT!

3. Schritt: Aufgabenverteilung

1. Erstellen Sie einen Plan über den organisatorischen (zeitlich und räumlichen) und inhaltlichen Ablauf der Recherche vor Ort.
2. Verteilen Sie innerhalb der Gruppe die Zuständigkeiten:
   - Wer sorgt für die rechtzeitigen Terminabsprachen?
   - Wer informiert die Ansprechpartnerinnen und Ansprechpartner über das Vorhaben und die konkrete Fragestellung? (z. B. telefonisch oder per E-Mail)
   - Wer klärt, ob das Gespräch ggf. mitgeschnitten werden darf?
   - Wer wird das Gespräch leiten?
   - Wer wird beim Gespräch mitschreiben?
   - etc.

4. Schritt: Durchführung der Recherche

1. Treffen Sie sich mit Ihrer Gesprächspartnerin bzw. Ihrem Gesprächspartner zur vereinbarten Zeit am vereinbarten Ort.
2. Führen Sie das Gespräch mit der Expertin oder dem Experten durch.
   Wichtig: Achten Sie auf eine adressaten- und sachgerechte Kommunikation.
   - Gehen Sie besonders auf die Fragestellung(en) ein, die Sie in Schritt 1. in Ihrer Gruppe festgelegt haben.
   - Fragen Sie nach, wenn etwas unverständlich ist.
   - Halten Sie die Aussagen der Expertin oder des Experten schriftlich fest.
   - Schneiden Sie das Gespräche ggf. mit.

   Achtung: Sie dürfen das Gespräch nur mitschneiden, wenn Sie vorher dazu eine Erlaubnis von Ihrer Gesprächspartnerin/Ihrem Gesprächspartner erhalten haben.
3. Wiederholen Sie Punkt 2 für jedes Ihrer Gespräche.

5. Schritt: Nachbereitung und Präsentation

1. Erstellen Sie auf Grundlage Ihrer Mitschriften und ggf. Ihrer Mitschnitte der Gespräche eine Präsentation mit Ihren Ergebnissen.
   Nehmen Sie hierbei besonders Bezug zu der bzw. den Fragestellung(en)
2. Stellen Sie Ihre Präsentation dem Rest der Klasse vor.

6. Schritt: Auswertung

1. Beurteilen Sie die Präsentationen der anderen Gruppen.
   - Wurde das Thema angemessen vorgestellt?
   - Wurde(n) die Fragestellung(en) beantwortet?
2. Analysieren Sie abschließend die Vor- und Nachteile einer Recherche vor Ort.

Bearbeiter

2.7 Der Rechtsstaat – hält sich auch der Staat ans Recht?

→ Fachwissen, S. 71 – 72

Der Rechtsstaat ist ein elementarer Bestandteil einer Demokratie. Er soll Bürgerinnen und Bürger vor staatlicher Willkür schützen und sicherstellen, dass sich auch der Staat selbst an die Verfassung und Gesetze halten muss. Doch was macht ein rechtsstaatliches Strafverfahren eigentlich aus und was passiert, wenn in Ländern der Rechtsstaat missachtet wird?

M1 Das geht doch nicht!?

Karikatur: Stuttmann, Klaus 2018

M2 Der Ablauf eines Strafverfahrens in Deutschland

Erklärfilm zum deutschen Rechtssystem

70040-11

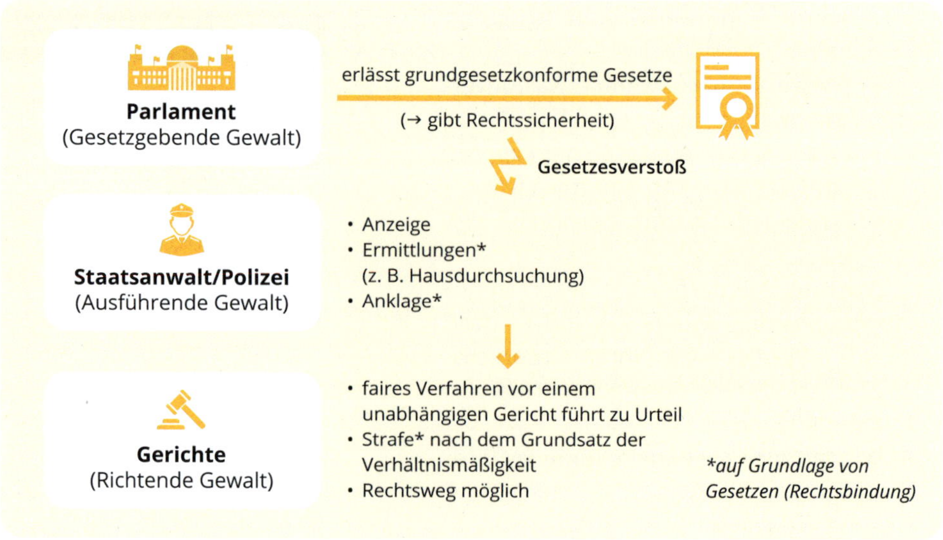

Bearbeiter

M3 Das chinesische Sozialkreditsystem

Bis 2020 will die Staatspartei der Volksrepublik China flächendeckend ein online betriebenes Punkte-System etablieren. Die Punktevergabe soll auf einer allgegenwärtigen Überwachung basieren, wobei die Daten aus Firmendatenbanken (z. B. über die finanzielle Situation), dem Strafregister, aber auch aus der Erfassung von Verhaltensweisen (z. B. Verkehrsverstöße, Teilnahme an Demonstrationen, Müllentsorgung) stammen. Für Letzteres könnte auch die Videoüberwachung mit Gesichtserkennung automatisiert genutzt werden. Was geahndet oder belohnt wird, das entscheidet die Partei bzw. später der Computeralgorithmus. Ein zu niedriger Punktestand kann zu Einschränkungen im täglichen Leben führen, aber auch den Zugang zu einem gewünschten Ausbildungsplatz behindern.

Bearbeiter

Schaubild zum chinesischen Sozialkreditsystem

70040-12

M4 Ein Schicksal in China

Ich habe bei zwei Klimademos mitgemacht und ein paar Mal gegen die Verkehrsregeln verstoßen. Meinen Studienplatz kann ich jetzt vergessen!

Bearbeiter

AUFGABEN

1. a) Analysieren Sie die Karikatur in **M1** und erklären Sie, was hier aus Ihrer Sicht „nicht geht" (→ Methodenkarte, S. 18).
b) Überlegen Sie zu zweit, was jemanden in Deutschland vor einer solchen Situation wie in **M1** schützt.

2. a) Notieren Sie stichpunktartig die allgemeinen Merkmale eines Rechtsstaates, indem Sie die Grafik in **M2** auswerten.
b) Ergänzen Sie weitere demokratische Sicherungsmechanismen vor staatlicher Willkür.
c) Ordnen Sie den drei Gewalten in **M2** die jeweiligen Fachbegriffe (Exekutive, Legislative, Judikative) zu und erklären sie kurz, wie das Verhältnis der Gewalten in einer Demokratie zueinander ist.

3. a) Beschreiben Sie mithilfe von **M3** und dem nebenstehenden Mediencode in eigenen Worten das chinesische Sozialkreditsystem.
b) Diskutieren Sie anschließend die Möglichkeiten und Gefahren dieses Systems.

4. Beurteilen Sie die Aussage der jungen Frau in **M4**. Wäre etwas Ähnliches auch in Deutschland denkbar?

2.8 Kann sich die Demokratie gegen Angriffe wehren?

→ Fachwissen, S. 72

Wird versucht, die Demokratie in Deutschland zu beseitigen, kann sich der Staat dagegen wehren. Doch welche Maßnahmen gibt es?

M1 Wie der Staat die Demokratie stützt

Wehrhafte Demokratie
Die wehrhafte Demokratie schützt die Demokratie vor den politischen Extremen.

Artikel 9

(2) Vereinigungen, deren Zwecke oder deren Tätigkeit den Strafgesetzen zuwiderlaufen oder die sich gegen die verfassungsmäßige Ordnung oder gegen den Gedanken der Völkerverständigung richten, sind verboten. [...]

Artikel 20

(1) Die Bundesrepublik Deutschland ist ein demokratischer und sozialer Bundesstaat.

(2) Alle Staatsgewalt geht vom Volke aus. Sie wird vom Volke in Wahlen und Abstimmungen und durch besondere Organe der Gesetzgebung, der vollziehenden Gewalt und der Rechtsprechung ausgeübt. [...]

(4) Gegen jeden, der es unternimmt, diese Ordnung zu beseitigen, haben alle Deutschen das Recht zum Widerstand, wenn andere Abhilfe nicht möglich ist.

Artikel 21

(2) Parteien, die nach ihren Zielen oder nach dem Verhalten ihrer Anhänger darauf ausgehen, die freiheitliche demokratische Grundordnung zu beeinträchtigen oder zu beseitigen oder den Bestand der Bundesrepublik Deutschland zu gefährden, sind verfassungswidrig. Über die Frage der Verfassungswidrigkeit entscheidet das Bundes verfassungsgericht. [...]

Grundgesetz für die Bundesrepublik Deutschland

M2 Parteiverbotsverfahren in Deutschland

Parteiverbote in Deutschland
Seit Bestehen der Bundesrepublik wurden zwei Parteien verboten – die Sozialistische Reichspartei (SRP, 1952) und die Kommunistische Partei Deutschlands (KPD, 1956).

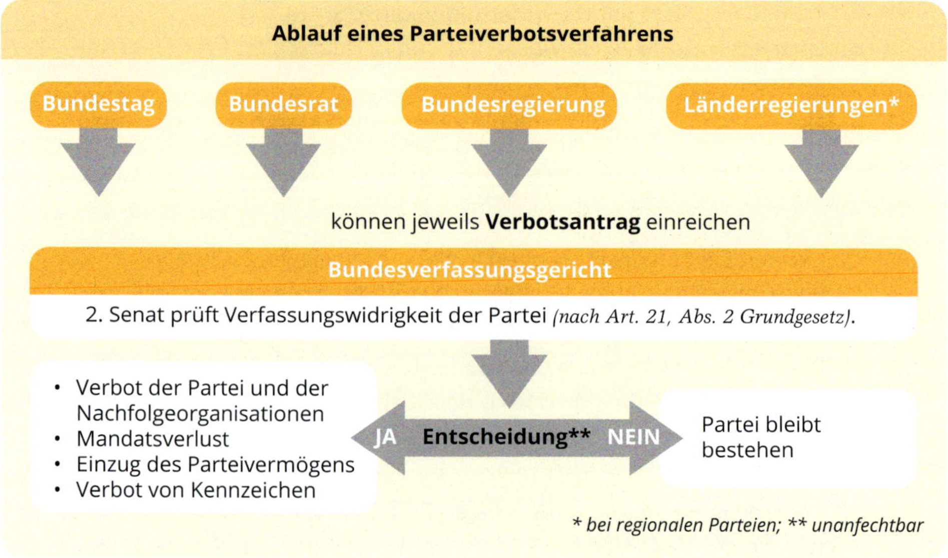

Nach: © picture-alliance/dpa-infografik, Globus 4633; Quelle: BMI, Juraforum

M3 NPD-Verbot gescheitert

Das Bundesverfassungsgericht in Karlsruhe hat einem Verbot der rechtsextremen NPD eine Absage erteilt. Allerdings stufte es die Partei als verfassungsfeindlich ein. Den Verbotsantrag hatten die Bundesländer gestellt. Zwar verfolge die Partei verfassungsfeindliche Ziele, es fehle ihr aber am „Potenzial", die Demokratie in Deutschland zu beseitigen, heißt es im Urteil. Eine „Grundtendenz" zur Durchsetzung ihrer Ziele mit Gewalt könne der NPD nicht nachgewiesen werden - wenngleich es Einschüchterungen und Bedrohungen gebe. Darauf müsse allerdings in anderer Weise reagiert werden als mit einem Verbot, etwa mittels des Polizeirechts.

jj/stu (dpa, afp), www.dw.com, 17.1.2017

M4 Urteil des Bundesverfassungsgerichts 2017

Karikatur: Nel 2017

AUFGABEN

1. Beschreiben Sie, wie der Staat die Demokratie schützen kann (**M1, M2**).
2. Sammeln Sie in Gruppen Lösungsvorschläge, wie man gegen Extremismus vorgehen könnte.
3. Interpretieren Sie die Karikatur und diskutieren Sie über die Entscheidung des Bundesverfassungsgerichts, die NPD nicht zu verbieten (**M3, M4**).
4. Informieren Sie sich über das Parteiverbotsverfahren und urteilen Sie selbst, ob die Partei NPD verboten werden sollte.

2.9 Arm in Deutschland – leistet der deutsche Sozialstaat genug?

→ Fachwissen, S. 73

Sie kennen bereits das Gebot der Gleichheit in Artikel 3 des Grundgesetzes. Diese Aufforderung an den Staat gilt auch für die Gleichheit der Chancen. Beispielsweise macht es einen großen Unterschied, ob man aus einer finanziell abgesicherten Familie kommt oder nicht. Deshalb erwarten viele, dass der Staat gegen diese Ungleichheit vorgeht. Dies nennt man Sozialstaatsprinzip. Wer benötigt in Deutschland eigentlich Unterstützung des Staates und wer gilt als arm? Wie viel Gleichheit muss also sein? Und wie viel Ungleichheit hält unsere Gesellschaft aus? Und wer genau soll wie unterstützt werden?

M1 Arm bleibt arm?

Karikatur: Koufogiorgos, Kostas 2014

M2 Beispiele für Merkmale von Armut

Arm ist, wer...		
	trifft zu	**trifft nicht zu**
1. ... kein Taschengeld bekommt.		
2. ... keinen eigenen Fernseher hat.		
3. ... nicht in den Urlaub fahren kann.		
4. ... keine warme Mahlzeit am Tag erhält.		
5. ... kein Geld für den Schulausflug hat.		
6. ... sich nicht die neuesten Markenklamotten kaufen kann.		
7. ... keinen Schulabschluss hat.		
8. ...		

BITTE INS HEFT!

Bearbeiter

M3 Erklärungsansätze zu den Ursachen von Armut

Häufig geraten Menschen in Armut, weil sie ihren Job verlieren, krank werden oder sich von ihrem Partner trennen. Besonders gefährdet sind Alleinerziehende, Beschäftigte im Niedriglohnsektor, Frauen im Rentenalter sowie Familien mit mehr als zwei Kindern. […] Viele Mütter leiden beispielsweise darunter, dass Betreuungsmöglichkeiten für ihre Kinder fehlen und die Angebote auf dem Arbeitsmarkt oft schlecht mit einer Familie zu vereinbaren sind. […] Dies führt häufig dazu, dass Mütter aufgrund fehlender Rentenansprüche im Alter schlecht abgesichert sind. Viele Menschen, die als ‚ausländisch' wahrgenommen werden, haben allein deswegen schlechtere Arbeits-, Wohn- und Bildungsmöglichkeiten und werden so diskriminiert.

Ulrike Pope, Sarah Spitzer, www.diakonie.de, 24.2.2015

Niedriglohnsektor
Ein Bereich im Arbeitsmarkt, in dem nur niedrige Gehälter gezahlt werden.

M4 Von Armut bedroht

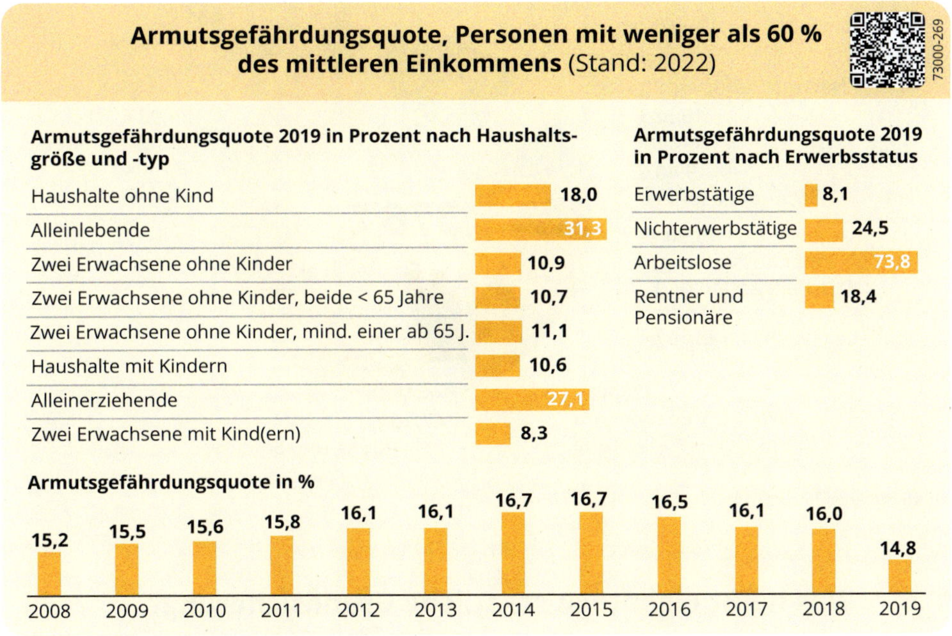

©C.C. Buchner Verlag, aktuelle Daten nach: DESTATIS Mikrozensus, 2020

Mittleres Einkommen
Auch Medianeinkommen genannt. Das mittlere Einkommen ist im Unterschied zum Durchschnittseinkommen das Einkommen derjenigen Person, die genau in der Mitte stünde, wenn sich alle Personen in Deutschland mit ihren Einkommen in einer Reihe aufstellen würden. Personen zur Rechten dieser mittleren Person würden mehr als das Medianeinkommen dieser Person verdienen; Personen zur Linken würden weniger als das Medianeinkommen dieser Person verdienen.

AUFGABEN

1. Analysieren Sie die Karikatur in **M1** (→ Methodenkarte, S. 18).
2. Wen würden Sie als arm bezeichnen?
   a) Kreuzen Sie die zutreffende(n) Antwort(en) aus **M2** an.
   b) Vergleichen Sie zu zweit Ihre Entscheidungen.
3. Nennen Sie Gruppen, die laut **M4** in Deutschland als arm gelten.
4. Vergleichen Sie die Aussage der Karikatur aus **M1** mit den Befunden aus **M3** und **M4**.

F **zu Aufgabe 2**
Ergänzen Sie weitere Aspekte, die Armut Ihrer Meinung nach in Deutschland charakterisieren und vergleichen Sie Ihre Ergebnisse.

2.10 Schafft Hartz IV Gerechtigkeit?

→ Fachwissen, S. 73

Die häufige umgangssprachliche Verwendung hat dafür gesorgt, dass „hartzen“ 2009 zum Jugendwort des Jahres und zum Synonym für „arbeitslos sein“ wurde. Genau genommen ist es die Bezeichnung für ein Gesetz, das die finanziellen Ansprüche längerfristig Arbeitsloser nach festen Sätzen regelt und offiziell Arbeitslosengeld II heißt. Wie genau wirkt das und was bedeutet es für die Betroffenen?

M1 Der Hartz IV Regelsatz 2022

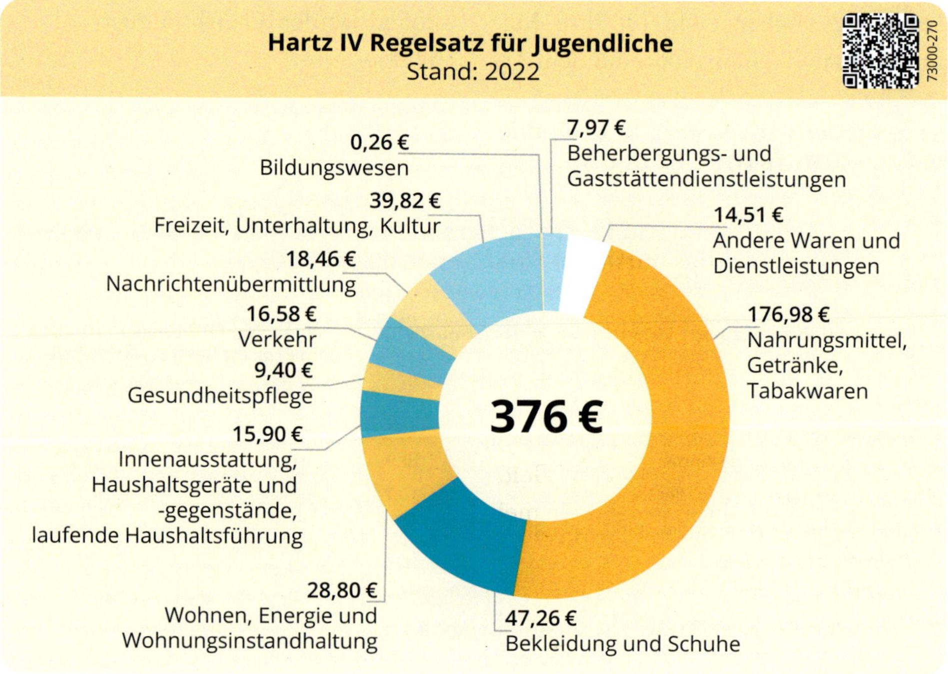

©C.C. Buchner Verlag, aktuelle Daten nach: HartzIV.org, 2022

M2 Was heißt eigentlich staatliche Grundsicherung?

Der Staat hilft Arbeitslosen durch ein beitragsfinanziertes System. Im Falle einer Arbeitslosigkeit und einer gewissen Zeit an Beitragsleistungen erhält man Arbeitslosengeld I, um erste finanzielle Notlagen zu verhindern. Nach einer Anspruchsprüfung erhält man diese Unterstützung, die sich am letzten Lohn bemisst, längstens für 24 Monate. Spätestens dann muss eine erwerbsfähige aber hilfebedürftige Person Arbeitslosengeld II (= Hartz IV) beantragen. Voraussetzung für diese Unterstützungszahlung ist aber absolute Transparenz: Der Antragsteller muss seine kompletten Vermögensverhältnisse offenlegen. Erst wenn keine anderen Ersparnisse oder Einkünfte vorhanden sind, erhält man diese Unterstützung in Form von Regelsätzen. Anspruch auf Arbeitslosengeld II können auch Bürger haben, die mit ihrem Lohn ihren Bedarf nicht decken können (sogenannte Aufstocker). Wer hilfebedürftig und nicht mehr erwerbsfähig ist, erhält Sozialhilfe.

Bearbeiter

M3 Grundsicherung als Instrument des sozialen Ausgleichs?

Mit den Hartz-Gesetzen [...] hat sich Deutschland stärker sozial, aber auch politisch gespalten. [...] Die [...] Arbeitsmarktreformen haben das Leben von Millionen Erwerbslosen, Geringverdiener(inne)n und ihren Familien erschwert, aber auch deren Partizipationsmöglichkeiten beeinträchtigt und die politische Kultur unseres Landes beschädigt. [...] Vielen direkt Betroffenen drängt sich das ungute Gefühl auf, von der Gesellschaft, in der sie leben, nicht gebraucht, sondern verachtet zu werden. [...] Um auf die Entwicklung des Landes [...] Einfluss nehmen zu können, müssen Bürger/innen die Möglichkeit zur Teilnahme an Demonstrationen und Kundgebungen haben. Wie soll dies jedoch ein Arbeitslosengeld-II-Bezieher tun, dessen Regelleistungsanteil für Mobilität nicht einmal ausreicht, um [...] etwa eine Monatsfahrkarte für den öffentlichen Nahverkehr zu bezahlen?

Christoph Butterwegge, www.nachdenkseiten.de, 17.11.2014

Partizipation
gesellschaftliche oder politische Teilhabe

M4 Rückblick aus Sicht ehemaliger Betroffener

Ein ehemaliges Hartz IV-Kind beschreibt seine Kindheit:

„Ich habe mich bei Besuch oft geschämt, denn unsere Wohnung bestand aus zerschlissenen und gebrauchten Möbeln. Für Schränke hatten wir kein Geld. Ich musste mir mein Zimmer mit meinen Brüdern teilen. In der Schule verschwieg ich, dass wir weder PC noch Internet besaßen. Peinlich war auch, wenn die anderen nach den Ferien von ihrem Urlaub berichteten. Dafür war schlicht kein Geld da. Um mir doch das eine oder andere zu gönnen, schwänzte ich die Schule und klaute. Ich geriet einfach an die falschen Freunde. Irgendwann wurde ich erwischt und erhielt Jugendarrest. Die Schule hatte ich bereits geschmissen. Jetzt hoffe ich trotzdem auf einen Ausbildungsplatz."

Bearbeiter

Lukas, 18; seine Eltern lebten von Hartz IV

AUFGABEN

1. a) Vergleichen Sie **M1** mit Ihren geschätzten monatlichen Ausgaben.
   b) Überlegen Sie zu zweit, was konkret mit den einzelnen Beträgen abgedeckt werden kann und welche Posten Ihnen unzureichend erscheinen.
2. Studien gehen davon aus, dass nur 50 % der Berechtigten Hartz IV beantragen. Besprechen Sie in der Klasse anhand von **M2**, welche Hürden es gibt, um Arbeitslosengeld II zu erhalten und welche andere Gründe dafürsprechen könnten, dass viele ihren Anspruch nicht geltend machen.
3. Arbeiten Sie aus **M3** die Hauptkritikpunkte heraus. Beziehen Sie dabei auch Ihr Wissen aus den vorigen Materialien mit ein.
4. Arbeiten Sie aus **M4** heraus, mit welchen Problemen Jugendliche aus Hartz IV-Familien trotz staatlicher Unterstützung zu kämpfen haben.
5. Diskutieren Sie in der Klasse: Sollte der Hartz IV-Satz erhöht werden?

F **zu Aufgabe 4**
Oft ist davon die Rede, dass Armut in Deutschland vererbbar sei. Erörtern Sie diese These.

Eine Simulation zum Thema „Soziale Gerechtigkeit" durchführen

Worum geht es?

Mithilfe der nachfolgenden Simulation kann festgestellt werden, welche Dimensionen von Gerechtigkeit Ihnen besonders wichtig sind.

Gehen Sie dabei so vor:

1. Schritt: Vorbereitung der Simulation (mindestens einen Tag zuvor)

Mindestens einen Tag vor der Durchführung der Simulation:

1. Legen Sie in der Klasse fest, wer welche Utensilien, die für die Simulation benötigt werden, mitbringt.

Benötigte Utensilien:

2. Sie benötigen 10 Euro in möglichst kleinen Münzen
3. Außerdem benötigen Sie bei 30 Schülerinnen und Schülern:
   8 einzelne Tennissocken
   6 einzelne dünne (Damen-) Socken
   8 einzelne Fingerhandschuhe
   2 gepolsterte Handschuh-Topflappen
   4 einzelne Fausthandschuhe
   Achtung: Sie benötigen genau 2 Utensilien weniger als Schülerinnen und Schüler in der Klasse sind.
4. Weiterhin benötigen Sie eine Leinentasche, Tüte o. Ä., in der Sie Ihre Utensilien so verstauen können, dass sie von außen nicht zu sehen sind.

Am Tag der Simulation:

5. Packen Sie die mitgebrachten Socken und Handschuhe in die Leinentasche, die Tüte o. Ä.
6. Legen Sie die Spielleitung fest
   Tipp: Bitten Sie Ihre Lehrkraft die Spielleitung zu übernehmen.
7. Setzen Sie sich nun in einen Stuhlkreis, dessen Kreisinnere so groß ist, dass sich alle Teilnehmerinnen und Teilnehmer gut darin bewegen können.
8. Die Spielleitung nimmt nun die Tasche mit den Socken und Handschuhen und verteilt nach dem Zufallsprinzip die Utensilien an die Teilnehmenden.
   Achtung: Zwei Teilnehmende erhalten keine Utensilien!
9. Die Teilnehmerinnen und Teilnehmer, die ein Utensil erhalten haben, ziehen dieses nun über eine ihrer Hände.
10. Anschließend verteilt die Spielleitung die Münzen willkürlich auf dem Fußboden im Inneren des Stuhlkreises; die Spielerinnen und Spieler bleiben auf ihren Stühlen sitzen.

2. Schritt: Durchführung der Simulation (ca. 20 Min.)

1. Die Aufgabe für die Teilnehmenden lautet: Sammeln Sie so viele Münzen wie möglich!
   Achtung:
   - Reden ist während der Simulation nicht erlaubt.
   - Die Spielerinnen und Spieler dürfen nur mit der „bekleideten" Hand spielen. Ausgenommen von dieser Regel sind die beiden Teilnehmenden, die keine „Bekleidung" für ihre Hand bekommen haben.
2. Die Spielleitung gibt das Startzeichen
3. Die Spielerinnen und Spieler versuchen so viele Münzen wie möglich vom Boden aufzusammeln.
4. Wenn alle Münzen vom Boden aufgesammelt sind, setzten sich alle wieder auf ihren Platz.
5. Die Simulation ist abgeschlossen und es kann zur Auswertung übergegangen werden.

Spielvariante:

6. Sie können die Simulation auch ausweiten, indem Sie vor der Auswertung eine Verhandlungsrunde spielen.
7. Die Spielleitung legt hierfür einen Zeitrahmen fest (z. B. drei Minuten) und gibt das Startzeichen.
8. In dieser Zeit dürfen die Teilnehmerinnen und Teilnehmer der Simulation untereinander in Verhandlungen treten, um ihre Ergebnisse zu maximieren, falls sie auf großzügige Verhandlungspartnerinnen und -partner stoßen.
9. Nach Ablauf der Zeit gibt die Spielleitung ein Zeichen und alle kehren auf ihre Plätze zurück.
10. Die Simulation ist abgeschlossen und es kann zur Auswertung übergegangen werden.

3. Schritt: Auswertung der Simulation (ca. 20 Min.)

1. Jede Teilnehmerin und jeder Teilnehmer zählt ihre bzw. seine Münzen.
2. Reihum teilt jede bzw. jeder der Klasse das eigene Ergebnis mit. Gibt es große Unterschiede?
3. Nennen Sie Gründe, weshalb manche mehr, andere weniger aufsammeln konnten.
4. Tauschen Sie sich darüber aus, wie Sie sich während der Simulation gefühlt haben. Gab es Unterschiede zwischen den Teilnehmenden?
5. Hat gegebenenfalls die Verhandlungsrunde Ihr Ergebnis verbessert? Wie sind Sie an die Verhandlungen herangegangen?
6. Stellen Sie einen Bezug zum Thema „Soziale Gerechtigkeit" her:
   - Was hat die Simulation mit dem Thema zu tun?
   - Wie können Erkenntnisse aus der Simulation auf das Thema übertragen werden?

Bearbeiter

2.11 Die Corona-Pandemie – Föderalismus auf dem Prüfstand!?

→ Fachwissen, S. 74 – 75

Deutschland besteht aus vielen Bundesländern, die auch über politische Eigenständigkeit verfügen und sich gegenseitig und insbesondere mit dem Bund regelmäßig politisch abstimmen müssen. Wie das Zusammenspiel aus Einheit und Selbständigkeit funktioniert und ob das überhaupt funktioniert, kann man anhand des Beispiels der Corona-Pandemie diskutieren.

M1 Bundeskanzlerin Angela Merkel mit den Ministerpräsidenten

Karikatur: Erl, Martin 2020

M2 Der Föderalismus in der Corona-Krise

Der Bundesgesundheitsminister empfiehlt, fordert auf und koordiniert. Aber letztlich kann er selbst kein bundesweites Veranstaltungsverbot anordnen. Nicht besser geht es der Bundesbildungsministerin, die über Beratungen mit den Ministerpräsidentinnen und Ministerpräsidenten der Länder und Lageeinschätzungen nicht hinauskommt. Denn entscheiden, ob es Schulschließungen gibt oder nicht, werden die Bundesländer und Kommunen. Dies legt die föderale Arbeitsteilung des Grundgesetzes fest.

Grundregeln (mögliche Schutzmaßnahmen, Entschädigungszahlungen) kommen vom Bund und sind einheitlich geregelt. Bei der Ausführung des Infektionsschutzgesetzes (Schließung von Schulen, Veranstaltungsabsagen, Quarantäneregelung usw.) entscheiden dann aber die Länder und immer häufiger sogar die lokalen Gesundheitsämter. Eine solche Form der Aufgabenverteilung ist in der Bundesrepublik ein Grundsatz mit langer Tradition.

Der Hintergrund dieser Aufteilung ist neben einer zusätzlichen Gewaltenteilung, dass sich die Bundesländer in ihren Gegebenheiten stark voneinander unterscheiden und man oftmals vor Ort am besten weiß, was angemessen ist. In Bayern kann die Situation anders sein als in Schleswig-Holstein. Nicht zuletzt so auch beim Thema Corona. Hinzu kommt: Regional kann eine Schulschließung ganz andere Probleme mit sich bringen.

Die Entscheidungsträger der Bundesländer stehen deshalb mit ihren Entscheidungen und deren Auswirkungen letztlich auch ständig miteinander in Konkurrenz um die beste Lösung. Einige Ministerpräsidentinnen oder Ministerpräsidenten befinden sich vielleicht unmittelbar vor der nächsten Wahl in ihrem Bundesland. Dadurch scheinen die Parteien auch in einem ständigen bundesweiten Wahlkampf gefangen.

Das Virus überschreitet jedoch Ländergrenzen und der Ruf nach einheitlichen Lösungen wird deshalb immer lauter. Bei der Vielzahl an unterschiedlichen Regelungen verliert die Bevölkerung den Überblick. Offen bleibt somit: Kann die föderale Ordnung der Bundesrepublik auch die Corona-Pandemie bewältigen?

Bearbeiter

M3 Mehr oder weniger Föderalismus?

Mehr, weil ...

... vertikale Gewaltenteilung als Kontrollinstanz dient.
... regionale Eigenverantwortung gestärkt wird.
... Bürgernähe bei Entscheidungen wichtig ist.
... der Bund in seinen Aufgaben entlastet wird.
... die Möglichkeit für unterschiedliche Lösungswege und ein Wettbewerb der Länder bleibt.
... die politische Teilhabe des Bürgers durch Wahlen und Volksentscheide erhöht wird.
... der Vielfalt der Kulturen Rechnung getragen wird.

Weniger, weil ....

... die Verfahren umständlich sind und es zu Koordinationsprobleme kommt.
... Transparenz bei Entscheidungen fehlt.
... die Notwendigkeit von Kompromissen zu Blockaden bei Verhandlungen führt.
... die Kosten aufgrund einer Vielzahl an Organen und Behörden höher sind.
... es zu einer Unübersichtlichkeit und Uneinheitlichkeit in gewissen Bereichen führt.
... Konkurrenzdenken und ungleiche Chancen befördert werden.

Bearbeiter

AUFGABEN

1. Analysieren Sie die Karikatur in **M1** und gehen Sie dabei auf die Öffentlichkeitswirkung dieser Darstellung ein (→ Methodenkarte, S. 18).
2. a) Erläutern Sie die Funktionsweise des Föderalismus (**M2**).
   b) Sammeln Sie sämtliche angesprochenen Vor- und Nachteile dieses Gestaltungsprinzips und diskutieren Sie diese in der Klasse.
3. a) Erklären Sie sich zu zweit gegenseitig die Argumente in **M3** und ergänzen Sie eigene.
   b) Wenden Sie die Argumente aus **M3** sowie Ihre eigenen ganz konkret auf die Bildungspolitik an.

F **zu Aufgabe 2**
Versuchen Sie sich aufgrund der Funktionsweise des Föderalismus auch an einer Beantwortung der offenen Frage am Ende von **M2**. Vergleichen Sie die Situation Deutschlands hierzu mit anderen Staaten.

2.12 Keine Pressefreiheit – keine Demokratie?

→ Fachwissen, S. 75

Der hohe Stellenwert, den die Grundrechte einnehmen, erschöpft sich nicht nur auf die individuellen Rechte jeder Bürgerin und jedes Bürgers. Die Grundrechte sind auch maßgeblich für den Umgang mit Medien und für die Rechte der Medien. Im Konfliktfall zeigt sich, wo Freiheiten wichtig sind und wo diesen Schranken gesetzt sind.

M1 Stellenwert der Presse in der Demokratie

Demonstration für die Pressefreiheit

M2 Welche Funktionen erfüllen Medien im politischen System?

1 Woher weiß die Bürgerin oder der Bürger, dass sich die Mehrwertsteuer erhöht hat und man ab sofort eine Warnweste im Auto haben muss? Die Medien erfüllen diese öffentliche Aufgabe, wenn sie Nachrichten von öffentlichem Interesse beschaffen und verbreiten. Man spricht daher von der sog. Informationsfunktion der Medien.

2 Ferner schaffen die Medien, wie das Wort schon sagt (Medium = ein vermittelndes Element), eine Verbindung zwischen Volk und Politik. Dabei transportieren sie die Stimmung und Meinung der Bevölkerung in die Politik und sind umgekehrt Sprachrohr für alle demokratisch akzeptablen Parteien (Artikulationsfunktion). Auf diese Art und Weise kommt es über die Medien zu einem Austausch zwischen Organisationen, Institutionen, Parteien und der Bevölkerung.

3 Im öffentlichen Diskurs kommt den Medien noch eine weitere Funktion zu, indem diese auch Argumente liefern. Medien bieten eine Plattform, auf der Meinungen ausgetauscht und sachlich unterfüttert werden können. Damit tragen letztlich die Medien zur Meinungsbildung in einer Demokratie bei und geben die Hoffnung, dass im Kampf der Meinungen das Vernünftige die Chance hat, sich durchzusetzen (Meinungsbildungsfunktion).

4 Außerdem haben die Medien eine Kritik- bzw. Kontrollfunktion: Sie geben den Mitgliedern einer Demokratie die Möglichkeit zur Kritik an den Regierenden, indem sie der Opposition und anderen Interessengruppen öffentliches Gehör verschaffen. Darüber hinaus kritisieren sie auch die Gesellschaft oder andere Presseorgane, z. B. durch investigative (nachforschende) Recherchen oder Kommentare zu aktuellen Themen. Man spricht deshalb auch von den Medien als vierte Gewalt im Staat.

Bearbeiter

M3 Medien in der Türkei – Pressefreiheit in Gefahr?

Im Jahr 2016 scheiterte ein Versuch des türkischen Militärs, den Präsidenten Erdogan abzusetzen und die Macht zu übernehmen. In der Folge kam es zu, von der Regierung veranlassten, Massenverhaftungen und Entlassungen. Die Freiheit der Medien wurde stark eingeschränkt, Journalisten wurden eingesperrt und Kritiker eingeschüchtert. Der Fall Deniz Yücel, der für die deutsche Zeitung „Die Welt" berichtete, ist hierfür stellvertretend: Er verbrachte fast ein Jahr ohne einen Prozess in Untersuchungshaft.

Zugleich wurde die Bevölkerung von sozialen Medien wie z. B. Facebook, Twitter oder auch Messenger-Diensten ausgesperrt. Diese Maßnahme erfolgte im Zuge der Verhaftungen von Oppositionspolitikern und sollte den Austausch in der Bevölkerung und damit auch Proteste unterbinden. Laut dem türkischen Ministerpräsidenten werden solche Sperren „von Zeit zu Zeit aus Sicherheitsgründen" eingerichtet. Dies seien aber nur „vorübergehende Maßnahmen". Die Regierung entscheide dann allein über das Ende der Sperre, wenn Gefahren abgewehrt wurden.

Bearbeiter

AUFGABEN

1. a) Betrachten Sie das Bild des Demonstrationsschild (**M1**).
b) Überlegen Sie, was hinter der Behauptung konkret stecken könnte und auf welcher Demonstration dies gezeigt werden könnte.

2. Recherchieren Sie im Grundgesetz und arbeiten Sie heraus, welche Freiheiten und welche Grenzen Artikel 5 des Grundgesetzes den Medien setzt.

3. a) Benennen Sie die Funktionen der Medien, die in **M2** angeführt werden.
b) Finden Sie zu zweit konkrete Beispiele zu diesen Funktionen.

4. a) Erläutern Sie in Gruppen, welche Gefahren hinter diesen Entwicklungen in der Türkei stecken (**M3**). Beziehen Sie dabei die Funktionen von Medien mit ein (**M2**).
b) Diskutieren Sie anschließend, inwiefern diese Maßnahmen unserem Grundgesetz widersprechen würden.

F **zu Aufgabe 4b**
Recherchieren Sie aktuelle Beispiele für Gefahren der Pressefreiheit in der Türkei oder anderen Ländern.

GRUNDZÜGE DES POLITISCHEN SYSTEMS DER BUNDESREPUBLIK DEUTSCHLAND

➡ S. 32 – 65

2 Wie lauten die politischen Spielregeln in Deutschland?

Die Bundesrepublik Deutschland ist eine Demokratie. Das bedeutet, dass alle Bürginnen und Bürger mitentscheiden dürfen und sollen. Dazu benötigt man Regeln, Werte und Normen, an die sich alle halten müssen. Solche Regeln zum Zusammenleben und die Grundzüge des Staatsaufbaus stehen in einer Verfassung.
Die Verfassung der Bundesrepublik Deutschland heißt **Grundgesetz**. Das Grundgesetz war ursprünglich im Moment der Staatsgründung West-Deutschlands als Provisorium beabsichtigt, aber wurde nach der Wiedervereinigung auch in den Ländern der ehemaligen DDR in Kraft gesetzt. Von den positiven Erfahrungen des Grundgesetzes geleitet entschied man sich, den bekannten Begriff zu behalten. Das Grundgesetz enthält die Bürger- und Menschenrechte und die wichtigsten und grundlegenden Bestimmungen über den Aufbau sowie die Funktionsweise unseres Staates.

Aufbau des Grundgesetzes:
- Präambel
- Die Grundrechte (Art. 1 – Art. 19)
- Der Bund und die Länder (Art. 20 – Art. 37)
- Die obersten Staatsorgane (Art. 38 – Art. 69)
- Die Staatsfunktionen (Art. 70 – Art. 116)
- Übergangs- und Schlussbestimmungen (Art. 116 – Art. 146)

Übung
82000-20

Änderungen am Grundgesetz können nur mit einer Zweidrittelmehrheit im Bundestag und Bundesrat durchgeführt werden. Zudem sind Artikel 1 und Artikel 20 durch die Ewigkeitsklausel vor Änderungen geschützt.

➡ S. 36 – 37

2.1 Gleiches Recht für alle? Die Bedeutung der Menschenrechte

Der Mensch ist von Natur aus Träger bestimmter Rechte, die ihm zustehen und auch durch staatliche Regelungen nicht aufgehoben oder abgesprochen werden können. Diese Rechte gelten weltweit für alle Menschen, unabhängig von ihrer sozialen Stellung, ihrer Nationalität, des Geschlechts oder religiösen Überzeugung. Nach dem Zweiten Weltkrieg im Jahr 1948 haben die damaligen 56 Mitgliedstaaten der Vereinten Nationen die **Allgemeine Erklärung der Menschenrechte** verabschiedet. Diese Menschenrechtskonvention gilt als Grundstein des Schutzes von Menschrechten weltweit.

Die Allgemeine Erklärung der Menschenrechte ...
... ist ein völkerrechtliches Abkommen der UNO.
... wurde am 10.12.1948 verabschiedet.
... umfasst 30 Artikel.
... beinhaltet bürgerliche, politische, soziale, kulturelle und wirtschaftliche Rechte.

Die Rechte aus dem Abkommen der Vereinten Nationen haben einen hohen symbolischen Wert, aber sind nicht automatisch rechtsverbindlich. Das bedeutet, dass nicht jeder Mensch mit seiner Geburt diese Rechte hat und auch einklagen kann. Die einzelnen Staaten müssen die Rechte dafür erst in ihr eigenes nationales Recht einbinden. In Deutschland ist das im Jahre 1949 passiert. Zu dem Zeitpunkt wurden die Menschenrechte im Grundgesetz der Bundesrepublik Deutschland verankert.

Die 30 Artikel der Menschrechtskonvention umfassen viele verschiedene Gebiete. Ein grundsätzliches Recht ist das Recht auf Leben. Darüber hinaus gibt es beispielsweise das Recht auf Bildung, das Recht auf Asyl oder das Recht auf Meinungsfreiheit. Welche Rechte einem selber am wichtigsten sind, hängt oft auch von der eigenen Lebenssituation ab.
Beispiele:
- Das Recht, in anderen Ländern vor Verfolgung Asyl zu suchen (Art. 14), ist besonders für Fliehende und Geflüchtete relevant.
- Das Recht auf Meinungsfreiheit und freie Meinungsäußerung (Art. 19) spielt im alltäglichen Leben in Deutschland eine große Rolle.

Seit 1948 hat sich die Situation der Menschenrechte weiterentwickelt. Neue Rechte sind dazu gekommen und schon bestehende Rechte wurden in gesonderten Vereinbarung zum bindenden Völkerrecht:
Beispiel:
- Seit 2010 gibt es das Recht auf sauberes Trinkwasser.
- Der Schutz vor Sklaverei und Folter ist zwingendes Völkerrecht.

Trotzdem gibt es bis heute in vielen Ländern grobe Verstöße gegen Menschenrechte. Kriege, Umweltzerstörung und der Klimawandel rücken zudem immer wieder neue Probleme in den Fokus von Menschenrechtlerinnen und Menschenrechtlern.

Übung
82000-22

2.2 Das geht doch nicht!? Grundrechte im Einsatz

➡ S. 38 – 39

Nur wenige Monate nachdem die Menschenrechtskonvention der Vereinten Nationen in Kraft getreten ist, wurde am 23. Mai 1949 in Bonn das Grundgesetz der Bundesrepublik Deutschland verkündet. Die Menschenrechte wurden dabei zusammen mit den Bürgerrechten in den Grundrechten des Grundgesetzes verankert. Die Grundrechte gelten als die wichtigsten Artikel des Grundgesetzes und stehen deshalb im Grundgesetz ganz am Anfang (Artikel 1-19). Die zentralste Bedeutung besitzt dabei der Artikel 1, welcher laut Artikel 79 (auch bekannt als die Ewigkeitsklausel) nicht verändert oder eingeschränkt werden darf. Aus dem Grundsatz der Menschenwürde lassen sich die weiteren Grundrechte direkt ableiten.

Art. 1 (1) GG:
Die Würde des Menschen ist unantastbar. Sie zu achten und zu schützen ist Verpflichtung aller staatlichen Gewalt.

Art. 1 (2) GG:
Das Deutsche Volk bekennt sich darum zu unverletzlichen und unveräußerlichen Menschenrechten als Grundlage jeder menschlichen Gemeinschaft, des Friedens und der Gerechtigkeit in der Welt.

Art. 1 (3) GG:
Die nachfolgenden Grundrechte binden Gesetzgebung, vollziehende Gewalt und Rechtsprechung als unmittelbar geltendes Recht.

Die Grundrechte lassen sich unterscheiden in Menschenrechte, die für alle gelten, und Bürgerrechte, die nur deutschen Staatsbürgerinnen und Staatsbürgern zuerkannt werden. Erkennbar ist diese Differenzierung am Wortlaut „jeder" und „alle Menschen" für die Menschenrechte bzw. „jeder Deutsche" und „alle Deutschen" für die Bürgerrechte.
Beispiele:

- Menschenrecht Art. 3 (1) GG:
  Alle Menschen sind vor dem Gesetz gleich.
- Bürgerrecht Art. 9 (1) GG:
  Alle Deutschen haben das Recht, Vereine und Gesellschaften zu bilden.

Auch wenn man es oft nicht wahrnimmt, kommt jede und jeder von uns täglich mit den Grundrechten in Berührung. Die Freiheitsrechte ermöglichen den Menschen in Deutschland ein freies Leben und schützen vor staatlicher Willkür und staatlichen Eingriffen in die Freiheit der oder des Einzelnen. Gleichheitsrechte schützen zusätzlich vor Diskriminierung und ungleicher Behandlung.

Es kann zu Situationen kommen, wo Grundrechte eingeschränkt werden müssen, um beispielsweise andere Grundrechte oder Menschenleben zu schützen. In diesen Fällen muss die Politik und die Justiz genau prüfen, ob die Einschränkung der Grundrechte zulässig ist.
Beispiel Coronagrundrechtebeschränkung:
Im Zuge der Corona-Pandemie wurden wichtige Grundrechte für gewisse Zeiträume eingeschränkt. Beispielsweise wurden durch Versammlungsverbote die Versammlungsfreiheit (Art. 8 GG) und die Religionsfreiheit (Art. 4 GG) eingeschränkt. Quarantäneanordnungen und Kontaktbeschränkungen haben das Recht zur freien Entfaltung der Persönlichkeit (Art. 2 GG) eingeschränkt und Reiseverbote innerhalb Deutschlands haben das Recht der Freizügigkeit (Art. 11 GG) beeinträchtigt. Die Einschränkungen wurden von Gerichten überprüft und in einigen Fällen auch wiederrufen. Dies zeigt, dass Grundrechte auch in schwierigen Situationen einen hohen Stellenwert im deutschen Rechtssystem haben und nicht einfach außer Kraft gesetzt werden können.

Übung

82000-23

2.3 Gelten Grundrechte auch für Straftäter?

➡ S. 42 – 43

Ohne Ausnahme besitzt jeder Mensch ein Recht auf Gleichbehandlung vor dem Gesetz, körperliche Unversehrtheit und Leben. Zudem soll er selbstbestimmt und eigenverantwortlich seine Persönlichkeit unter Rücksichtnahme auf Rechte anderer frei entfalten können. ‚Ohne Ausnahme' bedeutet, dass auch für Straftäterinnen und Straftäter diese Grundrechte gelten. Auch die Justiz darf die Grundrechte von Straftäterinnen und Straftätern nicht einfach verletzten, egal was die Person gemacht hat. Werden Grundrechte verletzt, dann müssen die handelnden Personen mit einem juristischen Verfahren und einer Strafe rechnen.

Beispiel:
Im Fallbeispiel Daschner wurde der Entführer des Bankierssohns mit Hilfe von Drohungen zu einer Aussage gebracht. Hierbei wurde laut der zuständigen Strafkammer die Menschenwürde des Entführers verletzt und damit das grundlegendste Menschenrecht. Die verantwortlichen Personen der Polizei wurden daraufhin zu Geldstrafen verurteilt.

Übung

82000-24

2.4 Worauf kommt es an? Der Kern der deutschen Demokratie

➡ S. 44 – 45

Der Kern der Demokratie in Deutschland ist die **freiheitliche demokratische Grundordnung (FDGO)**. Die FDGO umfasst viele unabänderliche oberste Wertprinzipien als Kernbestand der Demokratie. Diese bilden eine feste Basis und Grundordnung für die Gesetzgebung des Bundes und der Länder. Deshalb erfahren diese den höchsten Schutz und ein Angriff auf sie gilt als verfassungsfeindlich. Die FDGO ist dabei nichts, was sich nur in einzelnen Artikeln des Grundgesetzes verorten lässt, sondern umfasst ein System aus Werten, die als elementar für die deutsche Demokratie erfasst wurden.

Laut dem Bundesverfassungsgericht gehören folgende Prinzipien zur freiheitlichen demokratischen Grundordnung:

- Mehrparteiensystem
- Gewaltenteilung
- Menschenrechte
- Volkssouveränität
- Gesetzmäßigkeit der Verwaltung
- Recht auf Opposition
- Unabhängigkeit der Gerichte
- Verantwortlichkeit der Regierung
- Chancengleichheit für Parteien

Diese neun Prinzipen sind miteinander verwoben und bauen aufeinander auf. Die Unabhängigkeit der Gerichte ist z. B. eng mit der Gewaltenteilung verknüpft. Gewaltenteilung bedeutet, dass die Staatsgewalt nicht alleine bei einer Person oder einem Staatsorgan liegt, sondern aufgeteilt ist. Dies ist ein wichtiges demokratisches Prinzip, das heutzutage als Messwert für Demokratien weltweit genommen wird. Klassischerweise wird die Staatsgewalt in drei Teile aufgeteilt, welche sich gegenseitig kontrollieren sollen.

Die drei Staatsgewalten:
- die Legislative (= gesetzgebende Gewalt)
- die Judikative (= rechtsprechende Gewalt)
- die Exekutive (= ausführende oder auch vollziehende Gewalt)

Die Legislative ist die gesetzgebende Gewalt. Dazu gehören in der Bundesrepublik Deutschland der Bundestag, der Bundesrat und die Länderparlamente. Die Gesetze, welche von der Legislative gemacht werden, werden von der Exekutive ausgeführt. Deswegen nennt man die Exekutive auch die ausführende oder die vollziehende Gewalt. Dazu gehören die Bundesregierung, die Regierungen der Länder und z. B. auch die Polizei. Die Judikative umfasst die Gerichte und wird auch die rechtsprechende Gewalt genannt. Neben dieser klassischen horizontalen Aufteilung der Gewalten gibt es in der Bundesrepublik Deutschland auch eine vertikale Gewaltenteilung. Das bedeutet, dass die Staatgewalt auch auf die verschiedenen Ebenen des Staates (Bund, Länder) aufgeteilt ist.

Übung

82000-25

➡ S. 46 – 47

2.5 Braucht Deutschland mehr direkte Demokratie?

In Artikel 20 (2) GG steht: *„Alle Staatsgewalt geht vom Volke aus. Sie wird vom Volke in Wahlen und Abstimmungen […] ausgeübt“*. Ob die Wahlen und Abstimmungen direkt oder indirekt stattfinden, ist jedoch nicht weiter spezifiziert. Immer wieder gibt es in Deutschland Forderungen nach mehr Elementen der direkten Demokratie.

Unter direkter Demokratie versteht man die Mitbestimmung des Volkes in unmittelbarer Form: Direkt kann man mit seiner Meinung in einer Zusammenkunft oder in Form einer Abstimmung den politischen Entscheidungsprozess beeinflussen. Dies funktioniert aus organisatorischen Gründen nur bei kleineren Versammlungen oder im Rahmen von Volks- bzw. Bürgerentscheiden. In Deutschland gibt es Aspekte direkter Demokratie im Grunde nur auf kommunaler und auf Landesebene.

Zusatzwissen:
In anderen Ländern werden Elemente der direkten Demokratie auch auf der Bundesebene eingesetzt. In der Schweiz finden zum Beispiel jedes Jahr mehrere Volksabstimmungen statt. In Großbritannien wurde 2016 durch ein Referendum (= Volksentscheid) darüber abgestimmt, ob das Land die EU verlassen soll oder nicht.

Die **indirekte oder repräsentative Demokratie** entspricht der mittelbaren Form der Mitsprache: Die Bevölkerung übergibt ihre Entscheidungsmacht Vertreterinnen und Vertretern, die in ihrem Namen Entscheidungen treffen. Daher spricht man bei der indirekten auch von einer repräsentativen Demokratie, abgeleitet von den Repräsentanten, den Vertreterinnen und Vertretern. In parlamentarischen Demokratien, wie z. B. in Deutschland, funktionieren in dieser Form unter anderem die Landtags- und Bundestagswahlen.

Übung

82000-26

2.6 Vielfalt – Gewinn oder Herausforderung?

➡ S. 48 – 49

Zu den Menschenrechten zählt man auch den Schutz vor Diskriminierung. Gerade Menschen, die sich von der Bevölkerungsmehrheit unterscheiden, wie z. B. nationale Minderheiten (u. a. Sinti und Roma, Sorben oder Friesen) unterliegen mit eigener Sprache, Kultur und Geschichte einem besonderen Schutz des Staates. Dies ergänzt das Diskriminierungsverbot, welches regelt, dass kein Mensch wegen bestimmter Merkmale, wie z. B. dem Aussehen, der Herkunft oder der Religionszugehörigkeit, benachteiligt werden darf.

Diesen Ansatz verfolgt auch der **Inklusion**sgedanke, der alle Menschen als gleichberechtigt betrachtet. Demzufolge soll auch allen Menschen die gleichberechtigte Teilnahme ermöglicht werden. Der Inklusionsbegriff bezieht sich dabei in der Regel auf Menschen mit körperlichen oder geistigen Beeinträchtigungen und wird vor allem im schulischen Umfeld immer wieder intensiv diskutiert. Der Inklusionsgedanke grenzt sich vom Gedanken der Integration ab, welche vor allem darauf abzielt, dass sich die kleinere Gruppe in die größere einfügt, also integriert.

Übung

82000-27

2.7 Der Rechtsstaat – hält sich auch der Staat ans Recht?

➡ S. 52 – 53

Wie sehr der Staat in das Leben der Bürgerinnen und Bürger eingreifen kann und ob und wie sich die Bürgerinnen und Bürger dagegen wehren können, ist von Staat zu Staat unterschiedlich. In manchen Ländern hat der Staat sehr viel Kontrolle über seine Bürgerinnen und Bürger.

Beispiel China:
Das Sozialkreditsystem gibt dem Staat weitreichende Kontroll- und Überwachungsfunktionen.

In anderen Ländern gelten die Gesetze auch für den Staat. Die Bundesrepublik Deutschland ist ein Rechtsstaat. Der Rechtsstaat garantiert den Schutz der Bürgerinnen und Bürger vor willkürlichen Entscheidungen des Staates. Demzufolge muss sich auch der Staat an die Grundrechte und allgemein gültigen Verfassungsregeln sowie Gesetze halten, dies nennt man Rechtsbindung. Hinzu kommen Gewaltenteilung als elementarer Grundsatz des Rechtsstaates und die Rechtssicherheit, die gewährleistet, dass Gesetze klar und beständig sind und dass man sich darauf verlassen kann, dass diese Gesetze für alle gleich gelten.

Am Beispiel des Ablaufs eines Strafverfahrens in Deutschland wird die Gewaltenteilung deutlich: Als gesetzgebende Gewalt erlässt das Parlament neue Gesetze, welche mit dem Grundgesetz übereinstimmen müssen. Bei einem Verstoß gegen ein Gesetz leitet die ausführende Gewalt (zum Beispiel die Staatsanwaltschaft oder die Polizei) die Ermittlungen und die Anklage auf Grundlage der bestehenden Gesetze. Die Gerichte sind als richtende Gewalt dafür zuständig, auf Basis der Gesetze ein Urteil zu fällen.

Die Unabhängigkeit der Gerichte durch die Gewaltenteilung garantiert damit, dass jede Bürgerin und jeder Bürger die Möglichkeit hat, sich gegen staatliche Zugriffe, die aus ihrer oder seiner Sicht nicht gerechtfertigt sind, zu wehren.
Als weiterer Bestandteil des deutschen Rechtsstaates regelt das Rückwirkungsverbot, dass man nur für eine Tat zur Rechenschafft gezogen werden kann, über die es zum Tatzeitpunkt bereits gesetzliche Regelungen gab. Darüber hinaus garantiert der Rechtsstaat, dass alle Menschen vor dem Gesetz gleich sind, also die Rechtsgleichheit, die Unabhängigkeit der Gerichte und den Rechtsschutz, der jeder Bürgerin und jedem Bürger den Rechtsweg, die Einklagbarkeit der Verfassungsvorschriften, einräumt.

Übung

82000-28

➡ S. 54 – 55

2.8 Kann sich die Demokratie gegen Angriffe wehren?

Die Erfahrungen aus der ersten deutschen Demokratie, der Weimarer Republik, haben den Vätern und Müttern des Grundgesetzes deutlich gemacht, dass sich die Demokratie gegen undemokratische Bestrebungen verteidigen können muss. Im Grundgesetz der Bundesrepublik Deutschland ist daher an verschiedenen Stellen verankert, dass gegen Menschen, Gruppen oder Parteien, die die freiheitliche demokratische Grundordnung (**FDGO**) bedrohen vorgegangen werden kann.

Beispiel Art. 20 (4) GG:
Gegen jeden, der es unternimmt, diese Ordnung zu beseitigen, haben alle Deutschen das Recht zum Widerstand, wenn andere Abhilfe nicht möglich ist.

Eine Möglichkeit bietet dabei das **Parteiverbotsverfahren**, dass dem unabhängigen Bundesverfassungsgericht ermöglicht, eine Partei, die sich offen gegen die Demokratie und die freiheitliche demokratische Grundordnung stellt, zu verbieten.

Art. 21 (2) GG:
Parteien, die nach ihren Zielen oder nach dem Verhalten ihrer Anhänger darauf ausgehen, die freiheitliche demokratische Grundordnung zu beeinträchtigen oder zu beseitigen oder den Bestand der Bundesrepublik Deutschland zu gefährden, sind verfassungswidrig.

Der Antrag auf ein Parteiverbostverfahren kann vom Bundestag, vom Bundesrat, der Bundesregierung oder bei regionalen Parteien von der Landesregierung gestellt werden. Das Bundesverfassungsgericht prüft diesen Antrag und fällt eine unanfechtbare Entscheidung.

Zusatzwissen:
In der Geschichte der Bundesrepublik wurden zwei Parteien verboten (SRP (1952), KPD (1956)). Gegen die NPD wurde 2001 ein Verfahren gestartet, welches 2003 aber eingestellt wurde. 2017 wurde in einem neuen Verfahren das Verbot der NPD vom Bundesverfassungsgericht abgelehnt.

Übung

82000-29

2.9 Arm in Deutschland – leistet der deutsche Sozialstaat genug?

➡ S. 56 – 57

In Artikel 20 (1) des Grundgesetzes steht: *„Die Bundesrepublik Deutschland ist ein demokratischer und sozialer Bundestaat"*. Der deutsche Staat sorgt also auch für die soziale Gerechtigkeit und die Bekämpfung von Armut in Deutschland. Wenn man in Deutschland von Armut spricht, ist meist **relative Armut** gemeint. Dies bedeutet, dass die Armut des Einzelnen dabei ins Verhältnis gesetzt wird zum durchschnittlichen Einkommen der anderen Gesellschaftsmitglieder. Relativ arm in Deutschland ist, wer weniger als 60 % des mittleren Einkommens verfügt. Nach dem Armutsbericht 2020 des Paritätischen Wohlfahrtsverbands besteht für 15,9 % der Bevölkerung ein erhöhtes Armutsrisiko. Arbeitslose und Alleinerziehende sind am meisten gefährdet.

Im Gegensatz dazu steht die **absolute Armut**. Absolut arm bedeutet, dass eine Person weniger Geld zur Verfügung hat, als sie bräuchte, um existenzielle Güter, wie Nahrung und Trinken zu beschaffen. Die Weltbank (eine Sonderorganisation der Vereinten Nationen) hat dies mit 1,90 Dollar pro Tag definiert. Weltweit sind circa 9 % der Bevölkerung von absoluter Armut betroffen.

In Deutschland soll das Sozialstaatsprinzip unter anderem dafür Sorge tragen, dass keine Bürgerin und kein Bürger an absoluter Armut leiden muss. Dies passiert beispielsweise durch finanzielle Unterstützung, wie dem Arbeitslosengeld. Bei der Bekämpfung von absoluter Armut in Deutschland ist der deutsche Sozialstaat erfolgreich. Von relativer Armut ist jedoch jede sechste Person in Deutschland betroffen.

Übung

82000-30

2.10 Schafft Hartz IV Gerechtigkeit?

➡ S. 58 – 59

Hartz IV ist die umgangssprachliche Bezeichnung des Arbeitslosengelds II. Damit soll in erster Linie den Arbeitslosen, die mehr als ein Jahr arbeitslos waren und kein Arbeitslosengeld I mehr erhalten, eine Grundsicherung gewährleistet werden. Nach einer Bedarfsprüfung und Offenlegung der eigenen Besitzverhältnisse erhalten die Hartz IV-Anspruchsberechtigten (auch Erwerbstätige, deren Einkommen unter dem Regelbedarf liegt) ein genau nach Sätzen geregeltes Arbeitslosengeld II.

Zusatzwissen:
Die Bezeichnung Hartz IV bezieht sich auf den Namen von Peter Hartz, welcher die Kommission für moderne Dienstleistungen am Arbeitsmarkt von 2002 bis 2005 leitete. Diese Kommission lieferte Vorschläge, die die Grundlage der Hartz-Reformen waren.

Die Höhe des Arbeitslosengelds II steht immer wieder in der Kritik und wird diskutiert. Es steht der Vorwurf im Raum, dass der Betrag zu niedrig sei und eine wirkliche gesellschaftliche Teilhabe für die Betroffenen nicht ermöglichen könne. Auf der anderen Seite wird argumentiert, dass so der Staatshaushalt entlastet werde und der niedrige Betrag Anreize schaffe, aus der Arbeitslosigkeit herauszufinden.

Übung

82000-31

➡ S. 62 – 63

2.11 Die Corona-Pandemie – Föderalismus auf dem Prüfstand!?

In Artikel 20 des Grundgesetzes steht: *„Die Bundesrepublik Deutschland ist ein demokratischer und sozialer Bundestaat."* Der Artikel legt fest, dass die Bundesrepublik Deutschland ein Bundesstaat ist. Das bedeutet, dass die Bundesrepublik in Bundesländer aufgeteilt ist. Dieses Prinzip der Bundesstaatlichkeit wird auch Föderalismus genannt. Seit der Wiedervereinigung sieht die Struktur 16 Bundesländer vor, die sich als Staaten in einem Bundesstaat organisieren.

Bundesländer in Deutschland:

- Baden-Württemberg
- Bayern
- Berlin
- Brandenburg
- Bremen
- Hamburg
- Hessen
- Mecklenburg-Vorpommern
- Niedersachsen
- Nordrhein-Westfalen
- Rheinland-Pfalz
- Saarland
- Sachsen
- Sachsen-Anhalt
- Schleswig-Holstein
- Thüringen

Die Bundesländer verfügen über eigene Verfassungen, eigene Staatsorgane, Parlamente, Behörden und Gerichtshöfe. Ihre Souveränität ist allerdings eingeschränkt auf klar definierte Bereiche. Der Bund zeigt sich nach außen als Einheit: politisch, rechtlich und wirtschaftlich. Zudem gibt es das allgemeingültige Grundgesetz, ein gemeinsames Parlament, eine Bundesregierung und die Bundeswehr.

Zusatzwissen:

Im Grundgesetz ist geregelt, welche Zuständigkeiten der Bund und die Länder haben. Es wird unterschieden zwischen der Zuständigkeit des Bundes, der Zuständigkeit der Länder und der konkurrierenden Gesetzgebung. Konkurrierend bedeutet, dass weder Bund noch Länder die alleinige Zuständigkeit haben. Die Länder können in diesen Bereichen beispielsweise Gesetze erlassen, solange der Bund dies nicht bereits getan hat. Die Zuständigkeitsbereiche des Bundes stehen im Artikel 73 GG. Zu den wohl bekanntesten Zuständigkeiten gehören die Verteidigung und der Schutz der Zivilbevölkerung sowie das Währungs-, Geld- und Münzwesen. Artikel 74 GG setzt die konkurrierende Gesetzgebung fest. Hierunter fallen beispielweise das Vereinsrecht, die Angelegenheiten der Flüchtlinge und Vertriebenen und das Arbeitsrecht. Die Zuständigkeiten der Länder ergeben sich aus allen Bereichen, die nicht in Artikel 73 dem Bund oder in Artikel 74 beiden Instanzen zugeschrieben wurden.

Der Föderalismus hat sowohl Vor- als auch Nachteile. Vorteile sind beispielweise eine zusätzliche Gewaltenteilung zwischen Bund und Ländern, die Möglichkeit, Beschlüsse an die Gegebenheiten des Landes anzupassen und die Möglichkeit, verschiedene Lösungsansätze in verschiedenen Ländern auszuprobieren und voneinander zu lernen. Nachteile des Föderalismus sind beispielweise umständliche Verfahren, die zu Koordinierungsproblemen führen, zusätzliche Kosten für die Behörden auf Landesebene und Unübersichtlichkeit und Ungleichheit in bestimmten Bereichen.

Beispiel Corona-Pandemie:
Während der Corona-Pandemie haben die Landesregierungen eigene Regelungen und Maßnahmen in ihren Bundesländern eingeführt. Dies hat sowohl Vor- als auch Nachteile mit sich gebracht. Ein Vorteil war, dass die Regierungen so direkt auf das Infektionsgeschehen und die Gegebenheiten in ihrem Bundesland reagieren konnten, ohne von den Infektionsgeschehen in den anderen Bundesländern abhängig zu sein. Allerdings ist so eine Art „Flickenteppich" von Regelungen entstanden, was zu Unübersichtlichkeit und auch Ungleichheit geführt hat und oft kritisiert wurde.

Übung

82000-32

2.12 Keine Pressefreiheit – keine Demokratie?

➡ S. 64 – 65

Pressefreiheit gilt als Grundlage einer freiheitlichen Demokratie und als Voraussetzung für die demokratische Willensbildung und pluralistische Meinungsvielfalt. Im Grundgesetz ist dieses Recht, ungehindert Tatsachen, Meinungen, Stellungnahmen und Wertungen zu recherchieren, zu dokumentieren, zu bearbeiten und zu verbreiten, als spezielle Ausprägung der Meinungsfreiheit zusammen mit der Informations- und Rundfunkfreiheit festgeschrieben.

Art. 5 (1) GG:
Jeder hat das Recht, seine Meinung in Wort, Schrift und Bild frei zu äußern und zu verbreiten und sich aus allgemein zugänglichen Quellen ungehindert zu unterrichten. Die Pressefreiheit und die Freiheit der Berichterstattung durch Rundfunk und Film werden gewährleistet. Eine Zensur findet nicht statt.

In einer Demokratie erfüllen die Medien eine wichtige Rolle und werden oft auch als die „vierte Gewalt" (neben der Exekutive, der Legislative, der Judikative) bezeichnet. Dabei sind die Funktionen der Medien vielseitig.

Funktionen der Medien im politischen System:
- Informationsfunktion
- Artikulationsfunktion
- Meinungsbildungsfunktion
- Kontrollfunktion
- Kritikfunktion

Die Pressefreiheit ist eine der wichtigsten Merkmale einer funktionierenden Demokratie und wird bei der Bewertung von Demokratien oft als wichtiges Kriterium genommen. Ohne die Freiheit der Presse und anderer Medien kann man nicht von einer Demokratie sprechen.

Übung

82000-33

M1 Die Lage der Demokratie in Russland

Sie stoßen im Internet auf den (fiktiven) deutschsprachigen Blog www.contrarussland kritik.blog. Dort wird ganz begeistert über Russland berichtet:

PUTIN – unser Präsident der Herzen

Oktober 2020 **Kommentar hinterlassen**

Erneut muss ich Präsident Putin gegen jede Kritik verteidigen. Schließlich haben wir den Präsidenten, den sich das Volk wünscht. Die Anschuldigungen, Russland wäre eine „defekte Demokratie" ist eine Lüge. Unser System erfüllt alle demokratischen Kriterien. Noch dazu haben wir einen starken und souveränen Präsidenten, der schnelle Entscheidungen trifft und zu seiner Meinung steht. An alle Kritiker: Ihr seid nur neidisch!

Wladimir Putin, russischer Präsident

Bearbeiter

M2 Materialsammlung zur Situation in Russland

Nachdem Sie den Blogeintrag über Kritik am russischen Präsidenten durchgelesen haben, recherchieren Sie nach Informationen über Russland und dessen Präsidenten. Dabei stoßen Sie unter anderem auf die folgenden Artikel:

1 Putin lässt Journalisten und Blogger als „ausländische Agenten" einstufen

In Russland können Journalisten und Blogger ab sofort als „ausländische Agenten" eingestuft werden. Präsident Wladimir Putin erließ am Montag offiziell ein entsprechendes, umstrittenes Gesetz. Laut dem auf der Regierungswebsite veröffentlichten Gesetzestext kann das Justizministerium damit Einzelpersonen, die für Medien arbeiten, nun als "ausländische Agenten" bezeichnen.

©Tagesspiegel: Putin lässt Journalisten und Blogger als „ausländische Agenten" einstufen. In: www.tagesspiegel.de, 03.12.2019

2 *Interviewausschnitt der ARD mit Nikita Petrow (2. Vorsitzender der russischen Menschenrechtsorganisation) über einen Mord im Berliner Tiergarten. Dem russischen Geheimdienst wurde vorgeworfen, diesen Auftragsmord angeordnet zu haben.*

Petrow: Wenn wir von der letzten Zeit sprechen, dann ist das eine absolut typische Geschichte, weil wir gerade jetzt ganz klar die Auswüchse des russischen Staatsterrorismus sehen. Da gibt es den Mord an Alexander Litwinenko im Jahr 2006 oder den Versuch, die Skripals zu vergiften - was nicht gelang, aber eine Engländerin starb an dem eingesetzten Nervengift. Und es ist dieser Fall im Berliner Tiergarten. Jetzt sehen wir, dass Russland sich überhaupt nicht schämt, wenn solche Sachen schief gehen oder bekannt werden. Der russische Staat leugnet das einfach und hält ein solches Verhalten für normal, obwohl es unzulässig und unannehmbar ist. Ich wiederhole: Das ist Staatsterrorismus. [...] In Russland gibt es kaum noch freie Presse. Wer noch über solche Themen schreibt, ist auch nur mehr oder weniger frei. [...] Aber die offizielle Presse und das Fernsehen verschweigen solche Themen – erstens, um das Image von Russland nicht zu beschmutzen, und zweitens versuchen sie es irgendwie zu verleugnen, indem sie unterstreichen, dass Russland damit nichts zu tun hat. In diesem Fall wird das in der russischen Gesellschaft nicht diskutiert, weil sich die Gesellschaft damit abgefunden hat, dass der Staat offen und unverschämt Gewalt anwenden kann.

©Tagesschau: „Der russische Staat ist kriminell geworden". Interview durchgeführt von: Demian von Osten. In: www.tagesschau.de, 07.10.2020

3 Nawalny macht Putin für Giftanschlag verantwortlich

Der russische Regierungskritiker Alexej Nawalny erholt sich mehr und mehr von seiner Vergiftung. Der 44-Jährige will wieder zurück nach Russland, obwohl er Präsident Putin als Drahtzieher des Attentats sieht.

Der Kremlgegner Alexej Nawalny sagte in einem Interview mit dem Nachrichtenmagazin „Der Spiegel", nur die unter direktem Befehl von Wladimir Putin stehenden Chefs der Geheimdienste [...] hätten Zugriff auf das tödliche Nervengift Nowitschok. [...] Der prominenteste Gegner von Kremlchef Putin wurde mit dem Nervengift der Gruppe Nowitschok vergiftet, wie mehrere internationale Laboruntersuchungen ergaben.

©Deutsche Welle: Nawalny macht Putin für Giftanschlag verantwortlich. In: www.dw.com, 01.10.2020

Lösungsvorschläge zu den Aufgaben

70040-14

Tabelle zur Selbsteinschätzung

70040-15

AUFGABEN

1. Beschreiben Sie spontan, welchen Eindruck der Blogbeitrag in **M1** auf Sie macht.
2. a) Fassen Sie die Informationen aus **M2** in eigenen Worten zusammen.
   b) Überprüfen Sie anhand der Materialsammlung (**M2**), ob die Kriterien aus der FDGO in Russland erfüllt sind.
3. Verfassen Sie auf Grundlage der Artikel in **M2** und Ihrem Hintergrundwissen aus diesem Kapitel einen begründeten Kommentar auf der Blogseite von **M1**.

F zu Aufgabe 3
Betrachten Sie die Kapitel zu Demokratie, Rechtsstaat und den Medien nochmals genauer und stellen Sie dar, welches die zentralen Pfeiler der Demokratie sind.

Eine Nachrichtensendung

Bundesdelegiertenkongress der Grünen

Klimastreik in einer deutschen Innenstadt

Stimmabgabe im Wahllokal

Unterschriftensammlung für eine Volksinitiative der Naturschutzverbände

Was wissen Sie schon?

1. Die Bilder zeigen verschiedene Möglichkeiten, wie man sich politisch einbringen kann. Beschreiben Sie die Bilder und erklären Sie, inwiefern das Dargestellte etwas mit politischer Teilhabe zu tun hat.
2. Möglicherweise haben Sie sich auch schon politisch betätigt. Berichten Sie in der Klasse von Ihren Erfahrungen. Bei welchen Themen könnten Sie sich vorstellen, sich „einzumischen" und auf welche Art und Weise?
3. Entwerfen Sie in Gruppen ein Plakat, auf dem Sie anhand der vorherigen Aufgaben sowie der Bilder darstellen, welche Möglichkeiten es aus Ihrer Sicht für Bürgerinnen und Bürger gibt, sich aktiv an der Demokratie zu beteiligen.

3

(Wie) kann ich mich politisch einbringen?

Demokratie lebt davon, dass möglichst viele Menschen mitmachen. Jede und jeder kann selbst entscheiden, ob und wie sehr sie oder er sich engagiert. Aber wie funktioniert das Mitmachen in einer Demokratie? Welche Rolle spielt der Einzelne, die Partei oder der Verband? Und was passiert, wenn nicht mehr alle mitmachen?

Was lernen Sie in diesem Kapitel?

Sie lernen, ...

- sich mit den politischen Beteiligungsformen der Bürgerinnen und Bürger auseinanderzusetzen.
- Petitionen als Form der direkten Beteiligung am politischen Geschehen zu erkennen und zu beschreiben, wie eine Petition eingereicht wird.
- darzustellen, welche Hürden ein Volksbegehren nehmen muss und wie dieses funktioniert.
- die Aufgaben und Funktion von Parteien und Verbänden zu erklären.
- den Vorgang der Bundestagswahl wiederzugeben und zu beurteilen.

Lernaufgabe: Eine Aktion der Demokratie entwerfen

Am 15. September wird jährlich der Internationale Tag der Demokratie gefeiert. Die Vereinten Nationen haben diesen Tag ins Leben gerufen, um die Grundsätze der Demokratie zu fördern und zu verteidigen. Gestalten Sie in dieser Lernaufgabe eine Aktion der Demokratie unter dem Motto „Die Demokratie braucht Sie!", z. B. eine Ausstellung, eine Broschüre oder Informationsstände im Schulhaus. Ziel der Aktion soll sein, aufzuzeigen, dass eine Demokratie auf die Mitwirkung der Bevölkerung angewiesen ist und andere zur politischen Beteiligung zu motivieren.

Gehen Sie dabei so vor:

Start

1

Bilden Sie Gruppen von 3 – 4 Schülerinnen und Schülern. Entscheiden Sie sich, worüber Sie informieren wollen:

- Wie können sich Bürgerinnen und Bürger politisch beteiligen? (→ Kapitel 3.1)
- Gibt es Möglichkeiten digitaler Partizipation? (→ Kapitel 3.2)
- Welche Bedeutung haben Interessenverbände bei politischer Beteiligung? (→ Kapitel 3.3)
- Ist Lobbyismus eine Gefahr für die Demokratie? (→ Kapitel 3.4)
- Wie können Bürgerinnen und Bürger direkt Politik machen? (→ Kapitel 3.5)
- Welche Rolle spielen die Parteien? (→ Kapitel 3.7)
- Wie beeinflussen soziale Medien politische Partizipation? (→ Kapitel 3.11)

2

Erarbeiten Sie in der Gruppe die Informationen zu Ihrem Thema anhand des Kapitels. Ergänzen Sie diese auch durch eigene Beispiele, beispielsweise auch aus Ihrer Gemeinde vor Ort.

3

Sammeln Sie gemeinsam Ideen für die Gestaltung Ihrer Aktion. In einem ersten Schritt sollten Sie sämtliche Ideen zunächst z. B. in Form einer Mindmap notieren. Im Anschluss können Sie über Vor- und Nachteile der jeweiligen Ideen diskutieren und sich am Ende auf eine für Ihre Gruppe einigen.

5

Suchen Sie vor Ort nach Expertinnen und Experten, z. B. Kommunalpolitikerinnen und Kommunalpolitiker, Landtagsabgeordnete oder auch Bundestagsabgeordnete vor Ort. Laden Sie diese nach Rücksprache mit Ihrer Lehrkraft ein oder befragen Sie Expertinnen und Experten (→ Methodenkarte, S. 23), um Material für Ihre Aktion zu sammeln.

4

Planen Sie Ihren Beitrag für die Aktion. Achten Sie darauf, die Arbeiten innerhalb Ihrer Gruppe gleichmäßig und fair zu verteilen.

6

Gestalten Sie Ihren Beitrag für die Aktion und präsentieren Sie diesen der Klasse oder stellen Sie ihn in der Schule aus, je nachdem, welche Darstellungsform gewählt wurde.

Ziel

7

Diskutieren Sie abschließend innerhalb Ihrer Klasse über die Aktionen. Ist die Darstellung gelungen? Was überzeugt besonders, wo hätte man eventuell etwas besser machen können? Eignet sich die Form der Präsentation für das gewählte Thema?

3.1 Politische Partizipation – aber wie?

→ Fachwissen, S. 106

Was können Sie als Einzelperson tun, um sich politisch einzubringen. Jede und jeder hat zahlreiche Möglichkeiten an der Gesellschaft teilzuhaben (zu partizipieren). Aber welchen Sinn hat es überhaupt, sich zu engagieren?

M1 Schülermeinungen

1 Politik machen doch nur ein paar Leute in Berlin.

2 Die meisten Politiker sind Männer über 50, die sich nicht für die Jugend interessieren.

3 Nachrichten sind mir zu kompliziert, da versteht man nichts.

4 Bis wir mal wählen dürfen, vergehen Jahre. Wieso soll ich mich dann jetzt schon mit Politik beschäftigen?

5 Für manche Themen würde ich mich schon engagieren, aber keine Ahnung wie.

6 Ich freue mich schon darauf, später wählen zu dürfen.

Bearbeiter

M2 Formen politischer Partizipation

Unter politische Partizipation fallen jene Verhaltensweisen von Bürgerinnen und Bürgern, die als Gruppe oder allein Einfluss auf politische Entscheidungen auf verschiedenen Ebenen des politischen Systems (Kommune, Land, Bund und Europa) ausüben wollen. Man unterscheidet konventionelle (verfasste, gesetzlich garantierte und geregelte) von unkonventionellen (nicht verfassten) Formen der politischen Partizipation. Diese Aktivitäten können in folgende sechs Formen unterteilt werden:

a Teilnahme an Wahlen und Abstimmungen: Die Auswahl des politischen Führungspersonals gilt als Kernelement und einfachste Form der Partizipation.

b Parteibezogene Aktivitäten: Ca. 2,5 % der Erwachsenen sind Mitglied einer Partei oder arbeiten in einer mit.

c Gemeinde, Wahlkampf und Politiker bezogene Aktivitäten: Zeitlich begrenzte Beteiligung an lokalen Aktivitäten oder die Teilnahme am Wahlkampf.

d Legaler Protest: z. B. genehmigte Demonstrationen

e Ziviler Protest: Ziviler Ungehorsam beinhaltet gewaltfreie Aktivitäten, die gegen das Gesetz verstoßen (z. B. eine Sitzblockade).

f Politische Gewalt: Gewalt gegen Sachen und Personen gilt als extremste Form politischer Beteiligung.

Basierend auf: © Bundeszentrale für politische Bildung: Politische Beteiligung/Politische Partizipation. In: www.bpb.de (Abruf am: 26.04.2021)

M3 Legaler Protest oder ziviler Ungehorsam?

a) Fridays for Future

Die Klimabewegung **Fridays For Future** geht zurück auf die Schwedin Greta Thunberg, die im August 2018 damit anfing, ihren Schulunterricht zu bestreiken, bis Schweden das Klimaabkommen von Paris umsetzt. Einige Wochen später folgten ihr Tausende Schüler auf der ganzen Welt. Sie gingen unter dem Namen Fridays for Future auf die Straße und forderten einen effektiven Umweltschutz. In Pandemiezeiten rief Fridays for Future außerdem zu einem globalen "Netzstreik fürs Klima" auf. Demonstrationen fanden mit Abstandsregeln und Maskenpflicht statt.

Schülerinnen und Schüler auf einer Fridays for Future Demonstration

© Zeit Campus: Fridays for Future. In: www.zeit.de (Abruf am: 26.04.2021)

b) Extinction Rebellion

„**Extinction Rebellion**" (XR), auf Deutsch: "Aufstand gegen das Aussterben", ist ein Zusammenschluss von Klimaaktivisten. Die Gruppierung wurde in Großbritannien gegründet und existiert mittlerweile in zahlreichen Staaten. Das Bündnis möchte Druck auf die Regierungen ausüben, mehr gegen den Klimawandel zu tun. Die Aktivisten von XR brachten mit ihren Blockaden stellenweise sogar den Verkehr in London zum Erliegen.

Demonstrierende blockieren eine Straße.

© ZDF: Was ist „Extinction Rebellion"? In: www.zdf.de, 07.10.2019

AUFGABEN

1. Positionieren Sie sich spontan zu den Aussagen in **M1**. Welchen stimmen Sie zu und welchen nicht?
2. Ordnen Sie die Aktivitätsformen in **M2** konventionellen und nicht-konventionellen Formen von politischer Partizipation zu.
3. a) Stellen Sie sich zu zweit gegenseitig eine der beiden Umweltbewegungen aus **M3** vor.
   b) Bestimmen Sie, ob es sich jeweils um legalen Protest handelt oder nicht. Begründen Sie Ihre Einschätzung.
   c) Diskutieren Sie anhand der Beispiele aus **M3**, ob Sie der gewählten Protestform zustimmen und welche Vor- und Nachteile legaler und illegaler Protest jeweils haben.

F **zu Aufgabe 2**
a) Recherchieren Sie, was bei der Organisation einer Demonstration beachtet werden muss.
b) Bewerten Sie diese Hürden, um eine Demonstration auf die Beine zu stellen. Inwiefern sind diese gerechtfertigt?

3.2 Gibt es auch digitale Partizipation?

→ Fachwissen, S. 107

Kommunikation findet heutzutage vor allem digital statt. Digitalisierung verändert jedoch nicht nur unsere private Kommunikation, sondern auch die politische.

M1 Formen digitaler Partizipation

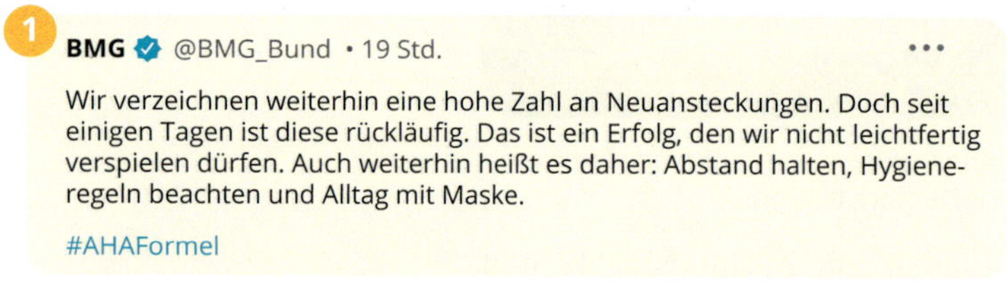

Das Bundesgesundheitsministerium auf einem sozialen Netzwerk

Das Formular zum Einreichen von Petitionen an den Deutschen Bundestag

Der Aufruf einer Online-Kampagne zur Sammlung von Unterschriften

M2 Was ist E-Partizipation?

E-Partizipation bedeutet, dass Bürgerinnen und Bürger elektronische Möglichkeiten nutzen, um mit staatlichen Organen oder untereinander zu politischen Themen in Kontakt zu treten. Es können grundsätzlich drei Formen unterschieden werden:

Politische Institutionen nutzen digitale Medien, um die Bevölkerung zu informieren oder zu Wahlkampfzwecken. Aber auch andere Akteure – von Privatpersonen über Vereine oder auch Unternehmen – nutzen E-Partizipation, um auf ihre Anliegen aufmerksam zu machen. Schließlich nutzt die Bevölkerung auch digitale Möglichkeiten, um direkten Einfluss auf die Politik zu nehmen, z. B. über Petitionen.

Bearbeiterin

Petition
Petitionen sind schriftliche Bitten oder Beschwerden, die bei den Landesparlamenten oder dem Bundestag vorgebracht werden können. Sollte sich für eine Petition genug Unterstützung finden, müssen sich die Parlamente damit beschäftigen.

AUFGABEN

1. Benennen Sie anhand der Beispiele aus **M1** Formen digitaler Beteiligung.
2. Ordnen Sie die Formen von E-Partizipation aus **M2** den Beispielen aus **M1** zu und vergleichen Sie diese Zuordnung mit Ihren Ergebnissen aus Aufgabe 1.
3. a) Fassen Sie in Kleingruppen den Inhalt einer selbstgewählten aktuellen Petition auf der Homepage des Bundestages zusammen.
   b) Beurteilen Sie, ob Sie die Petition mitunterzeichnen würden und begründen Sie Ihre Meinung.

F **zu Aufgabe 3**
Erstellen Sie Ihre eigene Petition mithilfe der nachfolgenden Methodenkarte.

Eine Online-Petition erstellen

Worum geht es?

Die Veröffentlichung einer Online-Petition ermöglicht es, ein wichtiges Anliegen sachlich aufzubereiten, Unterstützung für eine Sache zu gewinnen und die Ergebnisse der Petition öffentlichkeitswirksam zu präsentieren.

Gehen Sie dabei so vor:

1. Schritt: Vorbereitung

Beschreiben Sie zunächst schriftlich das genaue Ziel und die Zielgruppe bzw. Zielperson der Online-Petition sowie die Forderung an diese Gruppe oder Person. Die erste Verschriftlichung des Vorhabens kann anschließend auf die folgenden Kriterien hin überprüft werden:

- Thema von politischer, sozialer und wirtschaftlicher Bedeutung
- klare Zielformulierung
- prinzipiell umsetzbare Forderungen
- passende Zielgruppe

2. Schritt: Durchführung

Da der Text im Internet veröffentlicht werden soll, ist es unerlässlich, dass auch Ihre Lehrkraft den Entwurf abschließend prüft. So können unangemessene oder fehlerhafte Beiträge überarbeitet werden. Auch die weiteren Schritte der Veröffentlichung und der Verbreitung können in Absprache mit Ihrer Lehrkraft stattfinden.

3. Schritt: Veröffentlichung

Anschließend können Sie die Petition auf einer geeigneten Seite (*www.openpetition.de* oder *www.epetitionenbundestag.de*) einreichen. Damit möglichst viele Unterschriften erlangt werden, empfiehlt es sich, die Aktion öffentlichkeitswirksam zu präsentieren, z. B. indem in der Lokalzeitung darüber berichtet, Flugblätter verteilt oder in den sozialen Medien darauf aufmerksam gemacht wird. Denkbar wäre es auch, einen Elternrundbrief zu Ihrer Petition zu versenden. Auch die Adressaten der Petition sollten im Vorfeld über das Vorhaben informiert werden. Denn nach Abschluss der Online-Petition gilt es, das Ergebnis auf geeigneten Kommunikationswegen zu präsentieren und auch die Adressaten erneut zu kontaktieren, um eine Stellungnahme zu erwirken.

Nach: Brandt, Pamela/Bräutigam, Henry/u. a.: Partizipation 2.0. In: www.bpb.de, 30.07.2013

3.3 Wie werden die Interessen des Einzelnen wirkungsvoll vertreten?

→ Fachwissen, S. 107

Schüler haben oft andere Interessen als Lehrer. Frauen wünschen sich manchmal etwas Anderes von der Politik als Männer. Junge Leute bringen wahrscheinlich häufig andere Anliegen vor als ältere. Wie können sich diese einzelnen Gruppen besser organisieren und ihre Interessen wirkungsvoller vertreten?

M1 Interessenverbände im Überblick

Diese Organisationen haben auf den ersten Blick nichts gemein. Die Interessen, die hier vertreten werden, sind zum Teil sehr unterschiedlich. Manche widersprechen sich sogar.

BDI Bundesverband der Deutschen Industrie e.V.

ver.di

ADAC

GREENPEACE

DEUTSCHER FUSSBALL-BUND

Lebenshilfe

DBV Deutscher Bauernverband

M2 Einflussmöglichkeiten von Interessenverbänden

Journalist: Herr Maier, wieso engagieren Sie sich in einem Verband? Sie könnten doch genauso gut nur für Ihre eigenen Interessen einstehen und persönlich viel weiterkommen.

Maier: Das stimmt natürlich, aber meine Kollegen und ich haben ja meistens die gleichen Interessen. Ein ganzer Verband, der für Hunderte oder Tausende spricht und der Experten engagieren kann, der kann als Verhandlungspartner auch ganz anders auftreten als ich allein.

Journalist: Sie haben nun schon ein wenig angesprochen, wie Verbände arbeiten. Können Sie das noch genauer erklären?

Maier: Gerne. Die Macht eines Verbandes wird bestimmt durch drei Aspekte: Zum einen geht es um die Artikulationsfähigkeit, also die Fähigkeit der Gruppe, sich bei den Medien, in der Politik und in der Öffentlichkeit Gehör zu verschaffen. Außerdem kommt es auf die Organisationsfähigkeit der Interessengemeinschaft an, also der Frage, wie schnell sich Menschen mit dem gleichen Interesse zusammenfinden und organisieren können. Hinzu kommt noch die Konfliktfähigkeit, also die Möglichkeiten, mit denen eine Gruppe Druck ausüben kann.

Bearbeiterin

M3 Interessenkonflikte am Beispiel der Corona-Krise

In Folge der Corona-Pandemie ruhte lange Zeit nahezu das gesamte gesellschaftliche Leben in Deutschland aufgrund staatlicher Verordnungen, um die Verbreitung des gefährlichen Virus einzudämmen. Hier prallten zahlreiche Interessen aufeinander:

1 Der Handelsverband Deutschland erwartet von der Politik, dass diese der Wirtschaft unbedingt mit geeigneten Maßnahmen unter die Arme greifen muss. Durch die langanhaltende behördlich verordnete Schließung zahlreicher Geschäfte kam es zu gravierenden finanziellen Einbußen.

2 Reisen sind wegen der Schutzmaßnahmen völlig eingebrochen, insbesondere Urlaubsreisen wurden weitestgehend eingestellt. Der Deutsche Tourismusverband beklagt daher ähnliche Schwierigkeiten wie der Einzelhandel und fordert finanzielle Unterstützung durch den Staat.

3 Die Bundesärztekammer warnt aufgrund exponentiell steigender Infektionszahlen vor einer übereilten Öffnung von Geschäften und insbesondere der Grenzen. Eine Sprecherin teilte mit, es sei zu befürchten, dass die Intensivstationen sonst bald am Limit seien.

4 Eine gemeinnützige Organisation beklagt die Folgen der staatlichen Unterstützungsangebote für die Schuldenlast Deutschlands. Es könne nicht sein, dass die finanziellen Folgen der Krise allein an zukünftigen Generationen hängenblieben. Der Verband erhebt daher die Forderung nach einer einmaligen Vermögensabgabe zur Bewältigung der Krise.

Bearbeiterin

AUFGABEN

1. a) Ermitteln Sie Gründe dafür, dass sich Menschen zu den abgebildeten Organisationen in **M1** zusammengeschlossen haben.
   b) Nennen Sie konkrete Ziele, die die Verbände verfolgen.
2. Erläutern Sie die Einflussmöglichkeiten von Interessenverbänden in eigenen Worten (**M2**).
3. a) Die Bundesregierung hat die Aufgabe, für das Wohl aller Bürgerinnen und Bürger zu sorgen. Um dies zu schaffen, müssen viele verschiedene Interessen miteinander vereinbart werden. Arbeiten Sie Gemeinsamkeiten und Gegensätze aus den verschiedenen Positionen in **M3** heraus.
   b) Zeigen Sie auf, was die Forderungen der Organisationen für einzelne Unternehmen bedeuten können.

F **zu Aufgabe 1**
Wählen Sie eine Organisation aus **M1** aus und recherchieren Sie mögliche Forderungen, die diese für ihre Mitglieder während der Corona-Pandemie gestellt haben könnte.

F **zu Aufgabe 3**
Überprüfen Sie zu zweit die in **M3** genannten Organisationen jeweils auf ihre Artikulations-, Organisations- und Konfliktfähigkeit.

3.4 Nehmen Verbände zu viel Einfluss?

→ Fachwissen, S. 108

Interessenverbände sind ein wichtiger Teil der Demokratie in Deutschland. Sie fungieren als Vermittlungsinstanz zwischen Bevölkerung und Staat und können Antworten auf ganz spezielle Fachfragen liefern, bei denen Politikerinnen und Politiker Detailwissen brauchen. Sie haben mitunter großen Einfluss auf politische Entscheidungen und da stellt sich die Frage, ob ihre Macht manchmal begrenzt werden sollte.

M1 Politik und Lobbyismus

Lobbyismus
Unter Lobbyismus versteht man den Einfluss von Interessenverbänden auf Politik und Gesellschaft.

Karikatur: Mohr, Burkhart

M2 Grundlagen des Lobbyismus

Erklärfilm zu Lobbyismus
70040-16

Lobbyismus ist die Einflussnahme auf politische Entscheidungen oder die öffentliche Meinung durch Vertretungen von Interessenverbänden. Der Begriff Lobbyismus kommt ursprünglich vom englischen Begriff der „Lobby". Dieser bezeichnet die Vorhalle des Parlaments, in der die Abgeordneten auf Vertreterinnen und Vertreter von Interessenverbänden oder Wählerinnen und Wähler treffen. Ein Lobbyist ist jemand, der im Auftrag von Interessenverbänden (z. B. Wirtschafts- und Sozialverbände, Umweltschutzorganisationen, Gewerkschaften oder Arbeitnehmerverbände) Einfluss auf politische Entscheidungen nimmt. Der Einfluss von Lobbyisten ist rechtlich geregelt und unter anderem in Art. 5, 8, 9 und 17 durch das Grundgesetz verbürgt. Dennoch wird oft der Vorwurf erhoben, Lobbyismus verstärke die Ungleichheit in der Gesellschaft, da einige Verbände, die beispielsweise große finanzielle Unterstützung aus der Wirtschaft erhalten, mehr Einfluss ausüben können als andere, die z. B. auf Spenden angewiesen sind. Des Weiteren gibt es Formen der Einflussnahme, die als Gefahr für die Demokratie gedeutet werden, wenn diese zum Beispiel in Bereiche der Manipulation oder Korruption geht.

Bearbeiterin

Korruption
Bestechung

M3 Keine Politik ohne Lobbyeinfluss?

Ohne Lobbyismus geht es nicht, sagen seine Befürworter. Weil selbst Fachpolitiker nicht alle Details und Zusammenhänge kennen und schon gar nicht die Folgewirkungen ihrer politischen Entscheidungen überblicken, sind sie auf die Beratung von Experten angewiesen, die aus der Wissenschaft, aber häufig auch aus der Wirtschaft kommen. [...]
Machen wir uns nichts vor: Unternehmen verfolgen Geschäftsinteressen. Sie wollen, nein müssen Geld verdienen. Doch zum Schaden für die Gesellschaft kommt es spätestens dann, wenn die Interessen der Konzerne den Bedürfnissen vieler Bürger und Verbraucher entgegenstehen [...]. In einer Demokratie geht die Macht vom Volke aus. Demokratie lebt davon, dass alle Positionen gehört werden und in die Meinungsbildung unserer Politiker einfließen. Tatsächlich jedoch dringen vor allem diejenigen zu den politischen Entscheidungsträgern vor, die sich in Berlin und Brüssel einen ganzen Stab an Lobbyisten leisten können. [...] Nichtregierungsorganisationen oder mittelständische Unternehmen [...] erhielten dagegen fast nie einen Termin [...], sondern versuchen fehlende finanzielle Schlagkraft durch öffentlichkeitswirksame Aktionen zu kompensieren. [...]
Das Problem also ist nicht der Lobbyismus an sich, sondern der Lobbyismus im Geheimen. Wenn nicht (oder erst nach langer Zeit) bekannt wird, welche Konzernvertreter mit welchen politischen Entscheidungsträgern worüber sprachen oder ob sie hohe Summen an eine Partei gespendet haben, ist eine wirksame Kontrolle des Parlaments und des Regierungshandelns kaum möglich. [...] Rezepte, wie sich diese Missstände beheben lassen, gibt es viele: etwa durch Einführung eines verpflichtenden Lobbyregisters [...].
Dass viele Menschen den Eindruck haben, politischen Einfluss könne man kaufen, ist schädlich für unsere Demokratie. Um diesem Gefühl wirkungsvoll zu begegnen, braucht es als ersten Schritt mehr Transparenz. Die Botschaft wäre: Seht her, wir haben nichts zu verbergen – hier geht alles mit rechten Dingen zu!

Reyher, Martin: Contra: Lobbyismus im Geheimen schadet der Demokratie! In: www.bpb.de, 29.09.2015

Lobbyregister
Eine öffentlich einsehbare Datenbank, in der Lobbyisten Informationen über ihre Arbeit veröffentlichen müssen, wie beispielsweise ihre Ziele sowie die zur Verfügung stehenden finanziellen Mittel.

AUFGABEN

1. a) Analysieren Sie die Karikatur in **M1** (→ Methodenkarte, S. 18).
b) Erklären Sie die Aussage des Karikaturisten in eigenen Worten.

2. Arbeiten Sie mithilfe des Grundgesetzes und der Hinweise in **M2** die rechtliche Grundlage von Lobbyismus heraus.

3. a) Schildern Sie zu zweit sowohl Chancen als auch Gefahren des Lobbyismus (**M2**, **M3**).
b) Diskutieren Sie, ob Politik ohne Lobbyismus auskommen könnte (**M3**).
c) Beurteilen Sie, welchen Nutzen ein Lobbyregister haben könnte.

4. Diskutieren Sie, inwiefern Sie der Kritik der Karikatur in **M1** zustimmen.

3.5 Kann auch direkter Einfluss auf Gesetze genommen werden?

→ Fachwissen, S. 109

Die Möglichkeiten der politischen Beteiligung sind vielfältig und beschränken sich nicht auf Parteien, Verbände und Institutionen. Viele Menschen möchten nicht dauerhaft einer Organisation beitreten. Dafür gibt es in Bayern Volksbegehren, an denen sich alle beteiligen können – eine Form der direkten Demokratie (→ Kapitel 2.5), die es nicht auf Bundesebene, sondern nur in den Bundesländern und Kommunen gibt.

M1 Beispiele für Volksbegehren in Bayern

Volksbegehren zum Schutz der Artenvielfalt

Volksbegehren für die Rückkehr zum neunjährigen Gymnasium

Volksbegehren für einen stärkeren Nichtraucherschutz

M2 Wie können Gesetze direkt beeinflusst werden?

Erklärfilm zum Volksentscheid

70040-17

Gesetze werden in Bayern vom Bayerischen Landtag verabschiedet – den entsprechenden Auftrag erteilen die Bürgerinnen und Bürger den Abgeordneten bei der Landtagswahl mit ihrer Stimme. Allerdings können die Bürgerinnen und Bürger des Freistaates auch selbst Gesetze auf den Weg bringen („Volksbegehren") und beschließen („Volksentscheid"). Damit gibt die Bayerische Verfassung den Bürgerinnen und Bürgern die Möglichkeit, ihren Willen auch zwischen den Landtagswahlen zu äußern. [...] Zugleich gibt es einige Einschränkungen für Volksbegehren und Volksentscheide: So ist ein Volksbegehren zum Staatshaushalt von vornherein unzulässig, ebenso wie eine Verfassungsänderung, die dem demokratischen Grundgedanken der Verfassung widerspricht.

Auch braucht die Volksgesetzgebung die Unterstützung der Bevölkerung: Schon für den Antrag eines Volksbegehrens benötigt man die Unterstützung von 25.000 Stimmberechtigten. Damit es dann auch durchgeführt wird, müssen es 10 Prozent der Stimmberechtigten (ca. 950.000 Bürgerinnen und Bürger) befürworten.

© Bayerischer Landtag: Volksgesetzgebung. In: www.bayern.landtag.de (Abruf am: 05.05.2021)

M3 Direkte Demokratie auf dem Prüfstand

Volksbegehren bieten Chancen, aber auch Risiken für die Demokratie. Folgende Argumente sind dabei zu nennen:

1 Volksbegehren sind eine Bereicherung! Direkte Demokratie fördert das Engagement der Leute. Gemeinsam regen sie neue Debatten an.

2 So manches Volksbegehren hat am Ende zwei völlig zerstrittene Lager hinterlassen. Wenn die Bevölkerung etwas entscheidet, dann heißt das nicht, dass alle die Entscheidung mittragen.

3 Volksbegehren sind gerecht, weil alle Bürgerinnen und Bürger bei einer Angelegenheit mitentscheiden dürfen.

4 Viele Gesetzesentwürfe sind zu komplex, um mit einem „ja" oder „nein" entschieden werden zu können. Dazu braucht es viel Expertenwissen.

5 Wenn ein Volksbegehren dazu führt, dass sich die Situation verschlechtert, dann muss das Parlament eingreifen und eine Lösung finden. Die Bevölkerung steht hingegen in keiner Verantwortung.

6 Die Bürgerinnen und Bürger haben die Möglichkeit, Themen in den Fokus zu rücken, die ihnen am Herzen liegen und die nicht auf einer politischen Agenda stehen.

7 Alle Politikerinnen und Politiker sowie Regierungen haben ein politisches Programm, das sie verfolgen. Manche Volksbegehren stehen diesem entgegen.

Bearbeiterin

Volksbegehren in Bayern
Das erfolgreichste Volksbegehren in der Geschichte Bayerns war das „Volksbegehren Artenvielfalt – Rettet die Bienen!", das Anfang 2019 durchgeführt wurde. 25 000 Unterschriften waren benötigt, aber die Veranstaltenden übergaben dem bayerischen Innenministerium über 100 000. Mehr als 18 Prozent der Wahlberechtigten haben sich anschließend für das Volksbegehren eingetragen.

AUFGABEN

1. a) Skizzieren Sie die Anliegen der Plakate aus **M1** in eigenen Worten.
b) Stellen Sie Vermutungen darüber an, wieso die Initiatorinnen oder Initiatoren diesen Weg der Beteiligung am politischen Entscheidungsprozess wählten.

2. Fassen Sie die Merkmale direkter Demokratie auf Landesebene zusammen (**M2**). Nutzen Sie hierfür auch den Mediencode.

3. a) Ordnen Sie zu zweit die Aussagen in **M3** nach Argumenten für und gegen die Durchführung von Volksbegehren.
b) Führen Sie ein Pro-Kontra-Streitgespräch (→ Methodenkarte, S. 103) zu der These durch: Volksbegehren sind ein geeignetes Mittel zur Förderung der Demokratie in Deutschland.

F **zu Aufgabe 2**
Eine Volksgesetzgebung existiert nicht nur bayernweit, sondern auch in den Kommunen. Man spricht dann von Bürgerbegehren und Bürgerentscheiden.
a) Recherchieren Sie Gemeinsamkeiten und Unterschiede im Ablauf von Bürger- und Volksbegehren.
b) Erkundigen Sie sich nach Beispielen in Ihrer Kommune und stellen Sie eines der Klasse vor.
c) Diskutieren Sie die Forderungen des Begehrens in der Klasse.

3.6 Parteien – alle gleich oder doch verschieden?

→ Fachwissen, S. 109 – 110

Von den wichtigsten deutschen Parteien haben die meisten schon gehört. Im politischen Betrieb kommen ihnen wichtige Aufgaben zu, aber das Vertrauen der Bevölkerung in die Parteien als politische Akteure lässt nach. Worin unterscheiden sich diese eigentlich und wofür stehen sie genau?

M1 Die Qual der Wahl

Karikatur: Schmidt, Roger

M2 Wofür stehen die Parteien?

konservativ
bewahrend, eine bestehende Ordnung erhaltend

Volkspartei
Bezeichnung für Parteien, die Wählerinnen und Wähler in nahezu allen Gruppen der Bevölkerung hat. Seit den 1990er Jahren verlor der Begriff durch eine veränderte politische Landschaft an Aussagekraft.

Solidarität
Eintreten füreinander

Parteien, die seit 1990 im Bundestag vertreten waren	
CDU CSU	Die Christlich Demokratische Union (CDU) ist die konservative Volkspartei in Deutschland. Zusammen mit ihrer bayerischen Schwesterpartei Christlich-Soziale Union (CSU) bildet die CDU eine gemeinsame Bundestagsfraktion. Spricht man von der Union, meint man beide Parteien. Die CSU tritt nur in Bayern an, während die CDU dafür hier nicht zur Wahl steht. In der Wirtschaftspolitik bekennt sie sich zur Sozialen Marktwirtschaft. Sozialpolitisch setzt sie auf eine stärkere Eigenverantwortung, wobei Familien jedoch finanziell gefördert werden sollen.
SPD Soziale Politik für Dich.	Die Sozialdemokratische Partei Deutschlands (SPD) ist mit ihrer über 150jährigen Geschichte die älteste deutsche Partei. Sie gründete sich als Arbeiterpartei, zählt in der Bundesrepublik aber neben der CDU zu den beiden Volksparteien, die den Anspruch erheben, das Volk als Ganzes zu vertreten. Sie stützt sich auf die Grundwerte Freiheit, Gerechtigkeit und Solidarität. In ihrem Wahlprogramm will sie hohe Einkommen und große Erbschaften stärker besteuern. Außerdem fordert sie Bildung bis zum Abschluss gebührenfrei anzubieten.

DIE LINKE.	DIE LINKE tritt für einen demokratischen Sozialismus und einen umfassenden Ausbau des Sozialstaates ein. In ihrem Wahlprogramm fordert sie eine deutliche Erhöhung des Mindestlohns sowie eine Erhöhung der Renten. Finanziert werden soll dies über eine Umverteilung des Vermögens, z. B. durch höhere Steuern für Besserverdienende. Ferner setzt sich DIE LINKE für den Rückzug der Bundeswehr aus allen Auslandseinsätzen ein.
BÜNDNIS 90 DIE GRÜNEN	Die Umwelt steht im Zentrum grüner Politik – heute eng mit dem Begriff der Nachhaltigkeit verbunden. Andere Ziele sind Gewaltfreiheit, Chancengleichheit und Menschenrechte. Neben der Verteilungsgerechtigkeit sind die Geschlechter- und Generationengerechtigkeit zentrale Anliegen der Partei.
Freie Demokraten FDP	Die Freie Demokratische Partei (FDP) vertritt liberale Positionen wie die persönliche Freiheit und Verantwortung des Einzelnen. Die Bürgerin bzw. der Bürger soll ihre oder seine Interessen in einem Staat mit möglichst wenig Vorschriften und Bürokratie verfolgen können. Im Zweifel stimmen Liberale für Freiheit vor Sicherheit und Gleichheit, für Markt statt Staat, für das Individuum anstelle der Gemeinschaft.
AfD	Die Alternative für Deutschland (AfD) wendet sich gegen die aktuelle Europapolitik. Die Themen Asyl und Zuwanderung stehen dabei im Fokus. In diesem Zusammenhang fordert die AfD eine Schließung der Grenzen. Außerdem möchte sie die Ursachen des Klimawandels offen zur Diskussion stellen und lehnt viele Maßnahmen zum Klimaschutz ab.

Bearbeiter

Sozialismus
Die Grundgedanken dieser Gesellschaftsform sind Gemeinschaft und Gleichheit. Es soll keine Unterscheidung in "arm" und "reich" geben. Privateigentum wird größtenteils dem Staat übergeben.

Sozialstaat
ein Staat, der sich um soziale Gerechtigkeit bemüht und für die soziale Absicherung seiner Bürgerinnen und Bürger sorgt

liberal
hier: freiheitlich

Übung

82000-14

AUFGABEN

1. Beschreiben Sie die Karikatur in **M1** und arbeiten Sie deren Aussage heraus.
2. Nennen Sie Zielgruppen der einzelnen Parteien in **M2**. Begründen Sie Ihre Zuordnung.
3. a) Arbeiten Sie in Gruppen von möglichst sechs Mitgliedern. Einigen Sie sich auf ein Thema, das Sie besonders interessiert und recherchieren Sie den Standpunkt der verschiedenen Parteien dazu.
   b) Vergleichen Sie die Positionen der Parteien zu Ihrem gewählten Thema in Form einer Tabelle, ähnlich wie in **M2**.
   c) Präsentieren Sie Ihr Ergebnis der Klasse.
4. Entwickeln Sie eine kurze Ansprache an die ratlos dargestellte Person aus **M1**. Erklären Sie ihr, wieso es wichtig ist, die Schwerpunkte der unterschiedlichen Parteien zu kennen und zeigen Sie anhand von mindestens fünf Vorschlägen auf, wie sie sich besser auf die nächste Wahl vorbereiten kann.

H **zu Aufgabe 2**
Sie können sich mithilfe von **M1** in Kap. 3.7 einen ersten Überblick über mögliche Zielgruppen verschaffen.

H **zu Aufgabe 3**
Linktipps für die Recherche:
www.mitmischen.de, www.bpb.de, www.tagesschau.de

3.7 Brauchen wir überhaupt Parteien?

→ Fachwissen, S. 110

Parteien stellen ein zentrales Element der Partizipation dar. Sie leiden in den letzten Jahren jedoch unter stetigem Mitgliederschwund. Wozu brauchen wir überhaupt Parteien? Welche Aufgaben und Ziele haben diese?

M1 Wer repräsentiert uns alle?

1

2

3

4

5

6

M2 Welche Ziele haben Parteien?

Bei Parteien handelt es sich laut § 2 des Parteiengesetzes um Vereinigungen von Bürgerinnen und Bürgern, die dauernd oder für längere Zeit für den Bereich des Bundes oder eines Landes auf die politische Willensbildung Einfluss nehmen und an der Vertretung des Volkes im Deutschen Bundestag oder einem Landtag mitwirken wollen. Ziel aller Parteien ist langfristig immer die Regierungsübernahme. Zu Parteien schließen sich Menschen mit ähnlichen Zielen und Überzeugungen zusammen. Dies macht es leichter, Forderungen zu formulieren, Diskussionen zu führen und Kompromisse zu finden. Um die Bevölkerung angemessen repräsentieren zu können, ist es wichtig, dass Parlamente eine gewisse Größe haben. Es sitzen dort also viele Politikerinnen und Politiker als Abgeordnete. Diese Abgeordneten haben wiederum zahlreiche Mitarbeiterinnen und Mitarbeiter, die sie bei der Bewältigung ihrer Arbeit im Parlament oder in ihrem Wahlkreis unterstützen. Es sind also sehr viele Menschen nötig, die sich hauptamtlich oder ehrenamtlich in den Parteien engagieren.

Bearbeiterin

M3 Welche Aufgaben haben Parteien?

Politische Beteiligung vollzieht sich in erster Linie über die Mitarbeit in Parteien. Sie wirken zwar nicht allein an der politischen Meinungs- und Willensbildung mit, bestimmen aber das politische Leben in einem Maße, dass das politische System der Bundesrepublik Deutschland als Parteienstaat oder Parteiendemokratie bezeichnet wird.

Dieser besonderen Rolle der Parteien trägt das Grundgesetz Rechnung, indem es in Art. 21 ihre Aufgaben und ihren Status festlegt. Nach Auffassung des Bundesverfassungsgerichts erhalten sie damit den „Rang einer verfassungsrechtlichen Institution".

Parteien wirken bei der politischen Willensbildung mit, indem sie ...

... die unterschiedlichen politischen Vorstellungen und Interessen in der Gesellschaft artikulieren, sie zu politischen Konzepten und Programmen bündeln und Lösungen für politische Probleme suchen,

... in der Öffentlichkeit für ihre Vorstellungen werben und die öffentliche Meinung [...] beeinflussen,

... die Kandidaten für die Volksvertretungen [...] und das Führungspersonal für politische Ämter stellen,

... den Bürgerinnen und Bürgern Gelegenheit bieten, sich aktiv politisch zu betätigen und [...] politische Verantwortung übernehmen zu können,

... als Regierungsparteien die politische Führung unterstützen,

... als Oppositionsparteien die Regierung kontrollieren, kritisieren und politische Alternativen entwickeln.

Nach: Pötzsch, Horst: Parteien. In: www.bpb.de, 15.12.2009

Parteiendemokratie
Eine Parteiendemokratie ist ein demokratisches System, in dem die Parteien eine wichtige Rolle bei politischen Entscheidungen spielen.

artikulieren
sich Ausdruck verschaffen

AUFGABEN

1. a) Beschreiben Sie sich zu zweit gegenseitig die dargestellten Personen in **M1**.
   b) Formulieren Sie spontane Überlegungen, welche Partei welche Personen repräsentieren könnte.
   c) Begründen Sie Ihre Meinung.
2. Überprüfen Sie anhand von **M2** die folgende These: „Ohne Parteien kann eine Demokratie nicht funktionieren."
3. Beschreiben Sie die Aufgaben, die Parteien in einer Demokratie zu erfüllen haben (**M3**).

H **zu Aufgabe 2b**
Eine Übersicht über die wichtigsten deutschen Parteien finden Sie in **M2** in Kapitel 3.6 auf S. 92/93.

F **zu Aufgabe 2**
Zeigen Sie Gemeinsamkeiten und Unterschiede zwischen Parteien und Verbänden auf.

3.8 Populismus – Gefahr für die Demokratie?

→ Fachwissen, S. 111

Sie haben in diesem Kapitel bereits zahlreiche Partizipationsformen kennengelernt. Eine lebendige Demokratie braucht die Beteiligung der Bürgerinnen und Bürger. Doch gerade manche politische Strömungen, die zwar Teilhabe fördern und es teilweise schaffen auch politikferne Schichten mit einzubeziehen, haben Schattenseiten.

M1 Schwierige Frage – einfache Antwort

Karikatur: Maurer, Leopold 2017

M2 Was versteht man unter "Populismus"?

Der Begriff Populismus wird oft als Kampfbegriff eingesetzt, um den politischen Gegner schlecht zu machen. Er bezeichnet im Kern einen Politikstil, der sich durch verschiedene Strategien auszeichnet. Einzelne dieser Strategien sind bei allen Parteien oder politisch Handelnden zu finden.

1 Strategie Nummer 1: „Wir kennen den echten Willen des Volkes“
Zum Beispiel behaupten viele Populisten, dass sie als Einzige genau wissen, was die Menschen wirklich wollen. Das Volk, oder die Menschen, sehen sie dabei als Einheit, in der alle das Gleiche wollen. Meistens konzentrieren sich Populisten dabei auf ein bestimmtes Thema oder Problem, von dem sie denken, dass es viele Menschen beschäftigt.

2 Strategie Nummer 2: „Wir haben die Lösung"

Für Probleme versprechen Populisten oft, dass sie schnelle und einfache Lösungen parat hätten. Wie kompliziert Probleme in Wirklichkeit sind und dass vieles gar nicht so einfach und so schnell zu lösen ist, darauf nehmen Populisten oft keine Rücksicht.

3 Strategie Nummer 3: „Wir" gegen „Die"

Populisten erschaffen oft einen gemeinsamen Gegner. [...] „Wir", das sind dann die Populisten und alle, die ihnen zustimmen, also ihre Anhänger. „Die", damit kann alles Mögliche gemeint sein: reiche Menschen in Deutschland, mächtige Banken oder Firmen, andere Parteien, oder auch Menschen, die nach Ansicht der Populisten einfach nicht dazugehören.

Nach: © ZDF logo!: Was ist Populismus? In: www.zdf.de, 27.05.2019

M3 Rechtspopulismus als Beispiel

„Wir sind das Volk" ist ein Ausruf, mit dem in der ehemaligen DDR viele Menschen gegen die herrschende Diktatur protestiert haben. Auf rechtspopulistischen Demonstrationen wollen die Demonstranten zum Ausdruck bringen, dass sie sich selbst für das Volk halten und dessen einheitlichen Willen verkörpern. Die Herrschenden, also die Regierung, bezeichnen sie hingegen häufig als „Volksverräter". Mit diesem Begriff werden demokratisch gewählte Politiker als Gegner des Volkes herabgewürdigt. Für echte oder vermeintliche Probleme (z. B. Kriminalität durch Zuwanderung) werden einfache und teils unrealistische Lösungen gefordert (z. B. Grenzschließungen). Umfragen belegen aber, dass die Mehrheit der Menschen rechtspopulistische Positionen nicht teilt. Die Behauptung, für das ganze Volk zu sprechen, ist also eine Anmaßung. Problematisch ist außerdem, dass die Parole bei solchen Demonstrationen genutzt wird, um andere auszugrenzen und ihnen die Zugehörigkeit zum Volk abzusprechen.

Bearbeiterin

Eine Demonstration der rechtspopulistischen Bürgerbewegung Pax Europa im Juni 2019 in München

AUFGABEN

1. a) Analysieren Sie die Karikatur in **M1**.
   b) Arbeiten Sie heraus, wie der Begriff Populismus dargestellt wird.
2. a) Arbeiten Sie in Dreiergruppen: Erklären Sie den anderen Gruppenmitgliedern jeweils ein Element des Populismus (**M2**).
   b) Prüfen Sie, ob Sie ein Element des Populismus in der Einstiegskarikatur in **M1** wiederfinden können.
3. Begründen Sie mithilfe von **M3**, ob Populismus eine Gefahr für die Demokratie darstellen kann.

F **zu Aufgabe 2**
Entwickeln Sie eine kurze, aussagekräftige Definition des Begriffs Populismus.

F **zu Aufgabe 3**
Informieren Sie sich über die Herkunft des Begriffs „Volksverräter" und beurteilen Sie, ob man ihn heute noch verwenden sollte.

3.9 Wahlen zum Deutschen Bundestag – ein gerechtes System?

→ Fachwissen, S. 112

Die Bundestagswahlen, die bedeutendsten Wahlen Deutschlands, funktionieren nach dem personalisierten Verhältniswahlsystem. Wie fair und effektiv ist dieses Vorgehen?

M1 Gibt es Regeln für die Wahl?

Die Wahlgrundsätze nach Art. 38 (1) GG

Allgemein	Unmittelbar	Frei	Gleich	Geheim
Alle Stimmberechtigten können unabhängig von sozialen, politischen oder wirtschaftlichen Gründen wählen.	Die Wahl bestimmt direkt die Zuteilung der Abgeordnetensitze, ohne Zwischeninstanz wie z. B. Wahlleute.	Gewählt wird frei von staatlichem Zwang oder sonstiger unzulässiger Beeinflussung.	Alle Wahlberechtigten haben gleich viele Stimmen bei gleicher Gewichtung.	Es darf nicht feststellbar sein, wie die oder der Einzelne gewählt hat.

Bearbeiterin

M2 Was sind Mehrheits- und Verhältniswahl?

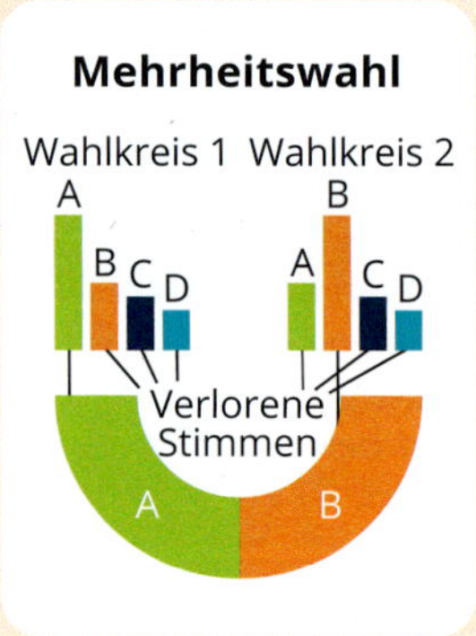

Mehrheitswahl

Zu klaren Mehrheiten führt es meistens, wenn alle Abgeordneten direkt in den Wahlkreisen gewählt werden. Hier spricht man von einem Mehrheitswahlsystem. Wer im Wahlkreis die meisten Stimmen auf sich vereinigen konnte, ist gewählt. [...] Die Stimmen für alle nicht gewählten Kandidaten verfallen – sie wirken sich nicht auf die Zusammensetzung des Parlaments aus. Die Mehrheitswahl begünstigt [...] immer die großen Parteien. [...] Die Folge ist, dass sich große Gruppen der Bevölkerung mit ihren Überzeugungen politisch überhaupt nicht vertreten fühlen. Der Vorteil für das politische System: Eine klare absolute Mehrheit für eine Partei ist die Regel. Die Regierungsbildung ist meist kein Problem. [...]

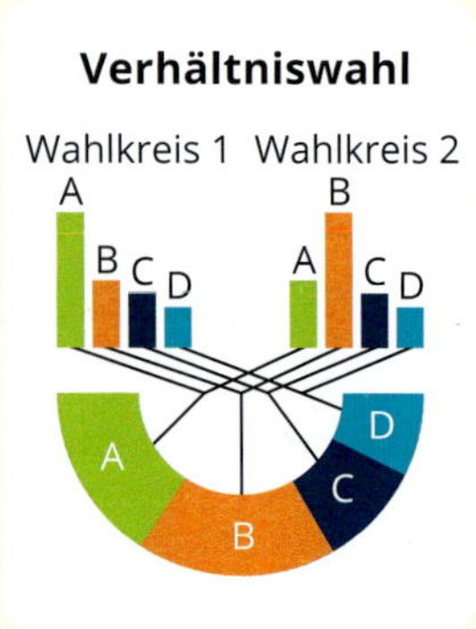

Verhältniswahl

Das Verhältniswahlsystem dagegen kennt überhaupt keine direkt gewählten Wahlkreiskandidaten. Die Stimmberechtigten entscheiden sich für die Kandidatenlisten einer Partei. Jede Partei schickt so viele Abgeordnete ins Parlament, wie es ihrem Anteil an den abgegebenen Wahlstimmen entspricht. Im reinen Verhältniswahlsystem sind deshalb auch sehr kleine Parteien vertreten. [...] Ein reines Verhältniswahlsystem führt [...] leicht zur Zersplitterung der Parteienlandschaft. Ein in viele Fraktionen zerfallendes Parlament bringt schwache, wenig stabile Regierungen hervor, die sich auf Mehrparteienkoalitionen stützen müssen. [...]

Woyke, Wichard: Bundestagswahlen, 2002, Bonn 2002, S. 3 f.

M3 Unser Wahlsystem: Die personalisierte Verhältniswahl

Die Erststimme und ihre Bedeutung

Das Gebiet der Bundesrepublik ist in 299 Wahlkreise eingeteilt, in denen jeweils eine Direktkandidatin oder ein Direktkandidat durch relative Mehrheitswahl gewählt wird. Das bedeutet, gewählt ist, wer mindestens eine Stimme mehr auf sich vereint als jede andere Bewerberin oder jeder andere Bewerber. Die Direktkandidatin oder der Direktkandidat mit den meisten Stimmen kämen selbst dann ins Parlament, wenn ihre oder seine Partei die 5%-Hürde nicht schaffen würde.

Die Zweitstimme und ihre Bedeutung

Nach der Gesamtzahl der Zweitstimmen, die für eine Partei bei der Wahl abgegeben werden, richtet sich die Anzahl der Sitze, die diese Partei im Bundestag erhält (Verhältniswahl). Die Wähler geben ihre Stimme der Landesliste einer Partei in ihrem Bundesland. 299 Abgeordnete ziehen über diese Listen in den Bundestag ein.

Überhangmandate

Hat eine Partei in einem Bundesland mehr Direktmandate errungen als ihr – den Zweitstimmen nach – zustehen, erhält sie Überhangmandate.
Beispiel: Die Partei B hat im Bundesland Y 28 Direktmandate gewonnen. Nach Zweitstimmen stehen ihr nur 26 Mandate zu. Die zwei fehlenden Sitze erhält die Partei als Überhangmandate. Dafür erhalten die anderen Parteien entsprechend der Mehrheitsverhältnisse Ausgleichsmandate. Die Gesamtzahl der Sitze nimmt dadurch zu.

Sperrklausel

Bei der Vergabe der Sitze werden nur Parteien berücksichtigt, die bundesweit mindestens 5% der Zweitstimmen oder drei Direktmandate errungen haben.

Bearbeiterin

Erklärfilm zur Bundestagswahl 2017

70040-20

AUFGABEN

1. Erklären Sie die Wahlgrundsätze anhand selbstgewählter Beispiele (**M1**).
2. a) Beschreiben Sie zu zweit den Unterschied zwischen der Verhältniswahl und Mehrheitswahl (**M2**).
   b) Diskutieren Sie für jedes System Vor- und Nachteile.
3. Erläutern Sie, inwiefern die personalisierte Verhältniswahl versucht, die Vorteile beider Wahlsysteme zu vereinen (**M3**).
4. Beurteilen Sie die Berechtigung der 5%-Sperrklausel. Beziehen Sie die Nachteile der beiden Wahlsysteme in Ihre Antwort mit ein.

3.10 Wahlpflicht – ein Mittel gegen Politikverdrossenheit?

→ Fachwissen, S. 113

Trotz der vielen Vorteile unseres Wahlsystems gibt es immer wieder verschiedene Reformvorschläge. Die Gründe dafür liegen unter anderem darin, dass eine Gesellschaft sich stets verändert. Diese Veränderungen machen sich auch in der Politik bemerkbar.

M1 Wahlbeteiligung bei Wahlen zum Deutschen Bundestag

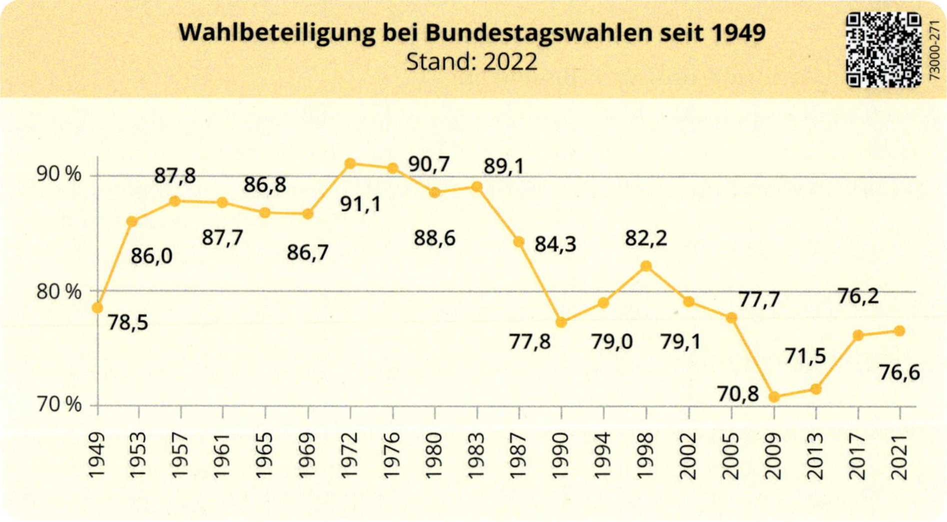

©C.C. Buchner Verlag, aktuelle Daten nach: Bundeswahlleiter, 2022

M2 Was nützt Wahlpflicht?

Legitimität
hier: Rechtmäßigkeit der Politik, die für Anerkennung bei der Bevölkerung sorgt

Wer sich in Australien nicht an Wahlen beteiligt, muss ein Bußgeld zahlen. Auf diese Weise erhofft man sich nicht nur eine hohe Wahlbeteiligung, sondern auch eine höhere Zufriedenheit mit der Politik. Auch in Europa hat man mit Problemen wie einem zunehmenden Vertrauensverlust in die Politik, dem Erstarken radikaler Bewegungen und einer sinkenden Wahlbeteiligung zu kämpfen. Deshalb werden immer wieder verschiedene Vorschläge für eine Wahlreform diskutiert. Für manche wäre die Einführung der Wahlpflicht eine geeignete Maßnahme, da sich bei einer Wahlbeteiligung von über 90 % der öffentliche Wille der Bevölkerung besser abzeichnen würde. Dies würde einen großen Gewinn für die politische Legitimität bedeuten. Eine Wahlpflicht könne außerdem mehr Gerechtigkeit bedeuten, da auch Bevölkerungsgruppen ihre Stimme abgeben, die normalerweise nicht regelmäßig wählen. Des Weiteren wird angeführt, dass sich die Parteien wieder mehr an die Gesellschaft annähern und ihre Wahlkämpfe für die gesamte Bevölkerung ausrichten würden. Außerdem wären viele Politikerinnen und Politiker dazu gezwungen, sich in ihren Botschaften stärker auf Inhalte zu konzentrieren anstatt auf Wahlversprechen.

Basierend auf: Bröning, Michael: Was hilft gegen Populisten? Wahlpflicht! In: www.zeit.de, 30.06.2016

M3 Soll eine Wahlpflicht eingeführt werden?

Durch die Pflicht zur Teilnahme an Wahlen werden Bürgerinnen und Bürger dazu gebracht, sich mit Politik auseinanderzusetzen und sich eine eigene Meinung zu bilden.

Eine Wahlpflicht fördert die Beschäftigung und Auseinandersetzung mit Politik, was wiederum die Anfälligkeit für Populismus reduzieren kann, da dessen Strategien leichter durchschaut werden können.

Gewählte könnten sich auf eine größere Zustimmung in der Bevölkerung berufen und damit ihre Legitimation verbessern.

Ergebnisse aus Ländern mit einer Wahlpflicht zeigen eindeutig, dass die Wahlbeteiligung deutlich höher liegt als in Ländern ohne diese Pflicht.

Der Staat hat kein Recht, den Bürgerinnen und Bürgern vorzuschreiben, ob sie zur Wahl gehen oder nicht. Demokratiebewusstsein lässt sich nicht aufzwingen.

Die politische Handelnden sollten eher darauf bedacht sein, ihre Arbeit den Menschen zugänglicher und damit auch attraktiver zu gestalten. Dadurch könnten Menschen wirklich motiviert werden auch zur Wahl zu gehen.

Auch das Fernbleiben von einer Wahl kann eine politische Aussage sein. Die Möglichkeit dazu würde den Bürgerinnen und Bürgern durch die Einführung einer Wahlpflicht genommen.

Eine Pflicht führt nicht dazu, dass sich die Bevölkerung vermehrt mit politischen Inhalten beschäftigt. Wenn das Interesse fehlt, wird eben nach Laune oder Bauchgefühl entschieden.

Bearbeiterin

AUFGABEN

1. Analysieren Sie das Diagramm über die Entwicklung der Wahlbeteiligung in **M1** (→ Methodenkarte, S. 102).
2. Erklären Sie, mit welchen Problemen die Politik in Europa zu kämpfen hat (**M2**).
3. Zeigen Sie positive Auswirkungen auf, die die Einführung einer Wahlpflicht haben könnte (**M2**, **M3**).
4. Führen Sie ein Pro-Kontra-Streitgespräch (→ Methodenkarte, S. 103) zur Frage durch, ob eine Wahlpflicht eingeführt werden soll (**M3**).

F **zu Aufgabe 4**
In **M2** finden sich weitere Vorschläge zu Wahlrechtsreformen. Benennen Sie dazu jeweils Vor- und Nachteile wie in **M3**.

Analyse von Statistiken, Diagrammen und Schaubildern

Worum geht es?

Eine Statistik ist eine Zusammenfassung vieler verschiedener Daten. Die Daten können zum Beispiel sein: Anzahl von Menschen, Deutschen, Kindern, Frauen, Männern oder Höhe von Einkommen, Schulden, Taschengeld und vieles mehr.
Will man statistische Daten optisch aufbereiten, so dass sie schneller zu erfassen sind, so verwendet man Diagramme oder Schaubilder. Da diese oft sehr unterschiedlich aufgebaut werden, gilt es, sie zu analysieren.

Gehen Sie dabei so vor:

1. Schritt: Bestimmung des Themas und der Darstellungsform

- Bestimmung des Themas: Achten Sie zunächst auf die Überschrift des Diagramms/des Schaubilds. Hier finden sich meist die gesuchten Informationen.
- Bestimmung der Darstellungsform: Es gibt verschiedene Arten von Diagrammen:
  a) Balken- und Säulendiagramme: Diese Diagramme können verschiedene Zahlenwerte gut miteinander vergleichen.
  b) Linien- und Kurvendiagramme: Diese Diagramme können zeitliche Entwicklungen gut darstellen.
  c) Kreis-, Kuchen- oder Tortendiagramme: Diese Diagramme können unterschiedliche Anteile an der Gesamtmenge gut aufzeigen.

a)

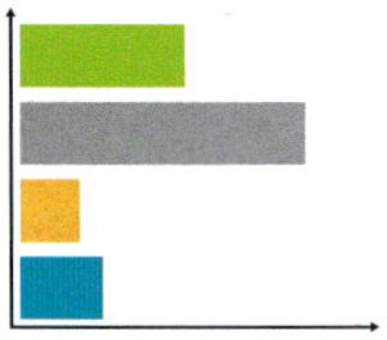

Balkendiagramm

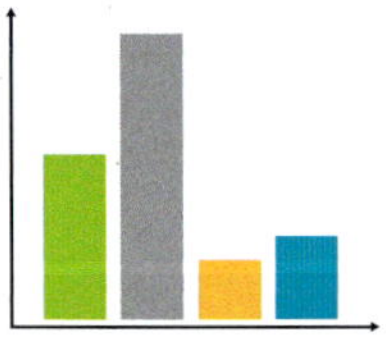

Säulendiagramm

b)

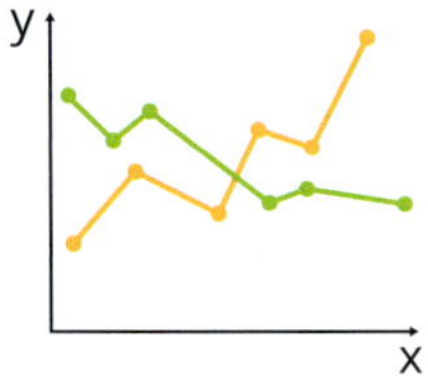

Liniendiagramm

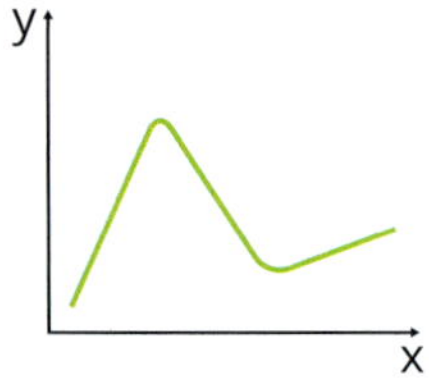

Kurvendiagramm

c)

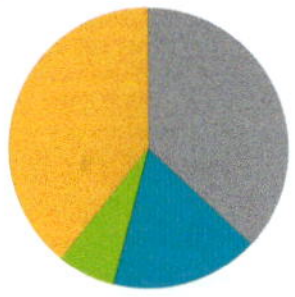

Kreis-/Kuchen-/ Tortendiagramm

2. Schritt: Beschreibung der Diagramme und Schaubilder

- In welcher Maßeinheit sind die Zahlenwerte angegeben? Handelt es sich um absolute Zahlen? Dann steht dort z. B. „in Tausend" oder „in Millionen".
- Welcher Zeitpunkt oder Zeitraum ist dargestellt?
- Woher kommen die Zahlen, was ist als Quelle der Darstellung angegeben?
- Wie glaubwürdig oder seriös ist die Quelle der Daten?

3. Schritt: Analyse und Beurteilung der Diagramme und Schaubilder

- Was zeigt die Grafik? Gibt es Besonderheiten oder Auffälligkeiten?
- Ist die Form der Darstellung korrekt?
- Wie ist die Aussage des Schaubilds/Diagramms in das Thema einzuordnen?
- Ist eine bestimmte Darstellungsform gewählt, um die betrachtende Person zu manipulieren? Zum Beispiel eine verzerrte Skalierung (Länge der Achsen) oder reißerisch gewählte Überschrift?

Bearbeiterin

Ein Pro-Kontra-Streitgespräch führen

Worum geht es?

Im Pro-Kontra-Streitgespräch wird ein konfliktreiches Thema von allen Seiten beleuchtet. Es geht bei diesem Streitgespräch nicht darum, den „Gegner" durch bessere Argumente zu „schlagen", vielmehr soll ein Thema facettenreich erschlossen werden. Unterschiedliche Meinungen und konträre Perspektiven werden mit dem Ziel zusammengetragen, sich mit verschiedenen Sichtweisen auseinanderzusetzen.
Die teilnehmenden Personen sammeln in zwei Gruppen zu einer These oder einer Frage Argumente zur Begründung ihres Standpunktes. Es ist durchaus erwünscht, Positionen zu vertreten, die nicht mit der eigenen Meinung identisch sind. So können festgefahrene Positionen verlassen werden und die Thematik wird neu durchdacht. Nach der Sammlung der Argumente in den Kleingruppen erfolgt eine Diskussion mit Vertreterinnen und Vertretern der zwei Gruppen.
Außer Befürworterinnen und Befürwortern sowie Gegnerinnen und Gegnern der These gibt es sowohl eine moderierende Person als auch Beobachtende. Die moderiende Person übernimmt die Leitung des Streitgesprächs, d. h. sie darf nicht erkennbar auf einer der beiden Seiten stehen. Als Beobachtende agieren die Gruppenmitglieder, die nicht aktiv am Streitgespräch teilnehmen. Sie bekommen konkrete Beobachtungsaufträge.

Gehen Sie dabei so vor:

1. Schritt: Vorbereitung

1. Aufteilung in zwei Gruppen (Pro- bzw. Kontra-Gruppe)
2. Festlegung der jeweiligen Rednerinnen und Redner (drei pro Gruppe)
3. Vorbereitung der Argumentation mithilfe des ausgegebenen Materials

2. Schritt: Durchführung des Streitgespräches

1. Darstellung der These durch die erste Rednerin bzw. den ersten Redner der Gruppe „Pro" – max. drei Minuten
2. Widerrede durch die erste Rednerin bzw. den ersten Redner der Gruppe „Kontra" – max. drei Minuten
3. Striktes Abwechseln der zwei Gruppen: geregelter Austausch der Argumentation
4. Zusammenfassendes Schlusswort durch die jeweilige Hauptrednerin bzw. den jeweiligen Hauptredner

3. Schritt: Auswertung

1. Distanzierung: Rednerinnen und Redner äußern ihre Gefühle und Erfahrungen
2. Bewertung des Streitgesprächs durch Beobachtende
3. Abstimmung über Streitpunkt im Plenum

Nach: Sibylle Reinhardt, Politik Didaktik. Praxishandbuch für die Sekundarstufe I und II, Berlin 2005, S. 203-205

3.11 Politik in den Sozialen Medien – gut für die Demokratie?

→ Fachwissen, S. 113

Der Anteil derer, die sich im Internet über Politik informieren, wächst stetig. Soziale Medien spielen hierbei eine große Rolle. Diese liefern nicht nur Informationen für interessierte Bürgerinnen und Bürger, sondern dienen mittlerweile auch als Plattform für politische Akteure. Überwiegt dabei der Nutzen oder birgt dies auch Gefahren?

M1 Beispiele für Politik in den sozialen Medien

1

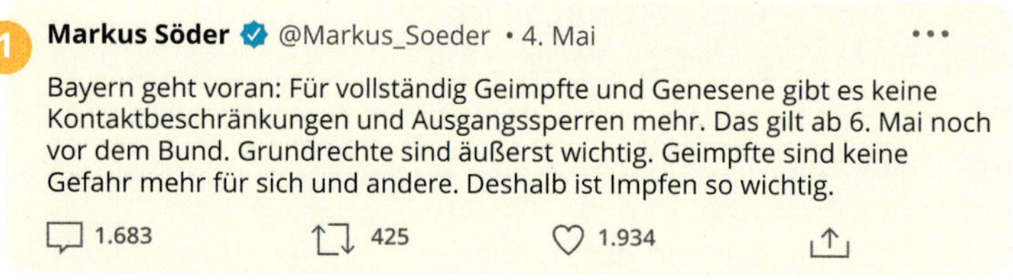

Der bayerische Ministerpräsident teilt im Mai 2021 eine Nachricht über einen Kurznachrichtendienst.

2

Ein Screenshot des Auftritts der damaligen Bundeskanzlerin Merkel auf einem sozialen Netzwerk von 2015

3

Der Webvideoproduzent „Rezo" sorgte 2019 mit seinem Video „Die Zerstörung der CDU" für deutschlandweite Schlagzeilen.

M2 Nachrichtennutzung in Deutschland

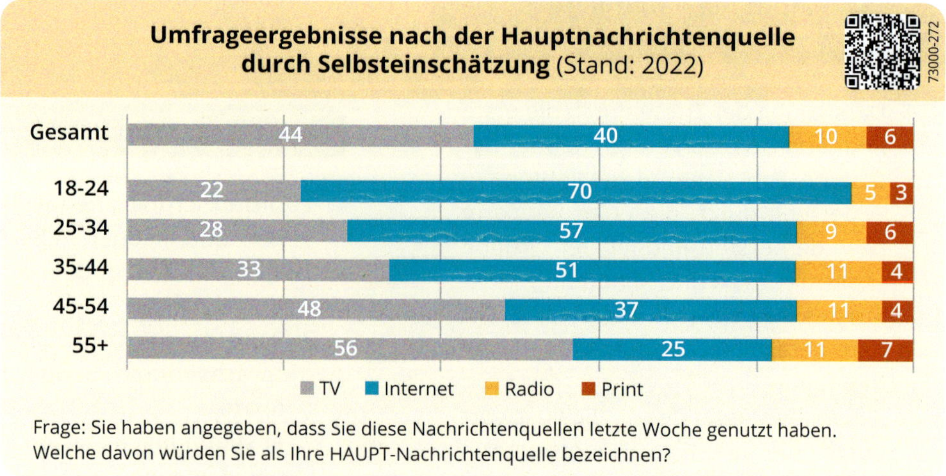

©C.C. Buchner Verlag, aktuelle Daten nach: Hölig, Sascha / Hasebrink, Uwe/ Behre, Julia: Reuters Institute Digital News Report 2021. Ergebnisse für Deutschland. Hamburg: Hans-Bredow-Institut (Arbeitspapiere des Hans-Bredow-Instituts | Projektergebnisse Nr. 58). https://leibniz-hbi.de/uploads/media/Publikationen/cms/media/v9drj2w_AP58_RDNR21_Deutschland.pdf, Juni 2021, S. 18.

M3 Einfluss der sozialen Medien

Im Zeitalter der Zeitungen waren es die Journalisten, die täglich entschieden, welche Inhalte an die Öffentlichkeit gelangen. Sie waren die sogenannten Gatekeeper, sprich Torwächter. Doch soziale Medien bieten nun jedem Menschen mit Internetzugang die Möglichkeit, [...] selbst Inhalte zu veröffentlichen. Die Hürde, am öffentlichen Diskurs teilzunehmen, sinkt. Allerdings steigt damit die Anzahl an Falschinformationen. [...]

Heutzutage funktionieren Suchmaschinen und Algorithmen als neue Gatekeeper. Algorithmen wählen Inhalte aufgrund von individuellen Präferenzen und Nutzerverhalten von einzelnen Nutzern und Nutzergruppen aus und präsentieren diese dem jeweiligen Publikum. Somit wird das Angebot an den individuellen Nutzer angepasst.

Forscherinnen und Forscher der TU Dresden erstellten einen Literaturüberblick, bezüglich der Auswirkungen dieser von Algorithmen ausgewählten Nachrichten in unserer Gesellschaft. Aus dem "Digital News Report 2017" geht hervor, dass vor allem junge Menschen ihre Nachrichtennutzung und politischen Diskussionen in die Sozialen Netzwerke verlagern. Da [sie] ihre Informationsauswahl auf Algorithmen stützen, können diese das Angebot und die Nutzung politischer Informationen steuern. In Deutschland nutzten 29 Prozent der Befragten Soziale Medien als Nachrichtenquelle. [...]

Eine Gefahr könnten Filterblasen darstellen. Da die Auswahl der dargestellten Informationen auf dem individuellen Nutzerverhalten und den Präferenzen basiert, wird man nicht mit kontroversen Perspektiven konfrontiert. Man befindet sich in der sogenannten Filterblase, in der den eigenen Ansichten nur selten widersprochen wird. Dadurch kann es zur Polarisierung kommen, denn die eigene Einstellung wird immer weiter gestärkt.

© Mitteldeutscher Rundfunk: Wie beeinflussen soziale Medien die Demokratie? In: www.mdr.de, 20.08.2019

AUFGABEN

1. a) Arbeiten Sie in Kleingruppen, am besten zu dritt. Beschreiben Sie sich gegenseitig jeweils eines der Beispiele aus **M1**.
b) Ordnen Sie den jeweiligen Internetauftritt hinsichtlich seiner Reichweite und seiner Zielgruppe ein.
c) Diskutieren Sie die Chancen, die soziale Medien der Politik bieten.

2. a) Fassen Sie den Inhalt der Statistik in **M2** kurz und aussagekräftig zusammen (→ Methodenkarte, S. 102).
b) Analysieren Sie Ihren eigenen Nachrichtenkonsum. Finden Sie Gemeinsamkeiten und Unterschiede zu den Ergebnissen aus **M2**.

3. a) Werten Sie **M3** auf Chancen und Risiken für die Demokratie aus.
b) Beziehen Sie Stellung zu der Frage, ob soziale Medien eine Chance oder Gefahr für die Demokratie darstellen.

MÖGLICHKEITEN DER POLITISCHEN PARTIZIPATION

➡ S. 78 – 105

3 (Wie) kann ich mich politisch einbringen?

Die Bundesrepublik Deutschland ist ein demokratischer Staat. Im Artikel 20 (2) GG steht: *„Alle Staatsgewalt geht vom Volke aus."* Die Bürgerinnen und Bürger – also auch jede und jeder von uns – können und sollen sich politisch einbringen. Das bedeutet nicht, dass jede Bürgerin und jeder Bürger ein politisches Amt ausüben oder einer Partei beitreten muss. Es gibt viele verschiedene Arten der politischen Partizipation. In unserem Alltag sind wir immer wieder damit konfrontiert, vielleicht sogar ohne es bewusst wahrzunehmen.

Beispiele:

- Viele Schülerinnen und Schüler haben in den letzten Jahren an einer Fridays for Future-Demonstration teilgenommen und sich so politisch eingebracht.
- Viele Menschen unterzeichnen Petitionen im Internet und bringen sich so politisch ein.
- Viele Wählerinnen und Wähler geben bei einer Bundestagswahl oder einer Landtagswahl ihre Stimme ab und gestalten so die Politik mit.

Jede Bürgerin und jeder Bürger kann selber entscheiden, wie oft und wie viel sie oder er sich politisch einbringen möchte und welche Formen der politischen Partizipation sie oder er dabei nutzt.

➡ S. 82 – 83

3.1 Politische Partizipation – aber wie?

Politische Partizipation bezeichnet die aktive Beteiligung von Bürgerinnen und Bürgern an politischen Prozessen. Dies kann durch die Mitgliedschaft in einer Organisation, z. B. einer Partei, der Teilnahme an Wahlen und Abstimmungen, aber auch durch eine eigene Kandidatur, das Einreichen von Petitionen, Demonstrationen und vielem mehr geschehen.

Zusatzwissen:
Der Begriff Partizipation stammt von dem lateinischen Wort ‚participatio'. Übersetzt bedeutet der Begriff Teilhabe oder Beteiligung.

Unterschieden wird zwischen konventionellen und unkonventionellen Formen der politischen Partizipation. Konventionelle Formen der Teilhabe sind in der Verfassung, in einem Gesetz oder einer anderen Regelung beschrieben und stellen somit institutionalisierte Möglichkeiten der politischen Partizipation dar. Unkonventionelle Formen der Teilhabe haben im Vergleich dazu keine vorgeschriebene und institutionalisierte Struktur.

Beispiel:

- Die Teilnahme an Wahlen ist eine konventionelle Form der politischen Partizipation.
- Die politische Gewalt ist eine unkonventionelle Form der politischen Partizipation.

3.2 Gibt es auch digitale Partizipation?

➡ S. 84

Die politische Partizipation der Bürgerinnen und Bürger in Form von Wahlen, Demonstrationen, parteibezogenen Aktivitäten und vielem mehr, ist ein fester Bestandteil der Politik in demokratischen Staaten. In den letzten Jahren spielt dabei die sogenannte E-Partizipation eine immer wichtigere Rolle, also die Beteiligung mittels elektronischer Möglichkeiten. Insbesondere die sozialen Medien nehmen hierbei einen hohen Stellenwert ein.

Drei Formen der E-Partizipation:
- Politische Institutionen informieren Bürgerinnen und Bürger und führen Wahlkampf.
- Verschiedene Akteure machen auf ihre Anliegen aufmerksam.
- Die Bevölkerung nimmt direkten Einfluss auf die Politik (z. B. Petition).

Auch Online-Petitionen sind eine beliebte Form der digitalen Partizipation. Mit wenigen Klicken können die Bürgerinnen und Bürger Anliegen, die ihnen wichtig sind, unterstützen.

Zusatzwissen:
Petitionen sind schriftliche Beschwerden oder Bitten, die, wenn sie genug Unterstützung (z. B. in Form von Unterschriften) finden, von den Parlamenten (auf Landes- oder Bundesebene) bearbeitet werden müssen.

Übung
82000-34

3.3 Wie werden die Interessen des Einzelnen wirkungsvoll vertreten?

➡ S. 86 – 87

In unserer heterogenen Gesellschaft gibt es eine Vielzahl von verschiedenen Interessen. Damit nicht jede Person versuchen muss alleine ihre Interessen gegenüber dem Staat oder anderen Akteuren zu vertreten, gibt es Interessenverbände. Dies sind Verbände von Personen oder Gruppen, die ähnliche Interessen haben und sich zusammengeschlossen haben. So können sie als starke Gemeinschaft ihre Interessen gegenüber einer Verwaltung oder Regierung durchsetzen und beispielsweise Einfluss auf die Gesetzgebung nehmen.
Beispiel:
Ein bedeutsamer Interessenverband sind Gewerkschaften als Interessenvertretung der Arbeitnehmerinnen und Arbeitnehmer.

Es gibt in Deutschland viele verschiedenen Interessenverbände. Damit diese Verbände ihre Anliegen und damit die Interessen des Einzelnen wirkungsvoll vertreten können sind drei Aspekte besonders wichtig. Sie bestimmen die Macht eines Interessenverbands:
- Artikulationsfähigkeit
- Organisationsfähigkeit
- Konfliktfähigkeit

Bei manchen Themen, wie beispielsweise der Corona-Pandemie, kommt es zu Interessenskonflikten verschiedener Verbände. In solchen Fällen ist es besonders wichtig, dass ein Interessenverband sich in der Öffentlichkeit Gehör verschaffen kann, gut organisiert ist und Druck auf die Entscheidungsträgerinnen und -träger ausüben kann.

Übung
82000-35

➡ S. 88 – 89

3.4 Nehmen Verbände zu viel Einfluss?

Im Unterschied zu Parteien vertreten Interessenverbände meist nur einzelne Interessen und erheben nicht den Anspruch, einen Großteil der Bevölkerung zu repräsentieren. Sie treten auch nicht bei Wahlen an, da sie keine Regierungsübernahme anstreben. Allerdings können Interessenverbände einen großen Einfluss auf die Politik haben. Wenn gesellschaftliche Interessengruppen versuchen auf politische Entscheidungsträgerinnen und Entscheidungsträger einzuwirken und ihre Belange in den politischen Entscheidungsprozess einzubringen, nennt man das Lobbyismus. Dies geschieht meist durch das Knüpfen persönlicher Kontakte zu oder Beratung von politisch agierenden Personen.

Zusatzwissen:
Das Wort Lobbyismus leitet sich von dem Begriff Lobby ab. Dieser ist die Bezeichnung für die Vorhalle des Parlaments. Hier treffen Politikerinnen und Politiker auf die Vertreterinnen und Vertreter der Interessengruppen.

Die Vertretung gesellschaftlicher Interessengruppen, die auf Politikerinnen und Politiker einwirken, werden auch Lobbyistinnen und Lobbyisten genannt. Interessengruppen sind häufig Unternehmen und Verbände, aber auch Nichtregierungsorganisationen. Lobbyismus ist nicht unbestritten und wird immer wieder in der Öffentlichkeit diskutiert.

Ein Vorteil des Lobbyismus:
- Expertise in bestimmten Fachbereichen

Ein Nachteil des Lobbyismus:
- Geschäftsinteressen einer kleinen Gruppe werden über Interessen der Gesellschaft gestellt.

Man ist sich einig, dass es ganz ohne Lobbyismus nicht geht und die Fachexpertise wichtig ist, um gute Gesetze zu machen. Ein Problem wird aber vor allem im Lobbyismus im Geheimen gesehen, wenn nicht genau zu erkennen ist, wer wen mit welchem Ziel beeinflusst und wo Gelder fließen. In der Vergangenheit hat es darum immer wieder Forderungen nach mehr Transparenz in der Lobbyarbeit gegeben. Es wird zum Beispiel vorgeschlagen ein Lobbyregister einzuführen, in welches Informationen über die Finanzen und Ziele der Lobbyistinnen und Lobbyisten eingetragen werden müssen.

Übung

82000-36

3.5 Kann auch direkter Einfluss auf Gesetze genommen werden?

➡ S. 90 – 91

Volksbegehren und Volksentscheid sind eine Möglichkeit für Bürgerinnen und Bürger unmittelbaren Einfluss auf die Gesetzgebung zu nehmen und daher ein Element der direkten Demokratie. Das **Volksbegehren** bildet dabei sozusagen die Vorstufe. Zunächst muss eine gewisse Anzahl an Unterschriften gesammelt werden, damit es zum Volksbegehren kommt. Bei diesem können alle Wahlberechtigten teilnehmen. Befürworten mindestens 10 % der Bevölkerung das Begehren, wird es dem Landtag vorgelegt. Sollte der Landtag das Begehren ablehnen, kommt es zum **Volksentscheid**, bei dem die Bürgerinnen und Bürger dem Vorschlag endgültig zustimmen oder ihn ablehnen können. Findet er Zuspruch, wird der Volksentscheid zum Gesetz.

Beispiel:
In Bayern war insbesondere das Volksbegehren zum Artenschutz in den letzten Jahren äußerst erfolgreich. Davor gab es z. B. auch schon Begehren zur Abschaffung der Studiengebühren oder zum Nichtraucherschutz.

Volksbegehren und Volksentscheide gibt es nur auf Ebene der Bundesländer und der Kommunen, nicht jedoch für ganz Deutschland – ausgenommen ist die Neugliederung der Bundesländer, welche laut Artikel 29 (2) GG einen Volksentscheid benötigt. Auf kommunaler Ebene spricht man von Bürgerbegehren und Bürgerentscheid.

Übung

82000-215

3.6 Parteien – alle gleich oder doch verschieden?

➡ S. 92 – 93

In den letzten Jahren hat das Vertrauen der Bevölkerung in die politischen Parteien nachgelassen. Oft wird bemängelt, dass sich die Parteien nicht mehr stark voneinander unterscheiden. An der Bundestagwahl 2021 haben 47 Parteien teilgenommen, davon sind acht Parteien in den Bundestag eingezogen:

- Sozialdemokratische Partei Deutschlands (SPD)
- Christliche Demokratische Union (CDU)
- Bündnis 90 die Grünen
- Freiheitlich Demokratische Partei (FDP)
- Alternative für Deutschland (AfD)
- Christlich-Soziale Union (CSU)
- DIE LINKE
- Südschleswigscher Wählerverband (SSW)

Schaut man sich die Parteiprogramme und die Wahlprogramme der Parteien genauer an, erkennt man schnell große Unterschiede. Sie unterscheiden sich z. B. in ihrer Wirtschaftspolitik, ihrer Sozialpolitik oder ihrer Klimapolitik. Manche Parteien möchten, dass der Staat mehr in die Wirtschaft eingreifen kann, während andere bevorzugen, dass der freie Markt die Wirtschaft lenkt. Bei der Sozialpolitik befürworten einige Parteien, den Sozialstaat noch mehr auszubauen und zu fördern, während andere weniger Geld in den Sozialstaat stecken möchten. Auch bei der Klimapolitik haben die Parteien verschiedene Ansätze.

Zusatzwissen:
In einem Parteiprogramm stehen die grundsätzlichen Ziele und Forderungen einer Partei und auch ihre Werte. Im Gegensatz dazu stehen in einem Wahlprogramm spezifischere Ziele und Maßnahmen, die die Partei nach der Wahl in der neuen Legislaturperiode umsetzen möchte. Zum Beispiel wird beschrieben, wie die allgemeinen Ziele aus dem Parteiprogramm mit konkreten Maßnahmen umgesetzt werden können.

Jede Wählerin und jeder Wähler sollte sich vor einer Wahl mit den Positionen der verschiedenen Parteien vertraut machen, um so am Wahltag die Partei wählen zu können, die die eigenen Ansichten am ehesten vertritt. Um zu erfahren wofür eine Partei steht und was ihre Ziele sind, können die Bürgerinnen und Bürger beispielsweise das Parteiprogramm oder das Wahlprogramm der Partei lesen, sich an Wahlkampfständen informieren und Interviews mit den Kandidierenden lesen bzw. anschauen und anhören.

➡ S. 94 – 95

3.7 Brauchen wir überhaupt Parteien?

Parteien sind Zusammenschlüsse von Bürgerinnen und Bürgern, die gemeinsame Interessen und ähnliche politische Vorstellungen haben. Durch Wahlen können Parteien politische Macht in Parlamenten und Regierungen gewinnen, um ihre politischen Ziele zu verwirklichen. Durch ihre Stimme geben Bürgerinnen und Bürger Parteien Legitimation zur Teilhabe an der politischen Willensbildung auf Zeit. Je mehr Stimmen von Wählerinnen und Wählern die Parteien gewinnen, desto größer ist ihr politischer Einfluss. Im Unterschied zu Interessenverbänden und Bürgerinitiativen übernehmen Parteien politische Verantwortung, indem ihre Mitglieder Ämter in Parlamenten und Regierungen bekleiden oder in der Opposition Politik betreiben.

Aufgaben von Parteien:
- Artikulation von Interessen
- Beeinflussung der öffentlichen Meinung
- Beschaffung von Kandidierenden für öffentliche Ämter
- Bereitstellung eines Forums für die politische Partizipation der Bevölkerung
- Unterstützung der Regierung (als Regierungspartei)
- Kontrolle der Regierung (als Oppositionspartei)

In Artikel 21 (1) GG steht: *„Die Parteien wirken bei der politischen Willensbildung des Volkes mit. […]“* Die Bundesrepublik Deutschland wird oft auch als Parteiendemokratie bezeichnet. Im deutschen politischen System haben Parteien eine verfassungsrechtliche Stellung. Das bedeutet, dass Parteien in Deutschland eine wichtige Rolle spielen. Sie sind das Bindeglied zwischen den Bürgerinnen und Bürgern und dem politischen System und sollten in ihrer Vielfalt große Teile der Bevölkerung repräsentieren. In Deutschland sind Parteien aus dem politischen Alltag nicht mehr wegzudenken.

Übung
82000-216

3.8 Populismus – Gefahr für die Demokratie?

➡ S. 96 – 97

Der Populismus ist ein oft negativ besetzter Politikstil, zu dem verschiedene Strategien gehören. Er lebt von der Behauptung, dass es einen einheitlichen Willen des Volkes gebe und dieser durchgesetzt werden müsse.

Zusatzwissen:
Der Begriff Populismus leitet sich von dem lateinischen Wort für ‚das Volk' (populus) ab.

Drei Strategien sind besonders verbreitet unter Populisten, populistischen Parteien und populistischen Strömungen. Populisten behaupten zum Beispiel, dass sie den „wahren" Willen des Volkes kennen und für Probleme eine schnelle und einfache Lösung haben. Dabei wird das Volk als eine Einheit gesehen. Dies spiegelt jedoch die heterogene Bevölkerung der Bundesrepublik Deutschland nicht wider. Zudem überspielt diese Aussage, dass viele Probleme sehr komplex sind und nicht auf wenige Faktoren heruntergebrochen werden können. Ein weiteres Merkmal von Populismus ist es, dass ein gemeinsamer Gegner gefunden wird, der diesen einfachen und schnellen Lösungen im Wege stehe. Dieser Gegner kann zum Beispiel „die politische Elite" des Landes sein oder mächtige und reiche Unternehmen oder Menschen, die nach Ansicht der Populisten nicht zum Volk dazugehören.

Drei Strategien des Populismus:
- „Wir kennen den echten Willen des Volkes"
- „Wir haben die Lösung"
- „Wir" gegen „Die"

Populismus gibt es in vielen verschiedenen Ausprägungen. Es gibt zum Beispiel sowohl Rechtspopulismus als auch Linkspopulismus. Gefährlich werden kann Populismus dann für eine Demokratie, wenn demokratische Grundsätze in Gefahr sind.

Wenn Populismus z. B. zum **Extremismus** wird, kann er für die Demokratie gefährlich werden. Extremismus bezeichnet politische Einstellungen und Strömungen, die die freiheitliche demokratische Grundordnung ablehnen. Zum Beispiel wird der Pluralitätsgedanke oft von Extremistinnen und Extremisten abgelehnt. Pluralität bedeutet, dass es viele verschiedene Meinungen gibt und diese auch geäußert werden dürfen. Dazu gehört beispielsweise das Recht auf Opposition, ein Mehrparteiensystem oder das Recht auf freie Meinungsäußerung. Extremistische Gruppierungen streben es an, die freiheitliche demokratische Grundordnung abzuschaffen und durch eine neue Ordnung zu ersetzen. Um dieses Ziel zu erreichen sind einige extremistische Strömungen auch dazu bereit Gewalt anzuwenden.

Zusatzwissen:
Der Terrorismus gilt als die aggressivste Form des Extremismus.

Übung

82000-217

➜ S. 98 – 99

3.9 Wahlen zum deutschen Bundestag – ein gerechtes System?

Artikel 38 GG bestimmt, dass alle Wahlen in Deutschland mit den Wahlrechtsgrundsätzen übereinstimmen müssen. Das heißt sie müssen allgemein, unmittelbar, frei, gleich und geheim sein.

- Allgemein bedeutet, dass jede Person, die das Wahlrecht besitzt, auch wählen kann. In Deutschland kann man ab 18 Jahren das erste Mal an der Wahl des Bundestages teilnehmen. In einigen Bundesländern darf man ab 16 Jahren bei den Kommunal- und Landtagswahlen teilnehmen.
- Unmittelbar bedeutet, dass eine Abgeordnete oder ein Abgeordneter bzw. eine Partei direkt gewählt wird und nicht über Wahlleute oder Ähnliches.
- Geheim bedeutet, dass nicht mehr nachvollziehbar sein darf, wer wie gewählt hat.
- Gleich bedeutet, dass jede Wählerin und jeder Wähler die gleiche Stimmenanzahl hat bzw. jede Stimme gleich viel zählt.
- Frei bedeutet, dass jede Person, die das Wahlrecht hat, wählen oder sich wählen lassen darf.

Der Bundestag wird auf vier Jahre gewählt. Bei der Bundestagwahl haben die Wahlberechtigten insgesamt zwei Stimmen. Mit ihnen entscheiden sie über 598 Bundestagsmandate nach dem Verfahren der sogenannten personalisierten Verhältniswahl. Danach wird die Hälfte der Abgeordneten in ihrem Wahlkreis direkt gewählt, während die andere Hälfte über die Landeslisten der Parteien in den Bundestag einzieht. Jede Wählerin und jeder Wähler kann zu diesem Zweck zwei Stimmen vergeben.

Personalisierte Verhältniswahl:

- Die Erststimme ist der „personalisierte“ Teil des Wahlsystems.
- Die Zweitstimme ist der „Verhältnis“ Teil des Wahlsystems

Mit der **Erststimme** wird aus 299 Wahlkreisen jeweils eine Kandidatin oder ein Kandidat direkt in den Bundestag gewählt. Diese Wahl passiert nach dem Prinzip der relativen Mehrheitswahl. Das bedeutet: gewählt ist, wer die meisten Stimmen auf sich vereint. Mit der **Zweitstimme** wird die Landesliste einer Partei gewählt. Der Anteil der Stimmgewinne bei der Zweitstimme ist zentral, da er darüber entscheidet, wie stark die einzelnen Parteien im Bundestag vertreten sind. Erreicht eine Partei weniger als 5 % der Zweitstimmen und keine drei Direktmandate, so findet das Zweitstimmenergebnis keine Berücksichtigung. Überhang- und Ausgleichmandate sorgen dafür, dass die Sitzverteilung des Bundestages das Zweitstimmenergebnis widerspiegelt, auch wenn eine Partei mehr Direktmandate in einem Bundesland gewinnt, als ihr an Sitzen laut Zweitstimmenergebnis zusteht.

Das deutsche Wahlsystem vereint somit Vorteile des Mehrheitswahlsystems und des Verhältniswahlsystems. Doch das Wahlsystem hat auch Nachteile. Durch die Überhang- und Ausgleichmandate ist der deutsche Bundestag in den letzten Jahren immer weiter gewachsen. Nach der Wahl im September 2021 besteht der Deutsche Bundestag aus 736 Abgeordneten anstatt der vorgesehen 598 Abgeordneten. In den nächsten Jahren möchten die Parteien deswegen das Wahlsystem reformieren.

Übung

82000-218

3.10 Wahlpflicht – ein Mittel gegen Politikverdrossenheit?

➡ S. 100 – 101

Die Wahlbeteiligung hat an sich keinen Einfluss auf den Ausgang einer Wahl. Gewertet werden können nachvollziehbarer Weise nur jene Stimmen, die auch abgegeben wurden. Dennoch ist eine niedrige Wahlbeteiligung eine Gefahr für die Demokratie. Es wird dadurch eine generelle Demokratieverweigerung bzw. ein generelles Desinteresse an Politik deutlich. Demokratische Staaten sind jedoch drauf angewiesen, dass sich die Bürgerinnen und Bürger für die Demokratie stark machen und einbringen. Wenn Stimmberechtigte nicht mehr zur Wahl gehen, macht dies deutlich, dass das Vertrauen in das politische System nicht mehr gegeben ist. Außerdem fehlt der Politik auch die notwendige Legitimation, also die Berechtigung, für ihre Entscheidungsbefugnisse, wenn ein immer kleiner werdender Teil der Bevölkerung zur Wahl geht. Dies macht Regierungen nicht nur in der Öffentlichkeit angreifbar, es kann auch dazu führen, dass politische Entscheidungen nicht länger angenommen werden.

Zusatzwissen:
In einigen Ländern der Welt gibt es eine Wahlpflicht, dazu gehört Australien. Wahlberechtigte, die ohne triftigen Grund nicht wählen, müssen ein Bußgeld von 20 Australien-Dollar zahlen. Die Wahlbeteiligung lag in Australien in den letzten Jahren immer bei über 90 %.

Die Wahlbeteiligung bei den Bundestagswahlen in Deutschland war über viele Jahre rückläufig. Auf der Suche nach Lösungen wurde auch eine Wahlpflicht diskutiert. Bisher hat sich für das Konzept jedoch in Deutschland keine breite Mehrheit gefunden. Ob eine Wahlpflicht wirklich gegen die Politikverdrossenheit der Bürgerinnen und Bürger hilft, ist stark umstritten.

3.11 Politik in den Sozialen Medien – gut für die Demokratie?

➡ S. 104 – 105

Soziale Medien nehmen in jüngster Zeit eine immer wichtigere Rolle für die politische Partizipation ein. Sie sind aus der Politik heutzutage nicht mehr wegzudenken und bringen auch viele Vorteile mit sich. Sie bieten die Gelegenheit sowohl für Bürgerinnen und Bürger als auch politische Akteurinnen und Akteure miteinander in einen direkteren Dialog zu treten und eröffnen auch ganz neue Möglichkeiten der politischen Beteiligung abseits der etablierten Medien.

Aber die Nutzung der Sozialen Medien in der politischen Partizipation, hat auch ihre Schattenseiten. Durch die Sozialen Medien können sogenannte Fake-News (Falschnachrichten) viel schneller verbreitet werden. Dabei ist es für die Nutzerin oder den Nutzer manchmal schwer zu differenzieren wo es sich um Fake News und wo um echte Nachrichten und Fakten handelt. Zudem entstehen in Sozialen Medien schnell Filterblasen. Beides kann dazu führen, dass ein konstruktiver Meinungsaustausch und damit auch die Demokratie gefährdet wird.

M1 Zur Bedeutung von Partizipation

Calvin und Hobbes, Bill Watterson

M2 Beteiligungsmöglichkeiten im Grundgesetz

Artikel 5

(1) Jeder hat das Recht, seine Meinung in Wort, Schrift und Bild frei zu äußern und zu verbreiten und sich aus allgemein zugänglichen Quellen ungehindert zu unterrichten. Die Pressefreiheit und die Freiheit der Berichterstattung durch Rundfunk und Film werden gewährleistet. Eine Zensur findet nicht statt.

(2) Diese Rechte finden ihre Schranken in den Vorschriften der allgemeinen Gesetze, den gesetzlichen Bestimmungen zum Schutze der Jugend und in dem Recht der persönlichen Ehre.

Artikel 8

(1) Alle Deutschen haben das Recht, sich ohne Anmeldung oder Erlaubnis friedlich und ohne Waffen zu versammeln.

Artikel 9

(1) Alle Deutschen haben das Recht, Vereine und Gesellschaften zu bilden.

Artikel 20

(1) Die Bundesrepublik Deutschland ist ein demokratischer und sozialer Bundesstaat.

(2) Alle Staatsgewalt geht vom Volke aus. Sie wird vom Volke in Wahlen und Abstimmungen und durch besondere Organe der Gesetzgebung, der vollziehenden Gewalt und der Rechtsprechung ausgeübt.

Artikel 21

(1) Die Parteien wirken bei der politischen Willensbildung des Volkes mit. Ihre Gründung ist frei. Ihre innere Ordnung muss demokratischen Grundsätzen entsprechen. Sie müssen über die Herkunft und Verwendung ihrer Mittel sowie über ihr Vermögen öffentlich Rechenschaft geben.

Artikel 38

(1) Die Abgeordneten des Deutschen Bundestages werden in allgemeiner, unmittelbarer, freier, gleicher und geheimer Wahl gewählt. Sie sind Vertreter des ganzen Volkes, an Aufträge und Weisungen nicht gebunden und nur ihrem Gewissen unterworfen.

Bearbeiterin

Erklärfilm zur Meinungsfreiheit

70040-21

M3 Die Rolle der Parteien in der Karikatur

Karikatur: Mester, Gerhard/Baaske Cartoons 2012

AUFGABEN

1. Beschreiben Sie das Problem, welches im Comic in **M1** angesprochen wird. Überlegen Sie hierzu auch, wie der Comic in einem fünften Bild weitergehen könnte.
2. Erklären Sie, welche Formen der politischen Partizipation in den Artikeln des Grundgesetzes verankert sind (**M2**).
3. Nennen Sie Möglichkeiten zur politischen Beteiligung.
4. Geben Sie Calvin und Hobbes Antwort darauf, wo Sie sich vorstellen könnten, einmal politisch aktiv zu werden. Begründen Sie Ihre Entscheidung.
5. Analysieren Sie die Karikatur in **M3**.
6. Beziehen Sie Stellung zu der in **M3** geäußerten Kritik.
7. Grenzen Sie die politischen Parteien von Interessenverbänden ab und diskutieren Sie, wie die Karikatur aus **M3** aussehen könnte, wenn Sie den Einfluss der Verbände kritisieren würde.

Lösungsvorschläge zu den Aufgaben

70040-22

Tabelle zur Selbsteinschätzung

70040-23

Flüchtlinge

Flüchtlinge am Hauptbahnhof in München im Jahr 2015

Armut

Ein Obdachloser sucht in Nürnberg nach Pfandflaschen im Mülleimer.

Umweltverschmutzung

Weltweit verpesten Industrieanlagen und Kohlekraftwerke die Luft. Das gilt auch für Deutschland.

Rassismus

Neonazis, Rechtspopulisten und Anwohner demonstrieren gegen Container für Flüchtlinge.

Pandemie

Im Zuge der Corona-Pandemie mussten viele Geschäfte für Monate schließen.

Was wissen Sie schon?

1. Tauschen Sie sich über die auf den Bildern gezeigten Probleme aus.
2. Formulieren Sie für eines der Probleme einen spontanen Lösungsvorschlag.
3. Überlegen Sie, wer entscheiden sollte, ob Ihr Lösungsvorschlag umgesetzt wird.

4

Die Verfassungsorgane – wer hat die Macht in Deutschland?

Die Bilder auf der linken Seite zeigen Probleme. Um sie zu lösen, müssen Entscheidungen getroffen und durchgesetzt werden. Aber wie muss eine Entscheidung getroffen werden, damit nachher möglichst viele zustimmen? Wer ist zuständig? Wer ist mächtig genug, Entscheidungen dann auch durchzusetzen und wer passt auf, dass die Macht nicht missbraucht wird?

Was lernen Sie in diesem Kapitel?

Sie lernen, ...

- die Funktionsweise des Bundestags zu erklären.
- sich mit der Rolle des Bundestagsabgeordneten im politischen System auseinanderzusetzen.
- zu beschreiben, wie eine Regierung gebildet wird und wie diese funktioniert.
- die Arbeit der Opposition und des Bundesrates zu bewerten.
- zur Notwendigkeit des Amtes des Bundespräsidenten Stellung zu beziehen.
- das Bundesverfassungsgericht und seine Funktion im Gesetzgebungsprozess zu beurteilen.

Lernaufgabe: Eine Parlamentsdebatte durchführen

Über Gesetze in Deutschland entscheidet der Bundestag. Dabei wird viel diskutiert, damit möglichst viele Meinungen bei der Entscheidungsfindung berücksichtigt werden. Mithilfe dieser Lernaufgabe und des folgenden Kapitels können Sie gemeinsam nachspielen und dabei nachvollziehen, wie ein Gesetz entsteht.

Gehen Sie so vor:

Start

1

Teilen Sie Ihre Klasse in die Fraktionen auf, die aktuell im Bundestag vertreten sind. Berücksichtigen Sie dabei das tatsächliche Größenverhältnis im Bundestag (→ Kapitel 4.3, M1).

2

Recherchieren Sie die Position „Ihrer" Partei zur Frage: „Sollen die Bürgerinnen und Bürger in Deutschland mehr Beteiligungsrechte bekommen?"

3

Prüfen Sie, ob die aktuelle Entscheidungsfindung in der Bundesrepublik zur Position Ihrer Partei passt und sammeln Sie Argumente, um Ihre Position zu stützen (→ Kapitel 4.1, 4.2 und 4.4).

4

a) Formulieren Sie einen Gesetzentwurf, mit dessen Hilfe Sie dem Volk mehr Beteiligungsrechte geben wollen.

oder

b) Formulieren Sie eine Begründung, warum Sie keine Änderung für notwendig halten.

Hinweis: Orientieren Sie sich bei der Bearbeitung am Aufbau eines Gesetzentwurfes:

1. *Beschreibung des zugrundeliegenden Problems und des Ziels des Gesetzes*
2. *Präsentation des eigenen Lösungsvorschlages*
3. *Nennung der zu erwartenden Kosten*

5

Simulieren Sie die erste Lesung im Bundestag (→ Kapitel 4.1, M2).

- Gestalten Sie das Klassenzimmer als Bundestag: Jede Fraktion sitzt an einem Gruppentisch, an der Tafel ist Platz für die Rednerin oder den Redner.
- Vertreterinnen und Vertreter der Fraktionen, die mehr Macht für das Volk wollen, stellen ihre Entwürfe vor. Alle Fraktionen können Nachfragen stellen.
- Stimmen Sie in Ihrer Rolle als Fraktionsmitglieder mehrheitlich ab, mit welchem Entwurf Sie sich näher beschäftigen wollen.

6

Debattieren Sie einen Vorschlag und spielen Sie die zweite Lesung. Gestalten Sie in Ihren Fraktionen eine Rede, mit der Sie für oder gegen den Entwurf Stellung beziehen.

Hinweis: Dazu können Sie sich auf die Argumente aus Schritt 3 stützen.

7

Stimmen Sie in Ihrer Rolle als Fraktionsmitglieder über den Vorschlag ab. Überlegen Sie einzeln, ob Sie der Meinung Ihrer Fraktion oder Ihrer eigenen Ansicht folgen wollen (→ Kapitel 4.2, M2).

8

Diskutieren Sie nach der Abstimmung Gründe für eine Ablehnung oder Annahme des Entwurfs.

9

Untersuchen Sie abschließend in Ihren Gruppen, wie es im Falle eines angenommenen Gesetzentwurfes mit diesem weitergehen würde. Beziehen Sie dabei die übrigen Verfassungsorgane mit ein und halten Sie Ihre Ergebnisse in einem übersichtlichen Schaubild fest (→ Kapitel 4.3 und 4.5 - 4.7).

4.1 Der Bundestag – das Herz der Demokratie?

→ Fachwissen, S. 137

Das einzige politische Organ, das auf Bundesebene von der Bevölkerung direkt gewählt wird, ist der Deutsche Bundestag. Resultieren daraus besondere Aufgaben? Welche sind dies und wie sieht die parlamentarische Arbeit überhaupt aus?

M1 Was macht der Deutsche Bundestag?

Vereidigung des Bundeskanzlers durch die Bundestagspräsidentin.

Abgeordnete stimmen über ein Gesetz ab.

Der Schriftzug über dem Eingangsportal des Bundestages.

Eine Diskussion im Deutschen Bundestag.

M2 Die Aufgaben des Deutschen Bundestages

Die wichtigste Aufgabe des Bundestages liegt in der Gesetzgebung. Wird ein Gesetzentwurf eingebracht, durchläuft dieser drei Lesungen. In diesen Lesungen wird der Entwurf im Bundestag diskutiert und in Ausschüssen, in denen alle Fraktionen vertreten sind, überarbeitet.

Wird ein Gesetz mehrheitlich angenommen, muss es zunächst noch dem Bundesrat vorgelegt werden, der in manchen Fällen, z. B. bei Grundgesetzänderungen oder wenn die Länderhoheit berührt wird, zustimmen muss, in anderen nur Einspruch erheben kann.

Daneben obliegt es dem Bundestag, die Regierung zu kontrollieren. Diese Aufgabe übernimmt zu einem großen Teil die Opposition, da diese aus den Parteien besteht, die nicht selbst an der Regierung beteiligt sind.

Daneben legt der Bundestag auch den Haushalt fest, also die Zuweisungen der Gelder an die Ministerien.

Schließlich hat der Bundestag auch die Aufgabe, einige andere Organe durch Wahlen zu besetzen:

Bearbeiter

Bundesrat
Im Bundesrat sitzen Mitglieder der Landesregierungen.

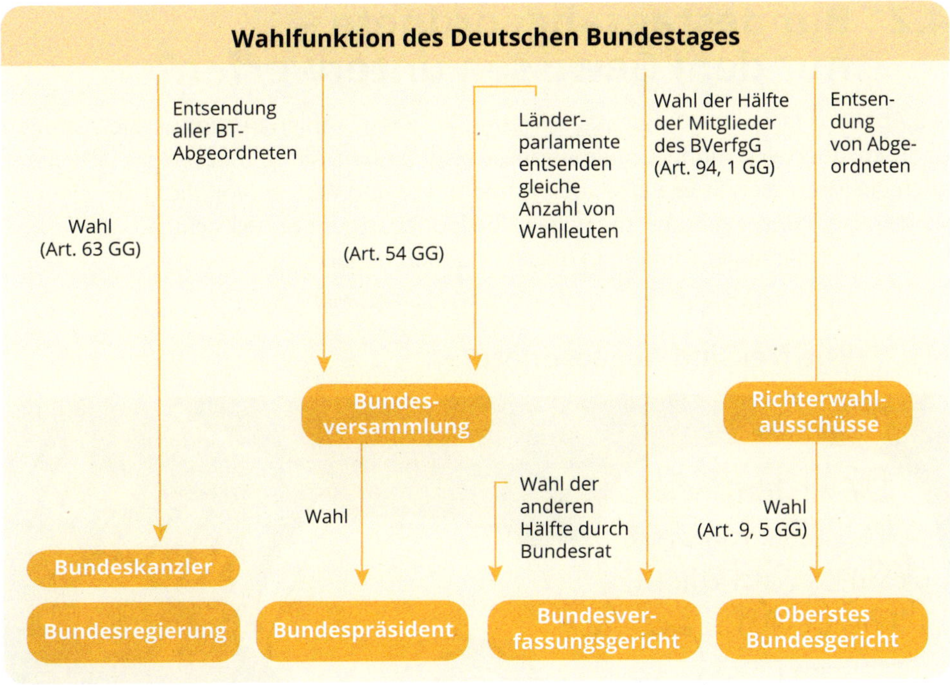

Bearbeiter

M3 Die Arbeitsweise des Bundestages

Im Arbeitsparlament werden Gesetzentwürfe vor allem in Ausschüssen bearbeitet. Diese sind meist nicht öffentlich. So fällt es den Abgeordneten leichter, aufeinander einzugehen und Kompromisse zu finden.

Im Redeparlament bearbeiten die Abgeordneten öffentlich die Gesetzentwürfe. So bekommen die Wählerinnen und Wähler einen Eindruck von den Positionen und Argumenten der Abgeordneten.

AUFGABEN

1. Beschreiben Sie die Bilder im Hinblick auf mögliche Aufgaben des Deutschen Bundestags (**M1**).
2. Der Deutsche Bundestag ist das Herzstück der Demokratie in Deutschland.
   a) Nennen Sie die zentralen Aufgaben, die der Bundestag erfüllt (**M2**).
   b) Ordnen Sie die Bilder aus **M1** den Aufgaben des Deutschen Bundestages zu.
   c) Erklären Sie die unterschiedlichen Möglichkeiten, in denen der Bundestag seine Wahlfunktion erfüllt (**M2**).
3. Erläutern Sie, weshalb der Bundestag als eine Mischform aus Rede- und Arbeitsparlament bezeichnet wird (**M3**).

4.2 Bundestagsabgeordnete – nur dem Gewissen unterworfen?

→ Fachwissen, S. 138

Die Abgeordneten des Bundestags werden in freien Wahlen bestimmt. Sie verfügen dadurch über eine hohe Legitimation. Im politischen Alltag müssen sie allerdings auch die Interessen ihrer Partei, der Wählerinnen und Wähler (vor allem des eigenen Wahlkreises) und eventuell sogar des Koalitionspartners berücksichtigen. Inwieweit können sich die Abgeordneten in dieser Situation behaupten?

Legitimation
Berechtigung für Ausübung von Macht

M1 Wie frei sind Abgeordnete?

Karikatur: Mester, Gerhard

M2 Die Stellung der Abgeordneten

a) Das freie Mandat

„Die Abgeordneten des Deutschen Bundestages […] sind Vertreter des ganzes Volkes, an Aufträge und Weisungen nicht gebunden und nur ihrem Gewissen unterworfen." So heißt es in Artikel 38 des Grundgesetzes, der das sogenannte „freie Mandat" beinhaltet.

Das bedeutet, kein Mitglied des Bundestages kann z. B. von seiner Partei zu einem bestimmen Abstimmungsverhalten gezwungen werden. Sie müssen stets so handeln, wie es ihrer persönlichen Überzeugung entspricht, um den Willen der Bevölkerung zu vertreten.

Das bedeutet aber auch, dass die Bundestagsabgeordneten nicht an Weisungen der Bevölkerung gebunden sind und es ihnen selbst obliegt, wie sie ihr Mandat ausfüllen.

Ihre Berechtigung dafür speist sich aus der Wahl zur Vertretung des Volkes.

Bearbeiter

b) Fraktionsdisziplin

Allein kann in einem so großen Parlament wie dem Bundestag wenig bewirkt werden. Daher schließen sich Abgeordnete freiwillig – in der Regel nach Parteizugehörigkeit – zu Fraktionen zusammen.

Dadurch ist eine Abgeordnete oder ein Abgeordneter aber auch weniger frei in der Ausübung ihres bzw. seines Mandats, da sie bzw. er der Fraktionsdisziplin unterliegt. Diese hat keine rechtliche Bindung, beruht aber auf dem Abhängigkeitsverhältnis der Abgeordneten zur Fraktion, z. B. für eine Wiederwahl oder die Arbeit in Ausschüssen.

Bearbeiter

M3 Eine Gewissensfrage?

Merkel erklärt Abstimmung zur Gewissensfrage

Der überraschende Kursschwenk von Kanzlerin Angela Merkel sorgt für Bewegung: Noch in dieser Woche soll der Bundestag über die völlige rechtliche Gleichstellung von Homosexuellen abstimmen. Die SPD, die die sogenannte Ehe für alle seit langem fordert, will das Thema auf die Tagesordnung setzen. Nach jahrelanger Ablehnung der gleichgeschlechtlichen Ehe mit vollem Adoptionsrecht erklärte die Unionsfraktion [...] die Abstimmung zur Gewissensfrage. Damit entfällt der Fraktionszwang im Bundestag, der Abgeordnete an die Linie der Parteiführung binden soll. [...]

Laut Teilnehmern der Unionsfraktionssitzung sagte die CDU-Chefin, die Abgeordneten könnten frei abstimmen. Ohne Fraktionszwang gilt eine Mehrheit für die sogenannte Ehe für alle als sicher.

© Tagesschau: Merkel erklärt Abstimmung zur Gewissensfrage. In: www.tagesschau.de, 27.06.2017

Ehe für alle
Die „Ehe für alle" ermöglicht die Eheschließung bei gleichgeschlechtlichen Partnerschaften. Das Gesetz wurde am 30.06.2017 vom Bundestag angenommen, sogar mit Stimmen aus der Unionsfraktion. Es ist seit dem 01.10.2017 in Kraft.

AUFGABEN

1. a) Analysieren Sie die Karikatur in **M1**.
   b) Sammeln Sie erste Überlegungen, welche Erwartungen an Abgeordnete als Vertreterinnen und Vertreter der Interessen des Volkes gestellt werden.
2. Art. 38 (1) GG legt fest, dass die Abgeordneten des Deutschen Bundestages in ihren Entscheidungen nicht gebunden sind. Erläutern Sie das Spannungsverhältnis zwischen freiem Mandat und Fraktionsdisziplin (**M2**).
3. a) Arbeiten Sie die Gründe für die Aufhebung der Fraktionsdisziplin bei der Abstimmung über die „Ehe für alle" heraus (**M3**).
   b) Diskutieren Sie in Kleingruppen, welche Gründe es für die Fraktionsdisziplin geben kann und bei welchen Themen Ihrer Meinung nach diese nicht greifen sollte (**M2, M3**).

H **zu Aufgabe 1b**
Bedenken Sie dabei auch, dass häufig nicht eine Einzelperson, sondern eine Partei und deren Programm gewählt werden.

F **zu Aufgabe 2**
Recherchieren Sie Möglichkeiten, mit denen die Fraktion Druck auf Abgeordnete ausüben kann (M1, M2).

4.3 Von der Wahl zur Regierung – ein einfacher Weg?

→ Fachwissen, S. 139

Die Wahl zum deutschen Bundestag entscheidet auch darüber, wer Bundeskanzlerin oder Bundeskanzler wird, obwohl dieses Amt gar nicht direkt gewählt wird. Wie kommt es also eigentlich vom Wahlergebnis zur Regierung?

M1 Die Sitzverteilung im Deutschen Bundestag

MdB
Mitglied des Deutschen Bundestags

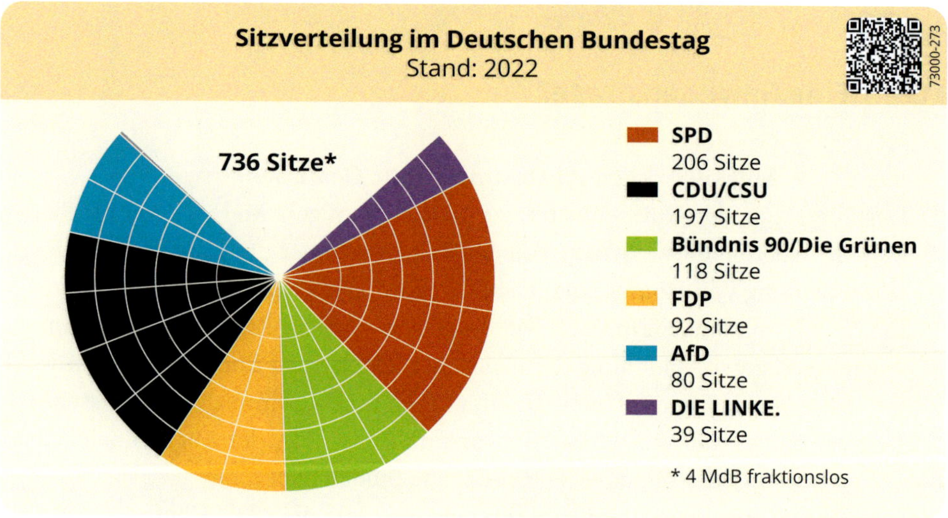

©C.C. Buchner Verlag, aktuelle Daten nach: Deutscher Bundestag, 2022

M2 Wie wird die Regierung gebildet?

Erklärfilm zur Regierungsbildung
70040-25

Die Bundeskanzlerin oder der Bundeskanzler wird von der Bundespräsidentin oder dem Bundespräsidenten vorgeschlagen und vom Bundestag gewählt. Danach werden auf Vorschlag der Bundeskanzlerin oder des Bundeskanzlers alle Bundesminister und damit der Rest der Regierung ernannt.

Im Regelfall erreicht jedoch keine der Parteien eine absolute Mehrheit, bei dieser Wahl auch „Kanzlermehrheit" genannt, von mindestens 50 % der Mitglieder des Bundestages allein, um die Regierung zu stellen. Daher arbeiten Parteien zusammen. Nach der Wahl treffen sich diese zu sogenannten Sondierungsgesprächen, in denen sie herausfinden, ob überhaupt die gemeinsame Basis für eine Zusammenarbeit vorhanden ist.

Wenn zwei oder mehr Parteien diese Basis zu haben glauben, finden Koalitionsverhandlungen statt, in denen der Koalitionsvertrag ausgehandelt wird. Dieser legt neben den politischen Zielen auch die Verteilung der Posten und Regeln für die Zusammenarbeit fest.

Die Kanzlerin bzw. der Kanzler muss bei der Besetzung der Ministerien folglich in der Praxis auf mögliche Koalitionspartner oder auch Gruppierungen innerhalb der eigenen Partei und eine gerechte Verteilung der Ministerien auf die Bundesländer, auf Ost und West sowie die Geschlechter Rücksicht nehmen.

Bearbeiter

M3 Kann eine Regierung auch wieder abgesetzt werden?

Der Bundestag kann nach Art. 67 Grundgesetz (GG) den Bundeskanzler abwählen, indem er mit der absoluten Mehrheit seiner Mitglieder einen Nachfolger wählt. Damit wird gesichert, dass der Bundeskanzler nur dann aus dem Amt entfernt werden kann, wenn sich im Bundestag eine neue Regierungsmehrheit zusammenfindet. [...] Diese Bestimmung wird als „konstruktives Misstrauensvotum" bezeichnet. Ein konstruktives Misstrauensvotum hat es im Bundestag bisher zweimal gegeben, das gescheiterte gegen Bundeskanzler Willy Brandt 1972 und das erfolgreiche gegen Bundeskanzler Helmut Schmidt 1982.

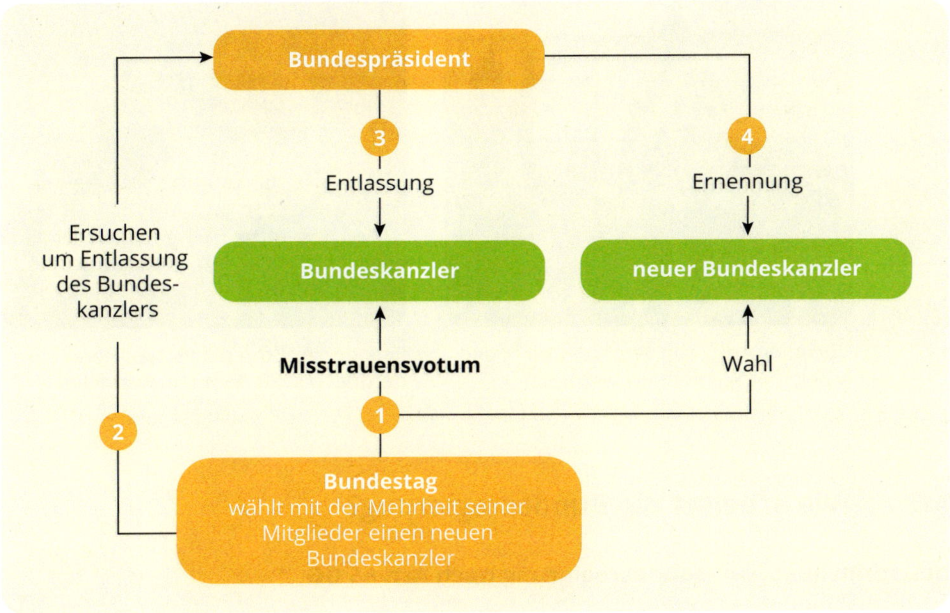

Pötzsch, Horst: Die Deutsche Demokratie. 5. Auflage. Bonn: Bundeszentrale für politische Bildung 2009, S. 73 f.

AUFGABEN

1. a) Benennen Sie Koalitionsmöglichkeiten, die sich aus **M1** ergeben.
b) Begründen Sie unter Bezug auf die Parteiideologie (→ Kapitel 3.6, **M2**, S. 92/93) jeweils, ob eine Koalitionsmöglichkeit realistisch ist.

2. a) Fassen Sie zu zweit die wichtigsten Schritte der Regierungsbildung mithilfe des Mediencodes bei **M2** schriftlich zusammen.
b) Erklären Sie, welche Schwierigkeiten bei der Regierungsbildung auftreten können (**M2**).
c) Recherchieren Sie, inwiefern die in **M2** genannten Kriterien in der aktuellen Regierung personell umgesetzt sind (→ Methodenglossar).

3. Diskutieren Sie in Kleingruppen, wann es zu einem konstruktiven Misstrauensvotum gegen die Bundeskanzlerin oder den Bundeskanzler kommen kann (**M2**, **M3**).

H **zu Aufgabe 3**
Berücksichtigen Sie dabei auch das Wahlverfahren zur Bundeskanzlerin bzw. zum Bundeskanzler.

F **zu Aufgabe 3**
Recherchieren Sie nach Beispielen gescheiterter Koalitionsverhandlungen und stellen Sie diese sowie die Gründe für das Scheitern der Klasse vor.

4.4 Die Bundesregierung – Teamarbeit oder Alleingang?

→ Fachwissen, S. 140

Die Menschen erwarten, dass die Regierung die wichtigsten politischen Probleme löst. Dabei richtet sich der Blick der Medien und der Bevölkerung meist auf das Regierungsoberhaupt – die Bundeskanzlerin oder den Bundeskanzler. Doch kann dieses wirklich alles bestimmen? Und nach welchen Prinzipien arbeitet die Regierung?

M1 Womit beschäftigt sich die Bundesregierung?

Das deutsche Verkehrsnetz muss in vielen Bereichen erneuert werden.

Flüchtlinge müssen versorgt und in den Arbeitsmarkt integriert werden.

Eine der größten politischen Herausforderungen stellt der Klimawandel dar.

M2 Wie arbeitet die Bundesregierung?

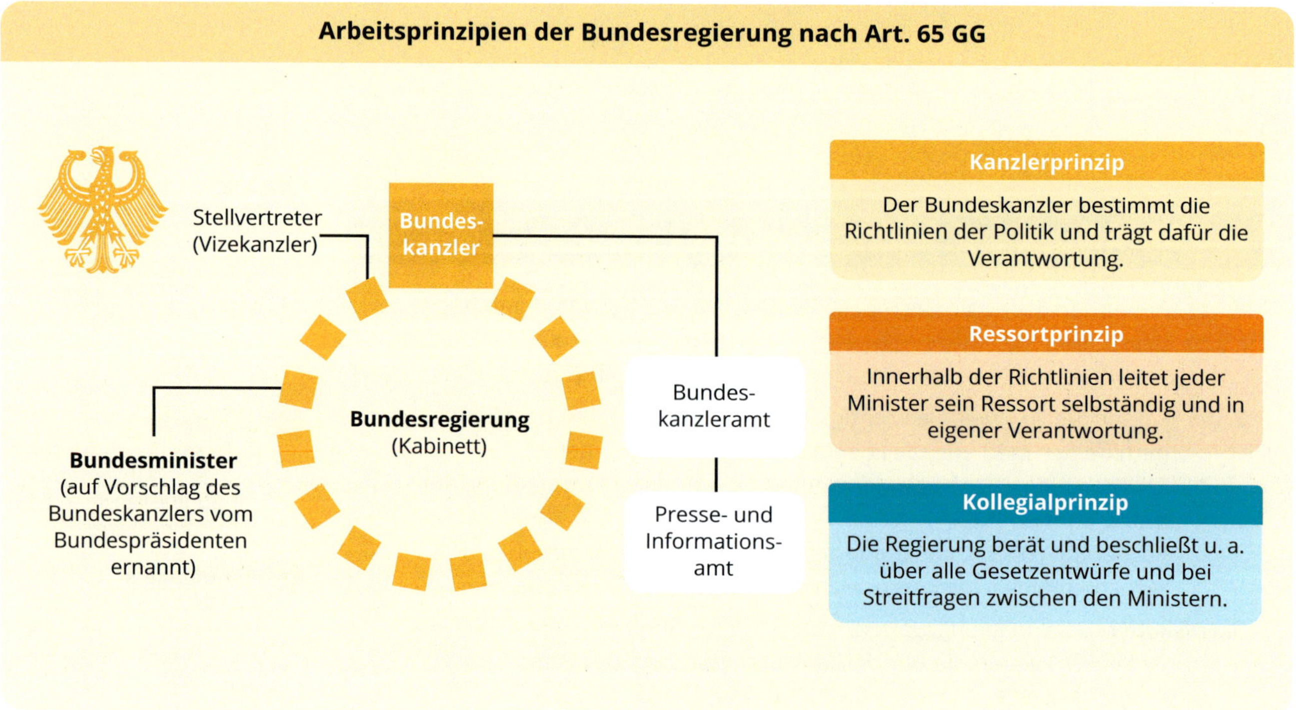

Nach: Bergmoser + Höller Verlag AG, Zahlenbilder 67 123

M3 Welche Aufgaben erfüllt die Bundesregierung?

Die Aufgabe der Bundesregierung ist ganz trivial gesagt, zu regieren! Politikerinnen und Politiker wollen „an die Macht kommen", also die Regierung stellen. Regierungsverantwortung ist für Parteien und Einzelpersonen die beste Möglichkeit, die eigenen politischen Vorstellungen umzusetzen und eigene Lösungsvorschläge für Probleme vorzulegen. Dies geschieht vor allem durch das Einreichen von Gesetzesvorschlägen und Entscheidungen im Tagesgeschäft der Politik. Die Hauptaufgabe der Regierung als Teil der Exekutive ist es, die Gesetze umzusetzen, wodurch sie maßgeblich den politischen Prozess und damit auch den grundlegenden Kurs des Landes nach innen und außen bestimmt.

Bearbeiter

M4 Hat das Regierungsoberhaupt eine Sonderstellung?

Die Bundeskanzlerin oder der Bundeskanzler nimmt eine zentrale Rolle im politischen System ein. Das Regierungsoberhaupt verfügt über eine besondere Legitimation, denn aus der Bundesregierung wird nur dieses Amt direkt vom Bundestag gewählt. Auf dessen Vorschlag werden die Ministerinnen und Minister von der Bundespräsidentin oder dem Bundespräsidenten ernannt, aber auch entlassen. Damit wird auch über die Zusammensetzung des Kabinetts entschieden. Die Amtszeit der Regierung endet gemeinsam mit der der Kanzlerin oder des Kanzlers. Die verfassungsrechtliche Basis für diese starke Stellung liegt in der Richtlinienkompetenz. Damit können unliebsame Entscheidungen verhindert und die zentralen Ziele der Bundesregierung bestimmt werden.

Auch gegenüber dem Parlament hat das Regierungsoberhaupt Machtmittel, die es gezielt einsetzen kann. So kann nach Art. 68 GG im Bundestag die Vertrauensfrage gestellt werden, um politische Ziele zu erreichen. Verweigert das Parlament die Zustimmung, kann die Bundespräsidentin oder der -präsident auf Antrag der Kanzlerin oder des Kanzlers das Parlament auflösen und Neuwahlen ausrufen.

Bearbeiter

AUFGABEN

1. Was heißt es, zu regieren? Erläutern Sie ausgehend von den Fotos, welche politischen Probleme die Bundesregierung bearbeitet (**M1**).
2. Erläutern Sie die Arbeitsprinzipien der Bundesregierung (**M2**).
3. Beschreiben Sie die Aufgaben und Zusammensetzung der Bundesregierung (**M3**).
4. a) Stellen Sie eine Liste der Machtinstrumente des Bundeskanzlers oder der Bundeskanzlerin zusammen (**M2, M4**).
   b) Diskutieren Sie in Gruppen, welche Faktoren die Machtbefugnisse des Kanzlers bzw. der Kanzlerin in der politischen Wirklichkeit einschränken. Präsentieren Sie Ihr Ergebnis der Klasse (**M4**).

F **zu Aufgabe 1**
Sammeln Sie weitere Überschriften und Berichte aus aktuellen Zeitungen, die deutlich machen, welche politischen Probleme die Bundesregierung gerade bearbeitet.

H **zu Aufgabe 4 b)**
Beziehen Sie dafür auch ihr Wissen über die Regierungsbildung (→ **Kapitel 4.3, M2, S. 124**) mit ein.

4.5 Die Opposition – nimmt der Bundestag seine Kontrollfunktion wahr?

→ Fachwissen, S. 140 – 141

Sie haben bereits erfahren, dass der Bundestag die Aufgabe hat, die Regierung zu kontrollieren. Dies erweist sich in der Realität allerdings oft als schwierig, da die Regierung immer eine Mehrheit im Bundestag hat. Auch wenn Parlamentsmehrheit und Regierung deswegen keineswegs immer einer Meinung sind, übernimmt diese Aufgabe dennoch meist die Opposition, also die Parteien, die nicht an der Regierung beteiligt sind. Wie kann diese die Regierung kontrollieren?

M1 Oppositionelle Kontrollfunktion in der Praxis

Im Zuge der [Corona-]Pandemie haben mehr als eine Million Menschen ihre Arbeit verloren. Das geht aus einer Antwort der Bundesregierung auf eine Anfrage der Linken im Bundestag hervor. [...] Besonders betroffen waren den Angaben zufolge Arbeitskräfte aus dem Hotel-Gewerbe und der Gastronomie. Aber auch im verarbeitenden Gewerbe sowie in der Kunst- und der Unterhaltungsbranche wurden viele arbeitslos. Die Linke wirft der Bundesregierung deshalb eine verfehlte Krisenpolitik vor.

Nach: © Norddeutscher Rundfunk: Coronavirus-Blog: Hamburg erwartet Anfang Mai viel Impfstoff. In: www.ndr.de, 24.04.2021

M2 Die Opposition – Gegenspielerin der Regierung

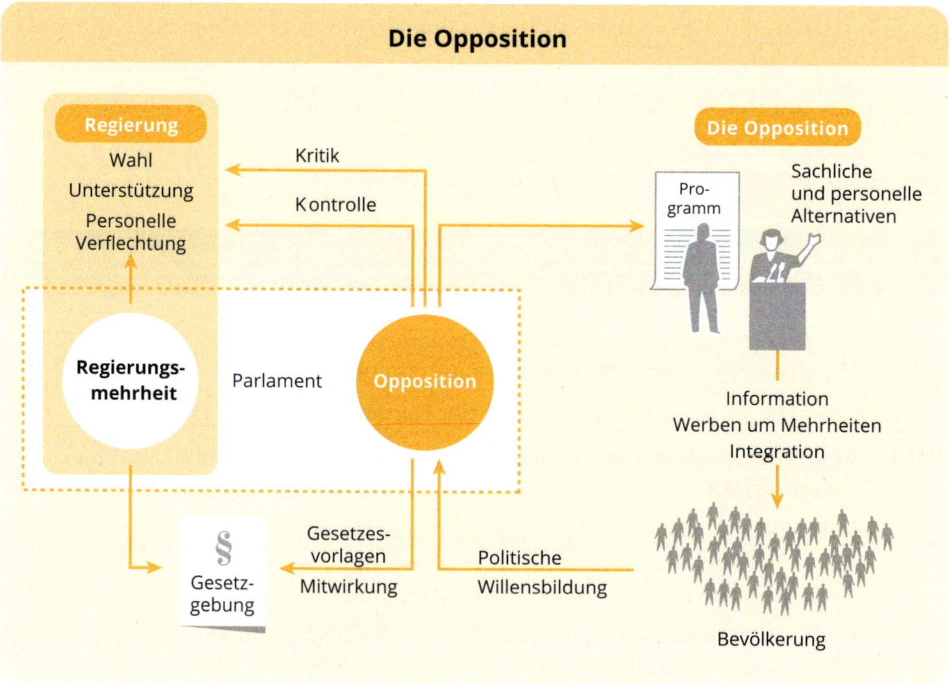

Nach: Bergmoser + Höller Verlag AG, Zahlenbilder 67 260

M3 Wie können Abgeordnete die Regierung kontrollieren?

Fragerechte des Bundestags

Große Anfrage

Schriftliche Anfrage zu einem größeren politischen Themenkomplex durch eine Fraktion bzw. mindestens 5 % der Abgeordneten

An die Beantwortung durch die Bundesregierung schließt sich in der Regel eine Debatte vor dem Bundestag an.

Kleine Anfrage

Schriftliche Anfrage zu konkreten Einzelthemen durch eine Fraktion bzw. mindestens 5 % der Abgeordneten

Die Antwort erfolgt schriftlich durch das jeweils zuständige Bundesministerium.

Fragestunde

Einzelfragen zur mündlichen oder schriftlichen Beantwortung, von einzelnen Abgeordneten eingebracht

Mündliche Beantwortung in den beiden wöchentlichen Fragestunden des Bundestags

Möglichkeit für die Abgeordneten, mit Zusatzfragen nachzuhaken

Hauptfunktionen:

- ▶ **Beschaffung von Informationen**
- ▶ **öffentliche Herausforderung der Regierung durch die Opposition**
- ▶ **Gelegenheit, die Haltung der Opposition darzulegen**

Aktuelle Stunde

Politische Debatte mit Kurzbeiträgen zu einem aktuellen Thema auf Verlangen einer Fraktion bzw. von mindestens 5 % der Abgeordneten oder nach Vereinbarung

Redezeit für die Abgeordneten: 5 min;
Gesamtdauer: 1 Stunde
+ Redezeit der Regierung

Nach: Bergmoser + Höller Verlag AG, Zahlenbilder 66 250

Parlamentarischer Untersuchungsausschuss
Mindestens 25 % der Abgeordneten des Bundestages können einen Untersuchungsausschuss einsetzen. Dieses Kontrollinstrument dient dazu, Fehlverhalten von Personen mit politischer Verantwortung (z. B. Mitglieder der Regierung) aufzuklären. Dazu können unter anderem Zeugen vernommen oder Einblick in verschlossene Akten erzwungen werden.

AUFGABEN

1. Sammeln Sie ausgehend von **M1** erste Aufgaben der Opposition.
2. Charakterisieren Sie das jeweilige Verhältnis eines Abgeordneten der Regierungsfraktion und eines Abgeordneten der Oppositionsfraktion zur Bundesregierung (**M1**).
3. Erklären Sie sich zu zweit gegenseitig, welche Kontrollrechte dem Bundestag gegenüber der Bundesregierung zur Verfügung stehen (**M3**).
4. Arbeiten Sie aus der Zeitungsmeldung in **M1** heraus, inwiefern eine kleine Anfrage der Opposition zur Kontrolle der Regierung beiträgt (**M3**).

F **zu Aufgabe 3**
Sammeln Sie schriftlich weitere Möglichkeiten von Abgeordneten der Opposition, die Regierungsarbeit zu kontrollieren bzw. zu kritisieren. Nutzen Sie dafür auch **M3** auf S. 125.

H **zu Aufgabe 4**
Berücksichtigen Sie dabei, wie die Regierung zustande kommt und welche Reaktion die Zeitungsmeldung bei Leserinnen und Lesern hervorrufen könnte.

4.6 Der Bundesrat – Kontrolleur oder Bremsklotz im politischen Prozess?

→ Fachwissen, S. 141 – 142

Der Bundesrat als Teil der gesetzgebenden Gewalt – Legislative – hat dem Grundgesetz nach die Aufgabe, die Interessen der Länder auf Bundesebene zu wahren. Er ist damit im Gesetzgebungsprozess eingebunden und kann manche Gesetzesvorhaben sogar gänzlich verhindern.

M1 Wie ist der Bundesrat zusammengesetzt?

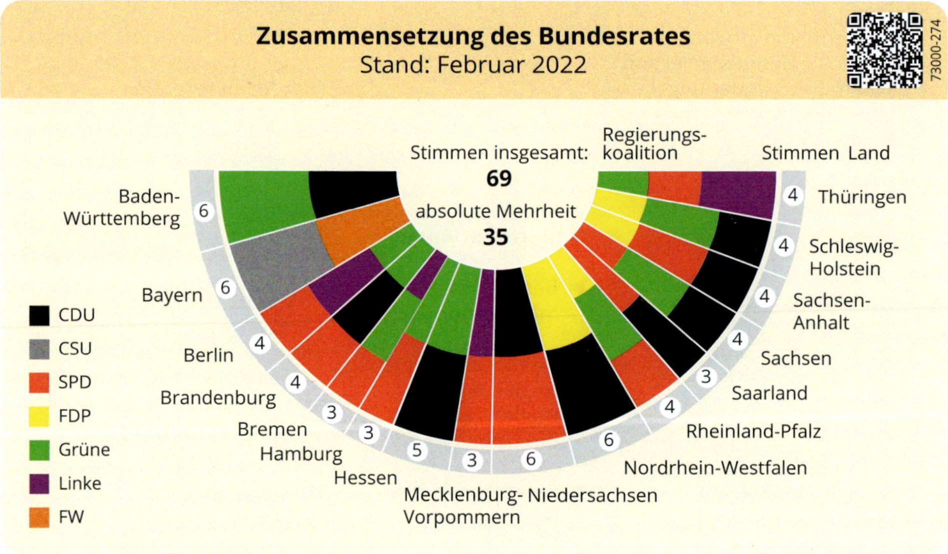

Nach: © Bundesrat, 2021, CC BY-NC-ND 3.0

M2 Welche Funktion hat der Bundesrat?

Über den Bundesrat sind die 16 Bundesländer an der Gesetzgebung des Bundes beteiligt. Er wird nicht gewählt, sondern besteht aus Mitgliedern der jeweiligen Landesregierungen. Nach jeder Landtagswahl entsendet die neue Landesregierung ihre Vertreterinnen und Vertreter in den Bundesrat. Der Bundesrat hat neben dem Bundestag und der Bundesregierung auch das Recht, Gesetze vorzuschlagen. Es kommen jedoch nur sehr wenige Gesetze auf Initiative des Bunderates zustande.

Nachdem der Bundestag ein Gesetz verabschiedet hat, geht es immer in den Bundesrat, wo darüber abgestimmt wird. Während der Bundesrat bei sogenannten Einspruchsgesetzen nur seinen Unmut äußern, aber das Gesetz letztlich nicht verhindern kann, hängt bei Zustimmungsgesetzen das Zustandekommen des Gesetzes von seiner Zustimmung ab.

Er hat aktuell 69 Mitglieder (Stimmen). Jedes Bundesland hat mindestens drei, höchstens sechs Stimmen. Je mehr Einwohner ein Bundesland hat, desto mehr Stimmen hat es im Bundesrat. Eine Besonderheit ist, dass ein Bundesland seine Stimmen nur einheitlich abgeben kann, was bei Koalitionsregierungen auf Landesebene schon mal für Streit sorgen kann. Erhält ein Gesetzentwurf keine Mehrheit, dann kommt meist der Vermittlungsausschuss ins Spiel. Dieser ist zu gleichen Teilen aus Abgeordneten des Bundestages und Abgeordneten des Bundesrates zusammengesetzt und hat die Funktion, einen Kompromiss zu finden. Wird für ein Zustimmungsgesetz kein Kompromiss gefunden, scheitert das Gesetz. Wird ein Kompromiss erzielt, muss nochmals der Bundestag über das geänderte Gesetz abstimmen. Nur wenn dieser zustimmt, geht das Gesetz weiter zur Unterzeichnung an die Bundespräsidentin oder den Bundespräsidenten.

Bearbeiter

Der Sitz des Bundesrates in Berlin

M3 Der Bundesrat als Störenfried?

Der Bundesrat stellt die Beteiligung der Länder durch die Landesregierungen am Gesetzgebungsprozess des Bundes sicher. Seine Aufgabe liegt damit auch darin, die Regierungsarbeit zu kontrollieren. Dies tut er, indem er ein Gegengewicht zu der Parteienmehrheit im Bundestag darstellen und diese zu Kompromissen zwingen kann. Dies macht den Bundesrat jedoch auch politisch höchst umstritten, da diesem teilweise vorgeworfen wird, auch nur Parteipolitik zu betreiben anstatt die Interessen der Länder zu vertreten. Überschneiden sich die Mehrheiten im Bundestag und -rat, fällt dies selten auf. Wenn sich die Mehrheiten der beiden Organe jedoch stark unterscheiden, ist der Bundesrat für die Opposition meist ein wichtiges Kontrollgremium, dass dazu beitragen kann, die Regierung und die Bundestagsmehrheit dazu zu bringen, die Länder stärker zu berücksichtigen. Die Regierungsmehrheit auf der anderen Seite wirft den Mitgliedern des Bundesrates teilweise vor, eine reine Blockadehaltung einzunehmen und die Handlungsfähigkeit der Regierung zu behindern und damit sogar den Willen der Wählerinnen und Wähler zu verzerren, welche bundesweit schließlich über die Mehrheit im Bundestag bestimmt.

Bearbeiter

AUFGABEN

1. a) Analysieren Sie das Schaubild in **M1**.
   b) Arbeiten Sie heraus, woraus sich der Bundesrat zusammensetzt und wie die Stimmenverteilung in diesem geregelt ist.
2. a) Beschreiben Sie die Funktionsweise des Bundesrates (**M2**).
   b) Erklären Sie, warum im Gegensatz zum Bundestag (z. B. 20. Bundestag) der Bundesrat nicht fortlaufend nummeriert wird (**M2**).
   c) Stellen Sie die Rolle des Bundesrates im Gesetzgebungsprozess in Form eines Flussdiagrammes (→ Methodenglossar) dar (**M2**).
3. Nehmen Sie mithilfe der Informationen aus **M3** Stellung zu folgender These: *„Der Bundesrat ist ein Störenfried, der den Bundestag in der Ausübung des Wählerwillens hindert."*
4. Überprüfen Sie, ob der Bundesrat in seiner aktuellen Zusammensetzung ein Gesetzesvorhaben der Bundesregierung eher blockieren oder unterstützen würde (**M1 – M3**).

H **zu Aufgabe 1**
Recherchieren Sie die Größe der Bundesländer nach Einwohnerzahl und vergleichen Sie diese mit den Stimmen der Länder im Bundesrat.

F **zu Aufgabe 1**
Diskutieren Sie, ob die Stimmenverteilung im Bundesrat als gerecht bezeichnet werden kann.

4.7 Bundespräsidentin oder Bundespräsident – ein notwendiges Amt?

→ Fachwissen, S. 142

Die Bundespräsidentin bzw. der Bundespräsident ist das Staatsoberhaupt Deutschlands und steht damit offiziell an der Spitze des Staates. In den Medien hört man jedoch in der Regel nur etwas über die Entscheidungen und Meinung der Bundeskanzlerin oder des Bundeskanzlers. Woran liegt das? Ist das Staatsoberhaupt unwichtig?

M1 Bundespräsident Steinmeier in der Kritik

Frank-Walter Steinmeier ist der 12. Bundespräsident Deutschlands.

Frank-Walter Steinmeier verteidigt Empfehlung für Konzert gegen Rechts

Bundespräsident Frank-Walter Steinmeier hat seine umstrittene Empfehlung zum Besuch eines Konzerts gegen Rechts in Chemnitz verteidigt. „Wenn ich sehe, dass Grundsätzliches ins Rutschen gerät, werde ich mich zu Wort melden und für unsere Grundwerte streiten", sagte Steinmeier [...]. Als Bundespräsident sei er überparteilich, aber nicht unpolitisch, sagte Steinmeier weiter. [...] Steinmeier war Anfang September in die Kritik geraten, nachdem er auf Facebook ein Konzert in Chemnitz unterstützt hatte, bei dem neben vielen anderen Musikern auch die linksgerichtete Punkband „Feine Sahne Fischfilet" auftrat. Die Band war vorübergehend vom Verfassungsschutz beobachtet worden.

© dpa: Frank-Walter Steinmeier verteidigt Empfehlung für Konzert gegen Rechts. In: www.svz.de, 27.09.2018

M2 Verfassungsrechtliche Stellung des Bundespräsidenten

Trotz seiner geringeren Machtfülle verfügt der Bundespräsident über vielfältige Wirkungsmöglichkeiten, die sich aus seinen grundsätzlichen Aufgaben wie aus seiner persönlichen Autorität herleiten. Der Bundespräsident vertritt den Bund völkerrechtlich und schließt im Namen des Bundes Verträge mit anderen Staaten ab.

Nach einem entsprechenden Beschluss des Bundestages ruft er den Verteidigungsfall aus. Im Gesetzgebungsverfahren fällt ihm die Aufgabe zu, die Bundesgesetze auszufertigen und zu verkünden. Dabei hat er das Recht, sie auf ihre Übereinstimmung mit dem

Grundgesetz zu überprüfen. [...] Weitgehend eingeschränkt ist aber das Recht des Bundespräsidenten zur Auflösung des Bundestags (Art. 63 GG, 68 GG). Auf Vorschlag des Bundespräsidenten wählt der Bundestag den Bundeskanzler. Nach der Wahl nimmt der Bundespräsident die Ernennung des Kanzlers vor und ernennt auf dessen Vorschlag auch die Bundesminister. Nicht zu unterschätzen ist die Rolle, die der Bundespräsident als oberster Repräsentant des Staates spielt. Durch Gespräche und Gesten, Empfänge und Ehrungen, Reisen und Reden trägt er maßgeblich zu dem Bild bei, das man sich im In- und Ausland von der Bundesrepublik macht.

© Bergmoser + Höller Verlag AG, Zahlenbilder 67 100

Erklärfilm zur Wahl der Bundespräsidentin bzw. des Bundespräsidenten

70040-27

M3 Eine Online-Petition zur Abschaffung des Amtes des Bundespräsidenten

http://openpetition.de

Der Deutsche Bundestag möge im Rahmen einer Änderung des Grundgesetzes beschließen, das Amt des Bundespräsidenten abzuschaffen.
Begründung: [...] Betriebswirtschaftlich unter Kosten-Nutzen-Aspekten betrachtet rechnet sich dieses Amt nicht. Der Bundespräsident, der vor allem repräsentative Aufgaben zu erfüllen hat, gestaltet weder die Politik noch ist er essenziell für unsere auswärtigen Beziehungen. Da Deutschland keine konstitutionelle Monarchie ist und auch keine entsprechende Tradition hat, wäre ein Abschaffen diesen Amtes kein Bruch mit unserer Geschichte sondern befreite Haushaltsmittel für wichtigere Aufgaben. Außerdem gewänne dadurch unsere politische Führung an Glaubhaftigkeit, da sie somit verdeutlicht, dass sie nicht nur von uns Bürgern Verzicht verlangt, sondern auch bereit ist, ihren eigenen Apparat zu verschlanken.

Schadt, Christof: Bundespräsident – Abschaffung des Amtes des Bundespräsidenten. In: www.openpetition.de, 09.01.2012

AUFGABEN

1. Verschaffen Sie sich anhand des Zeitungsartikels in **M1** einen ersten Überblick über das Amt des Bundespräsidenten.
   a) Erklären Sie, warum das Vorgehen des Bundespräsidenten kritisiert wurde (**M1**).
   b) Arbeiten Sie das Selbstverständnis des Bundespräsidenten Steinmeier über sein Amt aus dem Zeitungsartikel in **M1** heraus.
2. a) Erläutern Sie, inwiefern die Bundespräsidentin oder der Bundespräsident die Politik beeinflussen kann (**M2**).
   b) Nennen Sie die Funktion oder Funktionen, welche die Bundespräsidentin oder der Bundespräsident im Fall von **M1** erfüllen wollte.
3. Nehmen Sie Stellung zur Forderung in **M3**, das Amt der Bundespräsidentin bzw. des Bundespräsidenten abzuschaffen.

F **zu Aufgabe 2**
Erstellen Sie anhand des Mediencodes bei **M2** ein Schaubild, welches die Wahl der Bundespräsidentin bzw. des Bundespräsidenten erklärt und stellen Sie dieses vor.

4.8 Das Bundesverfassungsgericht – mischt es sich zu viel ein?

→ Fachwissen, S. 143

In seinen Entscheidungen macht das Bundesverfassungsgericht dem Parlament zum Teil detaillierte Vorgaben, wie ein Gesetz ausgestaltet werden muss. Das hat zu heftigen Diskussionen geführt. Dieses Kapitel zeigt Ihnen, welche Kompetenzen das Bundesverfassungsgericht hat und welche Rolle es bei der Kontrolle der Gesetzgebung spielt.

M1 Entscheidungen des Bundesverfassungsgerichts (BVerfG)

Erfolglose Eilanträge im Zusammenhang mit der COVID-19-Pandemie

Mit heute veröffentlichtem Beschluss hat die 3. Kammer des Ersten Senats einen Antrag auf vorläufige Außerkraftsetzung der bayerischen Verordnung über Infektionsschutzmaßnahmen und über eine vorläufige Ausgangsbeschränkung anlässlich der Corona-Pandemie abgelehnt. Der Antragsteller hielt die Verbote, Freunde zu treffen, seine Eltern zu besuchen, zu demonstrieren oder neue Menschen kennenzulernen, für zu weitgehend. [...] Die Gefahren für Leib und Leben wiegen hier [aber] schwerer als die Einschränkungen der persönlichen Freiheit.

© Bundesverfassungsgericht 2021: Pressemitteilung Nr. 23/2020. In: www.bundesverfassungsgericht.de, 08.04.2020

M2 Aufbau und Stellung des Bundesverfassungsgerichts

Als Hüter der Verfassung ist es die Aufgabe des Bundesverfassungsgerichts, jedes Gesetz, alles staatliche Handeln und jede Entscheidung der Gerichte, die ihm zur Prüfung vorgelegt werden, auf ihre Verfassungsmäßigkeit hin zu überprüfen. Dabei ist das Gericht für ganz unterschiedliche Bereiche zuständig: Mit der Verfassungsbeschwerde wird insbesondere den Bürgerinnen und Bürgern ermöglicht, ihre grundrechtlich garantierten Freiheiten gegenüber dem Staat durchzusetzen. Jeder, der sich durch die öffentliche Gewalt in seinen Grundrechten verletzt fühlt, kann eine **Verfassungsbeschwerde** erheben. Man kann sich gegen die Maßnahme einer Behörde, gegen das Urteil eines Gerichts oder gegen ein Gesetz wenden. Nur das Bundesverfassungsgericht darf feststellen, ob ein Gesetz mit dem Grundgesetz nicht vereinbar ist (**Normenkontrolle**). Das Bundesverfassungsgericht kann auch dann angerufen werden, wenn zwischen Verfassungsorganen oder zwischen Bund und Ländern Meinungsverschiedenheiten über die gegenseitigen verfassungsmäßigen Rechte und Pflichten bestehen (**Organstreit**). Schließlich entscheidet es auch über die Verfassungsgemäßheit von Parteien und kann diese gegebenenfalls verbieten (**Parteienverbot**).

Bearbeiter

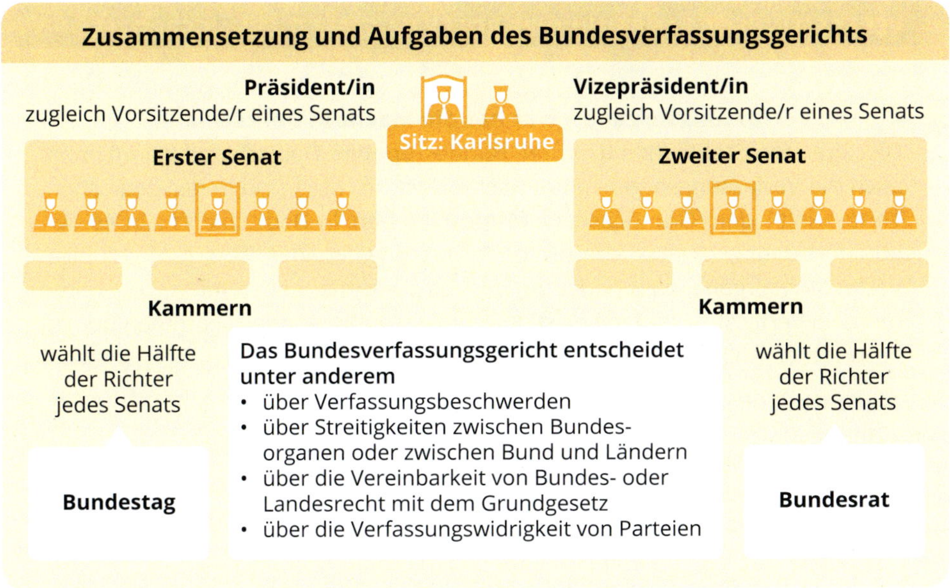

Nach: Bergmoser + Höller Verlag AG, Zahlenbilder 129 015 – vom Bearbeiter aktualisiert

M3 Hat das Bundesverfassungsgericht zu viel Macht?

Das deutsche Klimaschutzgesetz aus dem Jahr 2019 ist in Teilen nicht mit den Grundrechten vereinbar. [...] Verfassungsbeschwerden mehrerer Klimaschützerinnen und Klimaschützer waren damit zum Teil erfolgreich. Der Gesetzgeber muss nun nachbessern. Da in dem Gesetz lediglich bis zum Jahr 2030 Maßnahmen für eine Emissionsverringerung vorgesehen sind, würden die Gefahren des Klimawandels auf Zeiträume danach und damit zulasten der jüngeren Generation verschoben, so die Richter. Einen Anstieg der globalen Durchschnittstemperatur wie geplant auf deutlich unter zwei Grad und möglichst auf 1,5 Grad zu begrenzen, sei dann nur mit immer dringenderen und kurzfristigeren Maßnahmen machbar. Damit würden die zum Teil sehr jungen Beschwerdeführenden in ihren Freiheitsrechten verletzt. [...]

Die Richter verpflichteten den Gesetzgeber nun, bis Ende 2022 die Minderungsziele der Treibhausgasemissionen ab 2031 besser zu regeln.

© Tagesschau: Klimaschutzgesetz in Teilen verfassungswidrig. In: www.tagesschau.de, 29.04.2021

AUFGABEN

1. Nennen Sie die Grundrechte, in denen sich der Antragssteller beeinträchtigt fühlte (**M1**).

2. a) Beschreiben Sie die Aufgaben des Bundesverfassungsgerichts (**M2**).
b) Welche Aufgabe hat das BVerfG in **M1** ausgeübt? Nennen Sie begründet die konkrete Verfahrensart.

3. a) Fassen Sie die Begründung des BVerfG in **M3** zusammen.
b) Diskutieren Sie in der Klasse anhand des vorliegenden Falls die folgende These: „Das Bundesverfassungsgericht nimmt zu viel Einfluss auf politische Entscheidungen" (**M2**, **M3**).

F **zu Aufgabe 2**
Vergleichen Sie die Legitimation – die Rechtfertigung für politische Macht – des Bundestages mit der des Bundesverfassungsgerichts (M2).

H **zu Aufgabe 3b**
Berücksichtigen Sie dabei unter andere, die Legitimation des BVerfG im Vergleich zu anderen Verfassungsorganen, die im Gesetzgebungsprozess vertreten sind.

VERFASSUNGSORGANE UND IHRE ROLLE IM GESETZGEBUNGSPROZESS

➡ S. 116 – 135

4 Die Verfassungsorgane – wer hat die Macht in Deutschland?

Die obersten Staatsorgane in der Bundesrepublik Deutschland nennt man auch die Verfassungsorgane. Ihre Rechte und Pflichten sind in der deutschen Verfassung – dem Grundgesetz – festgeschrieben. In Deutschland gibt es sieben Verfassungsorgane. Von diesen Verfassungsorganen, sind fünf ständige Verfassungsorgane, dass bedeutet, dass es sie immer geben muss. Die weiteren zwei Verfassungsorgane existieren nicht ständig, sondern kommen nur zu besonderen Anlässen zusammen.

Die fünf ständigen Verfassungsorgane:
- Bundestag
- Bundesrat
- Bundesregierung
- Bundespräsidentin oder Bundespräsident
- Bundesverfassungsgericht

Die zwei nicht ständigen Verfassungsorgane:
- Bundesversammlung
- Gemeinsamer Ausschuss

Die Bundesversammlung kommt in der Regel alle fünf Jahre zusammen, um die Bundespräsidentin oder den Bundespräsidenten zu wählen. Sie setzt sich aus allen Mitgliedern des Deutschen Bundestages und derselben Anzahl von Wahlleuten zusammen, die von den Länderparlamenten entsandt werden. Der Gemeinsame Ausschuss setzt sich aus Mitgliedern des Bundestages und des Bundesrates zusammen und kann im Verteidigungsfall als Notparlament zusammenkommen.

Die Verfassungsorgane sind ein wichtiger Teil der Demokratie in Deutschland. Sie haben viele verschiedene Aufgaben und kontrollieren sich gegenseitig, um einen Missbrauch von Macht zu verhindern. Das Prinzip der Gewaltenteilung spiegelt sich somit auch bei den Verfassungsorganen wider.

Gewaltenteilung Verfassungsorgane:
Exekutive → Bundesregierung
Legislative → Bundestag und Bundesrat
Judikative → Bundesverfassungsgericht

Das Bundesverfassungsgericht kann einschreiten, wenn der Bundestag, der Bundesrat oder die Bundesregierung sich nicht an die rechtlichen Grundsätze des Staates halten. Die Judikative ist somit von der Legislative und der Exekutive getrennt. Die Trennung zwischen der Legislative und der Exekutive ist bei den deutschen Verfassungsorganen nicht so eindeutig gegeben. Hier kommt es zu Gewaltenverschränkung.

Beispiel:
Ministerinnen und Minister gehören zur Regierung und sind damit Teil der Exekutive. Sie können gleichzeitig aber auch Abgeordnete im Parlament und damit Teil der Legislative sein.

Übung

82000-37

4.1 Der Bundestag – das Herz der Demokratie?

➡ S. 120 – 121

Der Bundestag wird für vier Jahre direkt vom Volk gewählt. Jede Wählerin und jeder Wähler kann mitentscheiden, welche Personen im Bundestag unsere Interessen vertreten. Die gewählten Abgeordneten vertreten das Volk im Bundestag. Dort entscheiden sie über neue Gesetze oder Gesetzesänderungen. Der Bundestag ist also Teil der **Legislative**. Die Abgeordneten entscheiden zudem über den Haushalt. Der Haushalt ist ein Gesetz, das festlegt, wofür der Staat wie viel Geld ausgeben darf. Des Weiteren wählen die Abgeordneten die Bundeskanzlerin oder den Bundeskanzler. Sie kontrollieren auch die Regierung, indem sie zum Beispiel überprüfen, ob die Regierung das Geld auch so ausgibt, wie es vom Bundestag beschlossen wurde.

Die Aufgaben des Bundestags:
- Gesetzgebung
- Abstimmung über den Haushalt
- Wahlfunktionen (z. B. Bundeskanzlerin oder Bundeskanzler)
- Kontrollfunktionen (z. B. die Bundesregierung)
- Bundeswehreinsatz genehmigen

Die Abgeordneten sind auch ein Bindeglied zwischen der Bevölkerung und der politischen Ebene. Sie sprechen in ihren Wahlkreisen – den Regionen, in denen sie gewählt wurden – mit den Bürgerinnen und Bürgern, um einen beiderseitigen Austausch zu ermöglichen. Die Abgeordneten aus der gleichen Partei oder Abgeordnete mit den gleichen Zielen bilden eine Fraktion. Sie sprechen gemeinsam darüber, welche Vorschläge sie machen wollen oder ob sie einem Gesetz zustimmen oder es ablehnen.

Zusatzwissen:
Nicht alle Parlamente weltweit funktionieren und arbeiten nach denselben Regeln und Prinzipien. Hauptsächlich wird zwischen Redeparlamenten und Arbeitsparlamenten unterschieden. In einem Redeparlament liegt der Fokus auf der Parlamentsdebatte, während in einem Arbeitsparlament der Schwerpunkt auf der Arbeit in Ausschüssen liegt.

Der Deutsche Bundestag ist sowohl ein Rede- als auch ein Arbeitsparlament: Im Plenum des Bundestages halten die Abgeordneten Reden und diskutieren in den Bundestagsdebatten über wichtige Fragen. Die Bürgerinnen und Bürger können Bundestagsdebatten entweder vor Ort oder durch die Medien verfolgen. Viele Abgeordnete arbeiten zudem in Ausschüssen. Jeder Ausschuss ist für ein bestimmtes Themengebiet verantwortlich. Hier prüft und diskutiert eine Gruppe von Abgeordneten (oft unter Ausschluss der Öffentlichkeit) Gesetzesvorschläge und erarbeitet parteiübergreifende Kompromisse.

Zusatzwissen:
In jedem Ausschuss sind Abgeordnete aller Fraktionen des Bundestags vertreten. Nicht alle Ausschüsse haben die gleiche Anzahl von Mitgliedern, aber jeder Ausschuss spiegelt das Kräfteverhältnis des Bundestags wider. Hat eine Fraktion beispielsweise 30 % der Sitze im Bundestag inne, dann stehen dieser Fraktion auch in jedem Ausschuss 30 % der Sitze zu.

Übung

82000-38

➡ S. 122 – 123

4.2 Bundestagsabgeordnete – nur dem Gewissen unterworfen?

Die Abgeordneten des deutschen Bundestages haben besondere Rechte und Pflichten. Sie sind laut Grundgesetz Vertreterinnen und Vertreter der Interessen der Bevölkerung und daher nur ihrem Gewissen unterworfen. In der Realität sind Abgeordnete jedoch auf den Rückhalt ihrer Partei angewiesen, die sich im Bundestag zu einer Fraktion zusammenschließt. Die Fraktionsdisziplin sorgt dafür, dass die meisten Abgeordneten so abstimmen, wie es die Partei bzw. Fraktion als Ganzes für richtig hält. Dennoch kommt es immer wieder vor, dass Abgeordnete auch gegen die vorherrschende Meinung der eigenen Fraktion abstimmen.

Zusatzwissen:
Besonders häufig weichen Abgeordnete bei Abstimmungen über Bundeswehreinsätze von ihrer Fraktionsdiziplin ab.

Die Fraktionsdisziplin ist höchst umstritten, da sie zwar nicht im Grundgesetz verankert ist, den politischen Alltag aber oft bestimmt. Sie sorgt dafür, dass Wählerinnen und Wähler einer Partei sich auch – bis zu einem gewissen Grad – darauf verlassen können, dass die Gewählten auch so abstimmen, wie es im Programm der Partei steht.

Auf der anderen Seite gibt es Abstimmungen, bei denen es keine klare Parteilinie gibt oder die zur „Gewissensfrage" erklärt werden. Hier entfällt der Fraktionszwang und jede Abgeordnete und jeder Abgeordneter soll nur nach ihrer oder seiner eigenen Überzeugung abstimmen.

Beispiel:
Ein bekanntes Beispiel für eine Abstimmung ohne Fraktionszwang war die Abstimmung zur „Ehe für alle" im Jahr 2017. Nachdem die Unionsfraktion die Frage nach der rechtlichen Gleichstellung von homosexuellen Partnerschaften zu einer Gewissensfrage machte, gab es bei der Abstimmung im Bundestag eine Mehrheit für das Gesetz. Bevor die Abstimmung zu einer „Gewissensfrage" erklärt wurde, waren viele Unionspolitikerinnen und -politiker, die eigentlich für die „Ehe für alle" waren, dem Fraktionszwang unterlegen und hätten gegen das Gesetz stimmen müssen. Dann hätte es keine Mehrheit für die „Ehe für alle" gegeben.

Übung

82000-39

4.3 Von der Wahl zur Regierung – ein einfacher Weg?

➡ S. 124 – 125

Die Wahl zum Deutschen Bundestag gilt als wichtigste Wahl in Deutschland, da von dieser die Regierung Deutschlands für die nächsten vier Jahre abhängt. Dabei ist es allerdings nur sehr selten der Fall, dass eine Partei nach den Wahlen mit der nötigen Mehrheit im Bundestag vertreten ist, um allein die Bundeskanzlerin oder den Bundeskanzler zu stellen. Dafür wird nämlich die sogenannte „Kanzlermehrheit" benötigt, also mindestens die Hälfte aller Abgeordneten. Damit eine Regierung zustande kommt, bilden Parteien Koalitionen. Diesen gehen in der Regel Sondierungsgespräche voraus, deren Zweck darin liegt, dass Parteien zunächst einmal abstecken, ob eine Zusammenarbeit über mehrere Jahre überhaupt möglich oder realistisch ist. Sind diese Gespräche erfolgreich, kommt es zu Koalitionsverhandlungen. In diesen werden neben Personalfragen auch die politischen Ziele sowie Regeln für die zeitlich befristete Zusammenarbeit festgelegt und im Koalitionsvertrag festgehalten.

Zur Regierungsbildung kommen aber neben Verpflichtungen gegenüber dem Koalitionspartner noch hinzu, dass eine mögliche Kanzlerin oder ein Kanzler auch Strömungen innerhalb der eigenen Partei, die föderale Struktur der Bundesrepublik oder die gesellschaftliche Vielfalt bei der Besetzung von Posten berücksichtigen muss.

Zusatzwissen:

Bei einer Regierungsbildung an der mehrere Parteien beteiligt sind, kommen viele verschiedene Interessen zusammen und es müssen Kompromisse gefunden werden. Dies nimmt oft viel Zeit in Anspruch, sodass zwischen der Bundestagswahl und der Bildung einer neuen Regierung oft Wochen und manchmal auch Monate liegen können. Während dieser Zeit nimmt die alte Regierung weiterhin ihre Aufgaben und Funktionen war.

Schlussendlich wird die Bundeskanzlerin oder der Bundeskanzler auf Vorschlag der Bundespräsidentin oder des Bundespräsidenten vom Bundestag gewählt. Die Ministerinnen und Minister wiederum werden auf Vorschlag der Kanzlerin oder des Kanzlers vom Staatsoberhaupt ernannt.

Wenn die Abgeordneten des Bundestags nicht mehr mehrheitlich hinter der Regierung stehen, dann können sie die Regierung abwählen, indem die Kanzlerin oder der Kanzler durch ein **konstruktives Misstrauensvotum** abgesetzt wird. Mit der Abwahl der amtierenden Kanzlerin bzw. des amtierenden Kanzlers muss gleichzeitig mit der absoluten Mehrheit des Bundestags eine neue Kanzlerin oder ein neuer Kanzler gewählt werden. Dieser Vorgang wird „konstruktiv" genannt, da hiermit immer sichergestellt ist, dass es keine Phase ohne Regierung gibt. Die amtierenden Ministerinnen und Minister werden mit der Absetzung des amtierenden Regierungsoberhaupts ebenfalls entlassen.

Beispiel:

In der Geschichte der Bundesrepublik Deutschland kam es bislang zweimal zu einem konstruktiven Misstrauensvotum (Stand: Nov. 2021). Nur einmal war das Misstrauensvotum jedoch auch erfolgreich und führte zu einer Entlassung des damaligen Kanzlers Helmut Schmidt (SPD). Als sein Nachfolger wurde Helmut Kohl (CDU) ernannt.

Übung

82000-40

➡ S. 126 – 127

4.4 Die Bundesregierung – Teamarbeit oder Alleingang?

Die Bundesregierung besteht aus einer Bundeskanzlerin oder einem Bundeskanzler und den Bundesministerinnen und Bundesministern. Ernannt werden die Bundesministerinnen und Bundesminister vom Staatsoberhaupt auf Vorschlag der Kanzlerin oder des Kanzlers. Die Regierung kümmert sich darum, dass die Gesetze auch ausgeführt, das heißt umgesetzt werden. Somit ist die Bundesregierung Teil der **Exekutive**.

Zu den wichtigsten Arbeitsprinzipien der Bundesregierung gehört das Ressortprinzip, das besagt, dass jede Ministerin und jeder Minister für den eigenen Fachbereich, Ressort, zuständig ist. Sollte es dennoch zu Konflikten kommen, zum Beispiel, weil manche Probleme und deren Lösungen mehrere Ressorts betreffen, greift das Kollegialprinzip. Dies bedeutet, dass Auseinandersetzungen von der Bundesregierung als Ganzes geregelt werden und ein gemeinsames Vorgehen gefunden wird.

Aufgaben der Bundesregierung:

- Gesetze ausführen und umsetzten
- Gesetzentwürfe einbringen
- Richtlinien der Politik bestimmen (durch Regierungschefin oder-chef)

Eine Sonderrolle nimmt die Bundeskanzlerin oder der Bundeskanzler ein. Einerseits dadurch, dass sie oder er als einziges Mitglied der Regierung direkt vom Bundestag mit mindestens der Hälfte seiner Mitglieder gewählt wird. Andererseits auch durch das Kanzlerprinzip: Dieses gibt der Regierungschefin bzw. dem Regierungschef die Möglichkeit, die Richtlinien der Regierungsarbeit vorzugeben, man spricht daher auch von der Richtlinienkompetenz. Diese Richtlinienkompetenz gibt der Kanzlerin oder dem Kanzler zwar eine große Machtfülle, die in der Praxis aber durch verschiedene Faktoren eingeschränkt wird, wie zum Beispiel Koalitionen mit anderen Parteien, um eine Regierungsmehrheit im Bundestag zu erhalten, oder die Verantwortlichkeit gegenüber der wählenden Bevölkerung.

Übung

82000-41

➡ S. 128 – 129

4.5 Die Opposition – nimmt der Bundestag seine Kontrollfunktion wahr?

Die Opposition besteht aus den Fraktionen, die nicht an der Regierung beteiligt sind. Obwohl sie damit an der Regierungsarbeit nicht direkt beteiligt ist, spielt sie dennoch eine wichtige Rolle, vor allem als Kontrollinstanz gegenüber der Regierungsmehrheit.

Zusatzwissen:
Das Wort Opposition kommt von dem lateinischen Wort ‚opponere', was ‚sich entgegenstellen' bedeutet.

Die Opposition zeigt der Bevölkerung inhaltliche und personelle Alternativen zur aktuellen Politik auf und kann zum Beispiel durch Anfragen im Bundestag oder in Parlamentsdebatten auf vermeintliche Versäumnisse der Regierung hinweisen. Im deutschen Bundestag gibt es verschiedene Arten des Fragerechts, welche Abgeordnete und Fraktionen wahrnehmen können.

Fragerechte des Bundestags:
- Große Anfrage
- Kleine Anfrage
- Fragestunde
- Aktuelle Stunde

Daneben arbeiten die Abgeordneten der Oppositionsparteien auch in den Ausschüssen des Bundestages mit und können einen Untersuchungsausschuss einsetzen, der es zur Aufgabe hat, mögliches Fehlverhalten von Personen aufzudecken. Eine starke Opposition ist für eine Demokratie wichtig.

Übung

82000-42

4.6 Der Bundesrat – Kontrolleur oder Bremsklotz im politischen Prozess?

➡ S. 130 – 131

Der Bundesrat vertritt die Bundesländer und Ihre Anliegen und Positionen auf Bundesebene. Er besteht aus Mitgliedern der Landesregierungen der 16 Bundesländer. Jedes Bundesland hat je nach der Bevölkerungsgröße zwischen drei und sechs Stimmen, die immer einheitlich abgegeben werden müssen. Die Stimmenverteilung ist dabei nicht proportional zur Größe des Landes. Dies soll dafür sorgen, dass die „großen" Länder nicht alleine alles entscheiden können. Bayern hat als eines der bevölkerungsreichsten Länder sechs Stimmen im Bundesrat.

Zusatzwissen:
Welches Bundesland hat wie viele Stimmen im Bundesrat?

3 Stimmen: Bremen, Hamburg, Mecklenburg-Vorpommern, Saarland

4 Stimmen: Berlin, Brandenburg, Rheinland-Pfalz, Sachsen, Sachsen-Anhalt, Schleswig-Holstein, Thüringen

5 Stimmen: Hessen

6 Stimmen: Baden-Württemberg, Bayern, Niedersachsen, Nordrhein-Westfalen

Der Bundesrat hat – so wie der Bundestag und die Bundesregierung – das Gesetzesinitiativrecht, kann also Gesetze einbringen, auch wenn dies in der Praxis selten geschieht. Darüber hinaus ist der Bundesrat in unterschiedlicher Intensität, abhängig von der Art des Gesetzes, an der Gesetzgebung des Bundes beteiligt. Bei Einspruchsgesetzen kann der Bundesrat dem Gesetz die Zustimmung zwar verweigern, dieser Widerspruch kann durch den Bundestag jedoch überstimmt werden. Bei zustimmungspflichtigen Gesetzen, also zum Beispiel jenen, die Kompetenzen der Landesregierungen betreffen oder bei Änderungen des Grundgesetzes, muss der Bundesrat dem Gesetz zustimmen. Tut er dies nicht, scheitert der Gesetzesvorschlag. Somit ist der Bundesrat ein Teil der **Legislative**.

Neben seinen Aufgaben bei der Gesetzgebung auf Bundesebene, nimmt der Bundesrat zudem weitere Aufgaben, wie die Wahl der Hälfte der Richterinnen und Richter des Bundesverfassungsgerichts oder Angelegenheiten im Kontext der Arbeit der EU, wahr.

Aufgaben des Bundesrats:
- Gesetzgebung
- EU-Angelegenheiten
- Richterinnen- und Richterwahl
- Mitwirkung an der Verwaltung
- Kontrolle der Regierungsarbeit

Übung
82000-43

➡ S. 132 – 133

4.7 Bundespräsidentin oder Bundespräsident – ein notwendiges Amt?

Die Bundespräsidentin oder der Bundespräsident ist zwar das Staatsoberhaupt Deutschlands, sie oder er hat aber hauptsächlich repräsentative Aufgaben. Das heißt, sie oder er vertritt die Bundesrepublik Deutschland nach außen. Die Bundespräsidentin oder der Bundespräsident hat selbst nicht viel Macht und entscheidet auch nicht über den Inhalt der Politik.

Zusatzwissen:
Die Bundesrepublik Deutschland ist eine parlamentarische Demokratie. Das bedeutet, dass das Staatsoberhaupt und das Regierungsoberhaupt nicht dieselbe Person sind. In präsidentiellen Demokratien sind Staatsoberhaupt und Regierungsoberhaupt in einer Person vereint (Beispiel: USA).

Die Bundespräsidentin bzw. der Bundespräsident unterschreibt Gesetze und gibt sie bekannt, bestimmt jedoch nicht, was im Gesetz stehen soll. Sie bzw. er nimmt an Veranstaltungen teil und hält Reden, auch im Ausland. Damit können die Menschen und die Politik auf ein Thema aufmerksam gemacht werden. Das Staatsoberhaupt ernennt zudem das Regierungsoberhaupt (also die Bundeskanzlerin oder den Bundeskanzler), nachdem der Bundestag mit der Mehrheit seiner Mitglieder dieses gewählt hat. Die Bundespräsidentin bzw. der Bundespräsident ernennt auch auf Vorschlag des Regierungsoberhaupts die Bundesministerinnen und Bundesminister. Der Bund und die Bundesländer wählen gemeinsam in der eigens dafür etablierten Bundesversammlung die Bundespräsidentin oder den Bundespräsidenten. Ihre bzw. seine Amtszeit beträgt fünf Jahre und sie oder er kann einmalig wiedergewählt werden.

Zusatzwissen:
Seit 1949 gab es in der Bundesrepublik Deutschland 12 verschiedene Bundespräsidenten. Der erste Bundespräsident war Theodor Heuss von 1949-1959. 2017 wurde Frank-Walter Steinmeier zum 12. Bundespräsidenten gewählt.

Übung
82000-44

4.8 Das Bundesverfassungsgericht – mischt es sich zu viel ein?

➡ S. 134 – 135

Das Bundesverfassungsgericht ist das oberste Gericht in Deutschland. Es wird auch als „Hüterin der Verfassung" bezeichnet, da seine wichtigste Aufgabe darin besteht, das Grundgesetz zu schützen. Es ist somit Teil der **Judikative**. Das Bundesverfassungsgericht setzt sich aus zwei Senaten zusammen. In jedem Senat sitzen 8 Richterinnen und Richter. Die eine Hälfte der Richterinnen und Richter des Bundesverfassungsgerichts wird vom Bundestag gewählt. Die andere Hälfte wird vom Bundesrat gewählt.

Wenn unklar ist, ob ein Gesetz gegen die Verfassung verstößt, wird es vom Bundesverfassungsgericht geprüft. Bürgerinnen und Bürger können sich an das Bundesverfassungsgericht wenden, wenn sie das Gefühl haben, dass der Staat ihre Grundrechte verletzt. Das Gericht prüft, ob es für diesen Fall zuständig ist und schreitet gegebenenfalls ein. Zudem ist das Bundesverfassungsgericht u. a. dafür zuständig zu prüfen, ob eine Partei gegen die Verfassung verstößt und verboten werden sollte.

Aufgaben des Bundesverfassungsgerichts:
- Verfassungsbeschwerden
- Normenkontrolle
- Organstreit
- Parteienverbot

Die Rolle des Bundesverfassungsgerichts im Gesetzgebungsprozess ist nicht unumstritten. Es wird häufig der Vorwurf erhoben, es selbst „mache Politik", indem es Gesetze verhindert. Dies fußt aber zu einem großen Teil darauf, dass Politikerinnen und Politiker das Bundesverfassungsgericht bewusst einsetzen, um beispielsweise eine im Parlament verlorene Abstimmung noch zu ihren Gunsten zu beeinflussen. Damit geben sie dem Gericht mehr politischen Einfluss.

Übung

82000-45

KOMPETENZCHECK

M1 Der Gesetzgebungsprozess im Überblick

Der Gang der Gesetzgebung

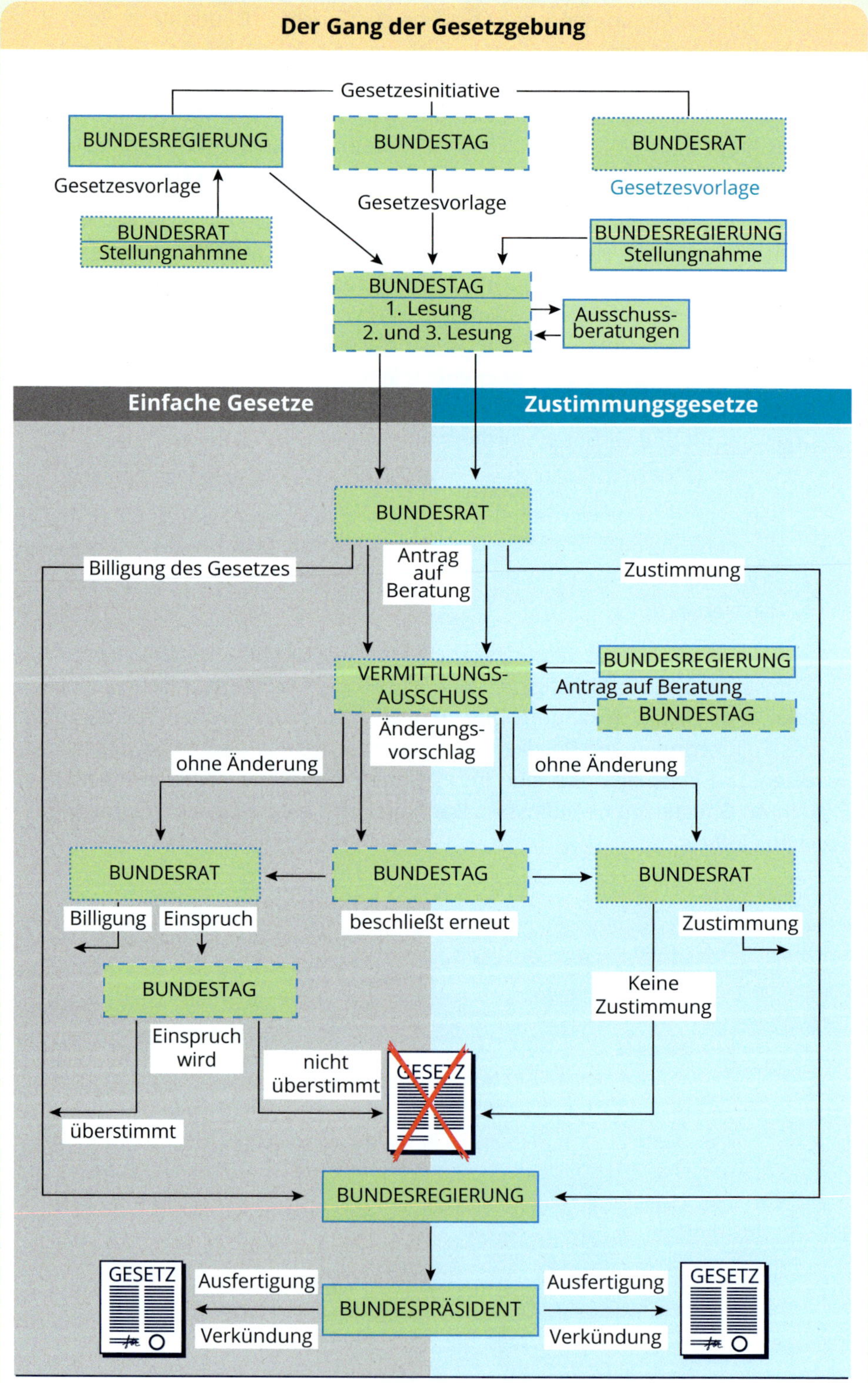

Verfassungsändernde Gesetze erfordern eine 2/3-Mehrheit im Bundestag und im Bundesrat.

M2 Die Umsetzung der Volkssouveränität

Artikel 20 (2) GG

Alle Staatsgewalt geht vom Volke aus. Sie wird vom Volke in Wahlen und Abstimmungen und durch besondere Organe der Gesetzgebung, der vollziehenden Gewalt und der Rechtssprechung ausgeübt.

Bearbeiter

AUFGABEN

1. Beschreiben Sie ausgehend von der Grafik **M1**, wie in Deutschland ein Bundesgesetz entsteht.
2. a) Stellen Sie die Rolle der Verfassungsorgane im Gesetzgebungsprozess in eigenen Worten dar (**M1**).
   b) Erstellen Sie ein begründetes Ranking: Welches Verfassungsorgan hat die meiste Macht im Gesetzgebungsprozess (**M1**)?
   c) Vergleichen Sie Ihre Rankings untereinander und diskutieren Sie Unterschiede.
3. Ein Verfassungsorgan kommt in dem Schaubild in **M1** nicht vor. Benennen Sie dieses und erklären Sie, welche Rolle es in dem Prozess spielt.
4. Im Bundestag werden wichtige Entscheidungen mehrheitlich getroffen. Die Regierungsparteien haben jedoch quasi immer eine absolute Mehrheit. Können diese daher alles alleine bestimmen? Nehmen Sie begründet Stellung zu dieser Frage.
5. „Alle Staatsgewalt geht vom Volke aus." Erklären Sie diese Aussage aus Art. 20 (2) GG mithilfe der Grafik in **M2**.

Übung

82000-16

Erklärfilm zum Gesetzgebungsprozess

70040-28

Lösungsvorschläge zu den Aufgaben

70040-29

Tabelle zur Selbsteinschätzung

70040-30

Karikatur: Plaßmann, Thomas 2005

Was wissen Sie schon?

1. Beschreiben Sie sich gegenseitig zu zweit die Karikatur und halten Sie deren Aussage fest.
2. Sammeln Sie in der Klasse Ideen, welche „Hebel" die Politik hat, um Einfluss auf Wirtschaft und Arbeitsplätze zu nehmen.
3. Diskutieren Sie, ob Sie der Aussage der Karikatur zustimmen würden und begründen Sie Ihre Entscheidung.

5

Marktwirtschaft und Wirtschaftspolitik – gegen- oder miteinander?

Wir leben in einer sozialen Marktwirtschaft. Das bedeutet, die Gesellschaft und Politik vertrauen darauf, dass sich durch die Mechanismen des freien Marktes die Wirtschaft und das Geld selbst regulieren. Dies führe zu mehr Wirtschaftswachstum und damit zu größerem Wohlstand für alle Beteiligten. Manchmal „versagt" der Markt jedoch und die Politik muss entgegensteuern, um den Markt wieder zu regulieren. Wie sehen diese Instrumente aus? Was ist Wirtschaftswachstum eigentlich und ist es wirklich so erstrebenswert?

Was lernen Sie in diesem Kapitel?

Sie lernen, ...

- das Bruttoinlandsprodukt und dessen Funktion zu beschreiben.
- sich zum Zusammenhang zwischen Bruttoinlandsprodukt und Wohlstand zu positionieren.
- zu erklären, welche Bedeutung, aber auch welche Grenzen Wachstum für die Marktwirtschaft hat.
- den Konjunkturzyklus darzustellen.
- Möglichkeiten der Politik zu erläutern, auf den Markt Einfluss zu nehmen.
- zu beurteilen, inwiefern Staatsverschuldung ein Problem für die Zukunft darstellt.
- die Bedeutung und Auswirkungen des Leitzinses als Mittel europäischer Geldpolitik zu beschreiben.

Lernaufgabe: Einen Erklärfilm erstellen

Ein Erklärfilm dient dazu, komplizierte Sachverhalte möglichst einfach und mithilfe von geeigneter visueller Unterstützung darzulegen. Dies können Bilder, gestellte Szenen oder auch Zeichnungen sein. Sie können sich die Inhalte des folgenden Kapitels mithilfe der Lernaufgabe in arbeitsteiligen Gruppen durch das Erstellen solcher Filme erschließen und dabei teils abstrakte Sachverhalte für andere deutlich und konkret erklären.

Gehen Sie so vor:

Start

1

Bilden Sie Gruppen aus 3 – 5 Personen, die möglichst viele verschiedene Stärken mitbringen, z. B. beim Umgang mit Videokameras, Film-Software, dem Schreiben eines Drehbuchs, Zeichnen und Basteln, usw.

2

Sehen Sie sich zunächst gemeinsam einige Erklärfilme im Internet oder über beispielsweise die Mediencodes bei **M3** (→ Kapitel 5.1, S. 151) oder **M2** (→ Kapitel 5.7, S. 162) an. Sammeln Sie dabei stichpunktartig Ideen für mögliche eigene Szenen oder Darstellungsweisen.

3

Wählen Sie pro Gruppe ein Unterkapitel aus und fassen Sie dieses in der Gruppe auf ein bis zwei Seiten zusammen:

- Kapitel 5.1: Berechnung und Funktion des Bruttoinlandsprodukts
- Kapitel 5.2: Das Bruttoinlandsprodukt als Wohlstandsindikator
- Kapitel 5.3: Wirtschaftswachstum
- Kapitel 5.4: Der Konjunkturzyklus
- Kapitel 5.5: Wirtschaftspolitik
- Kapitel 5.6: Staatsverschuldung
- Kapitel 5.7: Leitzins

4

Ihre Aufgabe ist es nun, das Ihnen zugewiesene Unterkapitel in einem 3 – 4 minütigen Erklärfilm zusammenzufassen. Schreiben Sie hierfür ein Drehbuch, das die Abfolge der Szenen, die jeweilige Art der Darstellung sowie insbesondere den gesprochenen Text enthält. Ein möglichst genaues Drehbuch erleichtert Ihnen später die Arbeit und verhindert beispielsweise, dass Sie im nächsten Schritt Materialien erstellen, die Sie später gar nicht benötigen.

5

Erstellen Sie anhand des Drehbuchs die benötigten Materialien und besorgen Sie sich eventuell Bilder. Achten Sie auf das Urheberrecht und fragen Sie bei Unsicherheiten über eine mögliche Verwendung Ihre Lehrkraft.

Unter folgendem Link finden Sie ein 7-teiliges Videotutorial. Hier erfahren Sie Schritt für Schritt, was beim Drehen eigener Videos beachtet werden muss.

70040-31

6

Jede Gruppe spielt der Klasse ihr Video vor. Die Zuschauerinnen und Zuschauer machen sich dabei Notizen darüber, welche Aspekte des Videos gelungen sind und welche eventuell weniger geglückt sind. Außerdem können Sie sich Fragen notieren, die das Video unbeantwortet lässt oder nicht verständlich genug erklärt hat.

Hinweis: Es kann sinnvoll oder auch notwendig sein, das Video ein zweites Mal vorzuspielen.

Ziel

7

Diskutieren Sie den Erklärfilm in der Klasse. Die Zuschauerinnen und Zuschauer können dabei konstruktive Kritik äußern und die Gruppe, die den Film erstellt hat, kann eventuell noch ausstehende Fragen der Klasse beantworten.

5.1 Das Bruttoinlandsprodukt – kann man Wirtschaftskraft messen?

→ Fachwissen, S. 165

Unsere Volkswirtschaft ist sehr komplex. Unternehmen, Haushalte und der Staat kaufen Produkte, stellen Waren her, bieten Dienstleistungen an oder zahlen Steuern. Wie kann man über all diese Leistungen der Wirtschaft den Überblick behalten?

M1 Schlagzeilen zum Bruttoinlandsprodukt im Zuge der Corona-Krise

1 **Deutschlands Wirtschaft schrumpft weniger stark als befürchtet**

Die deutsche Wirtschaft meldet sich nach dem coronabedingten Absturz im Frühjahr wieder zurück. Das Bruttoinlandsprodukt (BIP) stieg im Zeitraum Juli bis September gegenüber dem Vorquartal kräftig [...].

© Augsburger Allgemeine: Deutschlands Wirtschaft schrumpft weniger stark als befürchtet. In: www.augsburger-allgemeine.de, 30.10.2020

2 **Das Bruttoinlandsprodukt ist unkaputtbar**

Obwohl es Schwächen hat, ist das „BIP" in der Wohlstandsmessung weiterhin das Maß aller Dinge. Alternativen stehen bereit – warum dringen sie nicht durch?

Pennekamp, Johannes: Das Bruttoinlandsprodukt ist unkaputtbar. In: Frankfurter Allgemeine Zeitung, www.faz.net, 03.11.2020

3 **Studie: Homeoffice senkt Bruttoinlandsprodukt**

Der Homeoffice-Effekt könnte das deutsche Bruttoinlandsprodukt [...] dieses Jahr um 15 Milliarden Euro senken [...]. Für das Pendeln zum Arbeitsplatz, das Mittagessen im Restaurant, Einkäufe im Büroviertel oder auf dem Arbeitsweg und für Unterhaltung gäben [Angestellte] weniger Geld aus. [...] Dazu kämen indirekte Effekte wie beispielsweise der geringere Energieverbrauch von Gaststätten.

Süddeutsche Zeitung: Studie: Homeoffice senkt Bruttoinlandsprodukt. In: www.sueddeutsche.de, 26.05.2021

M2 Was ist das Bruttoinlandsprodukt (BIP)?

Export
Ausfuhr von Waren ins Ausland

Import
Einfuhr von Waren aus dem Ausland

Das Bruttoinlandsprodukt (BIP) misst die Summe aller wirtschaftlichen Leistungen eines Landes in einem Jahr und bildet die Grundlage zur Berechnung des Wirtschaftswachstums.
Alle Ausgaben, die Menschen in Deutschland tätigen, für Lebensmittel, Autos, für Häuser oder Friseurbesuche, fließen in das Bruttoinlandsprodukt mit ein. Dazu kommen noch die Ausgaben, die der Staat tätigt. Darunter fallen die Gelder für den Straßenbau, für Schulen und die Polizei. Auch die Unternehmen investieren, zum Beispiel für Maschinen. Schließlich fließen auch Exporte in die Berechnung des BIPs mit ein. Importe gehen nicht mit ein.

Bearbeiter

M3 Wie wird das Bruttoinlandsprodukt berechnet?

Die BIP-Gleichung

		Haushalte		Unternehmen		Staat		Ausland		
BIP	=	Konsum	+	Investitionen	+	Staatsausgaben	+	Exporte	–	Importe

1. Roman kauft sich bei einem Schuhhändler in seiner Stadt zwei neue Paar Schuhe.
2. Lisa bestellt online ein Kleid aus Paris.
3. Eine Firma kauft eine neue Fabrikhalle.
4. Ein deutsches Unternehmen verkauft Computerchips in die USA.
5. Ein deutsches Mobilfunkunternehmen kauft chinesische Funktechnik, um damit die flächendeckende Abdeckung mit dem neuesten Standard im Mobilfunk für Deutschland voranzubringen.
6. Die bayerische Landesregierung schafft neue Uniformen für die Polizei an.
7. Ein deutscher Monteur baut in Kanada eine Industriemaschine auf, die man vorher dorthin verkauft hat.

Bearbeiter

Erklärfilm zum Bruttoinlandsprodukt

70040-32

AUFGABEN

1. a) Sammeln Sie zu zweit anhand der Schlagzeilen in **M1** erste Ideen, was das Bruttoinlandsprodukt misst.
   b) Arbeiten Sie aus den Schlagzeilen (**M1**) die Bedeutung des BIPs, die diesem von den Zeitungen zugesprochen wird, heraus.
2. Begründen Sie mithilfe der Definition aus **M2**, wieso das Bruttoinlandsprodukt als Maß zur „Wohlstandsmessung" (**M1**) genutzt werden kann.
3. Ordnen Sie die Fälle in **M3** der BIP-Gleichung zu und begründen Sie, ob das BIP Deutschlands am Ende steigt.
4. Diskutieren Sie, ob in das BIP alle relevanten Daten einer Volkswirtschaft einfließen oder ob Faktoren, die in die Wertschöpfung eines Landes einfließen können, dabei außen vor gelassen werden.

F **zu Aufgabe 3**
Häufig werden auch die Begriffe „Bruttosozialprodukt" und „Bruttonationaleinkommen" in einem ähnlichen Kontext wie das BIP verwendet. Recherchieren Sie mithilfe des Mediencodes bei **M3**, worin sich die drei Begriffe unterscheiden und stellen Sie Ihr Ergebnis kurz der Klasse vor.

H **zu Aufgabe 4**
Berücksichtigen Sie Formen z. B. Formen von Arbeit aus Ihrem Alltag, die nicht aufgeführt werden.

5.2 Hängen BIP und Wohlstand zusammen?

→ Fachwissen, S. 166

Aus dem letzten Kapitel kennen Sie bereits das Bruttoinlandsprodukt als Maßstab zur Berechnung der Wirtschaftskraft eines Landes. Häufig wird diese Wirtschaftskraft gleichgesetzt mit dem Wohlstand eines Landes. Die Überlegung dahinter ist recht simpel: Wenn viel produziert, gehandelt, konsumiert, etc. wird, dann geht es den Menschen in diesem Land offensichtlich gut. Aber ist dies wirklich so?

M1 Das Problem der Messung

Eine Frau spült Geschirr.

Ein Mann liegt krank im Bett.

Plastikflaschen liegen am Strand.

Eine Frau wird bestohlen.

M2 Die Aussagekraft des BIP

Der amerikanische Senator Robert Kennedy äußerte [...] im Jahre 1968 folgende Kritik am Bruttoinlandsprodukt: Es berücksichtige nicht die Gesundheit der Jugend, die Qualität ihrer Erziehung oder ihre Freude am Spiel. Es schließe die Schönheit der Poesie ebenso wenig wie die Stärke der Ehe ein. [...] Es messe kurz gesagt alles, ausgenommen das, was das Leben lebenswert mache.

Warum aber interessiert dann überhaupt das BIP? Die Antwort lautet: Ein hohes BIP hilft tatsächlich, ein gutes Leben zu führen. Das BIP misst zwar nicht die Gesundheit der Kinder und Qualität der Ausbildung, aber Länder mit einem höheren BIP können sich ein besseres Gesundheits- und Bildungssystem leisten. Das BIP berücksichtigt auch nicht Intelligenz, Integrität oder Mut, aber alle diese lobenswerten Eigenschaften lassen sich leichter fördern, wenn die Menschen weniger damit beschäftigt sind, sich um die materiellen Notwendigkeiten des Lebens zu sorgen. Kurz gesagt misst also das BIP die Dinge, die das Leben lebenswert machen, nicht direkt, es misst aber die Fähigkeit, die Einsatzfaktoren für ein lebenswertes Leben zu erhalten.

Nach: Mankiw, N. Gregory: Grundzüge der Volkswirtschaftslehre, Stuttgart 2004, S. 553 f.

M3 Alternativen zum BIP als Wohlstandsindikator

Die glücklichsten Menschen der Welt leben in Finnland. Das zeigt der aktuelle World Happiness Report, für den Wissenschaftler Daten von 156 Ländern ausgewertet haben. Aus diesen wurde ein Index errechnet, in den Kriterien wie etwa das Einkommen, die Lebenserwartung oder der Grad der sozialen Absicherung einfließen.

In unserer unmittelbaren Nachbarschaft sind die Schweizer am glücklichsten. Deutschland liegt [im Jahr 2020] wie schon im Vorjahr auf Platz 17. Damit sind die Bundesbürger weniger glücklich als die Briten, aber glücklicher als Franzosen, Spanier und Italiener.

Nach: Brand, Mathias: World Happiness Report: Finnen sind am glücklichsten. In: de.statista.com, 20.07.2020.

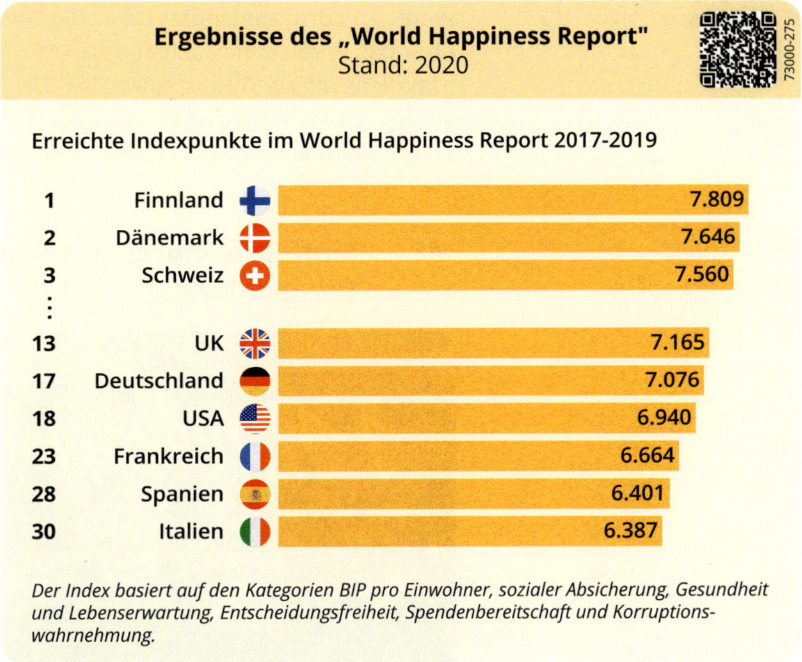

Nach: © Statista 2020, Quelle: World Happiness Report 2020

AUFGABEN

1. a) Erklären Sie anhand der BIP-Gleichung (→ Kapitel 5.1, **M3**, S. 151), ob das BIP durch die Geschehnisse, die in den Bildern dargestellt sind, beeinflusst wird (**M1**).

b) Beschreiben Sie, welche Determinanten von Lebensqualität (→ Kapitel 1, Fachwissen, S. 27) durch die Ereignisse in den Bildern berührt werden (**M1**).

2. Beschreiben Sie, wie sich der folgende Fall auf das Bruttoinlandsprodukt auswirkt und diskutieren Sie zu zweit, ob dadurch der Wohlstand des Landes gemehrt wird (**M2**):

Auf der Autobahn A 3 in Richtung Köln kommt es zu einem schweren Verkehrsunfall. Drei Menschen werden so schwer verletzt, dass sie mit dem Hubschrauber abgeholt und operiert werden müssen; sie liegen vier Wochen im Krankenhaus. Es kommt an den Autos und LKWs zu Schäden von über 700.000 Euro. Die Autobahn ist bereits nach 2 Stunden wieder voll befahrbar.

3. Fassen Sie die in **M2** formulierte Kritik in eigenen Worten zusammen.

4. a) Analysieren Sie in Kleingruppen die Statistik in **M3**.

b) Diskutieren Sie gemeinsam, ob Sie die Bemessungsgrundlage der Studie zur Bestimmung des persönlichen Glücks einer Bevölkerung geeignet finden.

c) Benennen Sie Kategorien zur Bestimmung persönlichen Glücks, die Ihnen gegebenenfalls fehlen.

5.3 Wie entsteht Wirtschaftswachstum?

→ Fachwissen, S. 166 – 167

Wenn vom Bruttoinlandsprodukt die Rede ist, wird in diesem Zusammenhang auch oft über das Wirtschaftswachstum gesprochen. Ein möglichst großes Wirtschaftswachstum dient oft als Wahlversprechen für Politikerinnen und Politiker, da es gemeinhin als etwas Erstrebenswertes wahrgenommen wird. Aber wie entsteht wirtschaftliches Wachstum eigentlich und welche Faktoren haben darauf Einfluss?

M1 Einflussfaktoren auf die wirtschaftliche Entwicklung Deutschlands

1955: Fertigstellung des millionsten „Käfers“

1989: Mauerfall

2001: Terroranschlag auf das World Trade Center

2020: Corona-Pandemie

M2 Was versteht man unter Wirtschaftswachstum?

Erklärfilm zu Wirtschaftswachstum

70040-33

Eine Wirtschaft wächst, wenn das Bruttoinlandsprodukt eines Jahres größer ist, als das des Vorjahres. Wirtschaftswachstum wird meist prozentual angegeben und in der Regel positiv für die Entwicklung der Wirtschaft angesehen. In Phasen des Wachstums sinkt meist die Arbeitslosigkeit, weil viele Unternehmen bereit sind, neue Mitarbeiterinnen und Mitarbeiter einzustellen und Geld zu investieren, um sich zu vergrößern.

Ein stetes und angemessenes Wirtschaftswachstum ist ein wirtschaftspolitisches Ziel Deutschlands.

Man unterscheidet zwei Facetten des Wachstumsbegriffs:

Quantitatives Wachstum

Quantitatives Wachstum bezeichnet dabei die rein mengenmäßige Zunahme der Wirtschaft eines Landes. Das bedeutet, das BIP nimmt zu.

Qualitatives Wachstum

Unter qualitativem Wachstum hingegen versteht man ein Wachstum, dass die Lebensqualität der Bevölkerung, den Umweltschutz und soziale Gerechtigkeit mit in den Blick nimmt. Dies zu messen ist jedoch ausgesprochen schwierig.

Bearbeiter

M3 Wie wird das Wirtschaftswachstum beeinflusst?

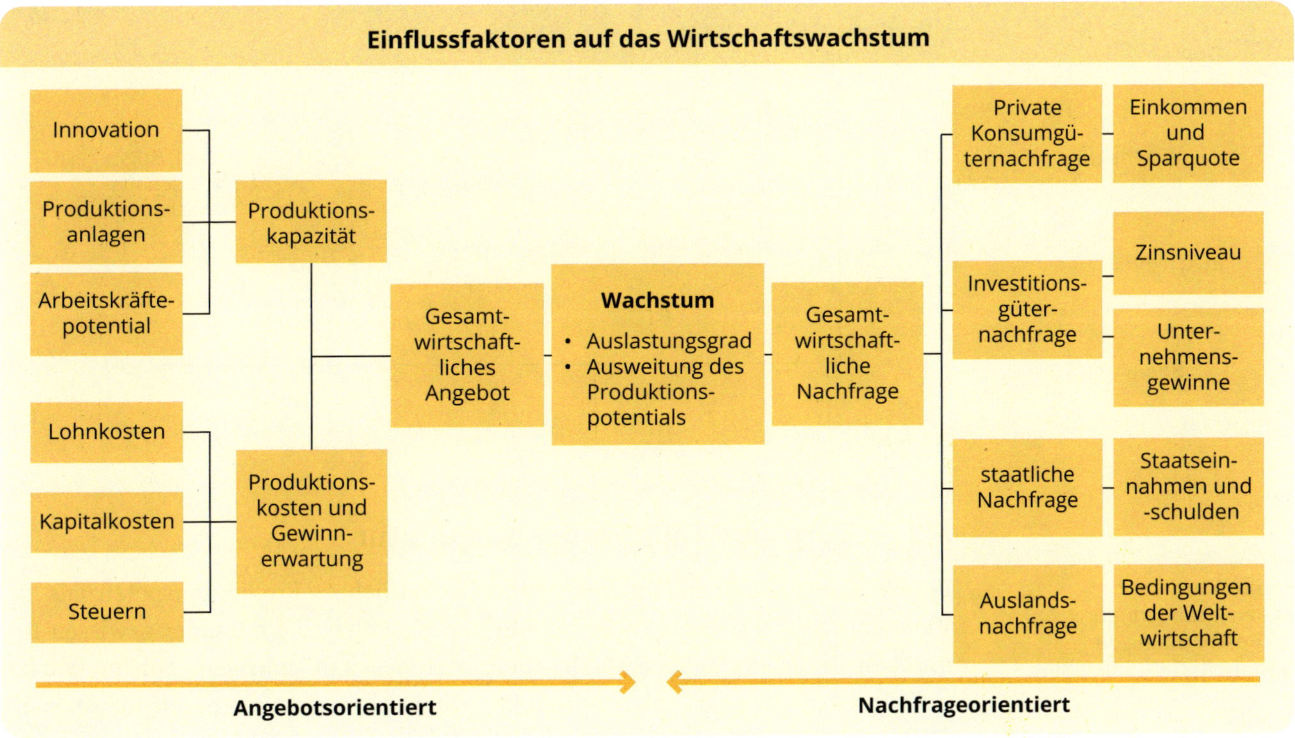

Bearbeiter

AUFGABEN

1. Benennen Sie anhand der Abbildungen aus **M1** Faktoren, welche die wirtschaftliche Entwicklung eines Landes beeinflussen können.
2. Erklären Sie den Unterschied zwischen qualitativem und quantitativem Wachstum (**M2**) jeweils an einem konkreten Beispiel aus dem Alltag.
3. Erläutern Sie ausführlich, wie Wirtschaftswachstum entsteht (**M2, M3**). Stellen Sie die Zusammenhänge als Wirkungsketten (→ Methodenkarte, S. 164) dar.

5.4 Der Konjunkturzyklus – wie entwickelt sich die Wirtschaft?

→ Fachwissen, S. 167

Eine gleichbleibend positive Entwicklung der Wirtschaft wäre eine schöne Vorstellung. Aber ist sie auch wirklich realistisch? Stellen Sie sich vor, Sie suchen einen Ausbildungsplatz nach der Schule. Wie hängt Ihre Suche mit der Entwicklung der Wirtschaft zusammen?

M1 Schwankungen in der Entwicklung des Wirtschaftswachstums

1 Depression

2 Aufschwung

3 Abschwung

4 Boom

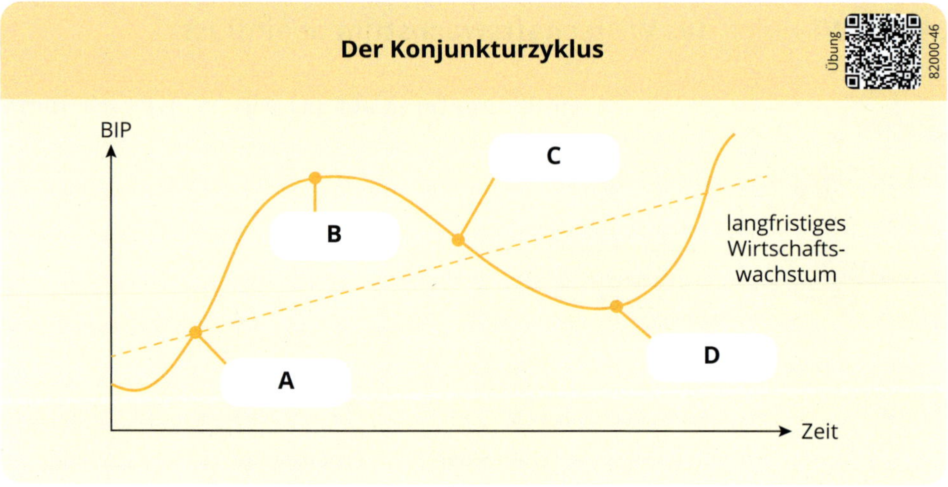

Bearbeiter

M2 Berg- und Talfahrt der Konjunktur

Konjunktur
ist der Fachbegriff für die Beschreibung der wirtschaftlichen Situation.

Zyklus
ist ein anderes Wort für Kreislauf.

Eine Volkswirtschaft steht niemals still. Vielmehr ändern sich sämtliche ökonomischen Größen im Zeitablauf. Dies betrifft insbesondere das Inlandsprodukt (BIP) und seine Komponenten – den Konsum, die Investitionen, die Staatsausgaben und die Exporte sowie die Importe. Typischerweise steigt die gesamtwirtschaftliche Produktion von Waren und Dienstleistungen der Tendenz nach an. Dadurch erhöht sich der durchschnittliche Lebensstandard der Bevölkerung. Allerdings verläuft diese Zunahme nicht gleichmäßig. Um den Trend sind Veränderungen des Wirtschaftswachstums und Schwankungen im Auslastungsgrad des gesamtwirtschaftlichen Produktionspotenzials zu beobachten, die mit einer gewissen Regelmäßigkeit eintreten. Solche Wachstumsschwankungen bezeichnen wir als Konjunkturschwankungen beziehungsweise Konjunkturzyklen. Der Begriff Konjunkturzyklus ist allerdings ein wenig irreführend. Es kommt zwar „regelmäßig" zu einem Auf und Ab der Konjunktur. Der Zeitabstand zwischen dem Beginn eines Aufschwungs über Boom-, Abschwung- beziehungsweise Rezessionsphase bis hin zu einem neuen Aufschwung ist jedoch unterschiedlich und kaum präzise vorhersehbar.

Sperber, Herbert: Wirtschaft verstehen, 3. Auflage, Stuttgart 2009, S. 118

M3 Fallbeispiel: Auswirkungen konjunktureller Schwankungen im Alltag

1 Sandra macht gerade eine Ausbildung zur Dachdeckerin im Betrieb von Frau Yilmaz und hofft darauf, nach ihrem Abschluss eine Festanstellung zu erhalten. Damit könne sie genug verdienen, um sich einen eigenen Gebrauchtwagen zu kaufen.

2 Bei einer Verschlechterung der gesamtwirtschaftlichen Lage drohen häufig Kündigungen, weswegen ein potentieller Kunde von Fr. Yilmaz' Betrieb einen Auftrag storniert, da er um seinen Arbeitsplatz fürchtet und das Geld lieber sparen möchte.

3 Dadurch fehlt Frau Yilmaz das Geld, um Sandra fest anzustellen. Die fehlende Planungssicherheit mit Blick auf ihre finanzielle Zukunft führt dazu, dass Sandra ihr Geld sicherheitshalber sparen möchte, wodurch sie sich auch kein neues Auto kaufen kann.

4 Der Gebrauchtwagenhändler Kowalski kann Sandra demnach kein Auto verkaufen. Wenn auch andere seiner potentiellen Kunden aufgrund ähnlicher Unsicherheiten wie bei Sandra von einem Kauf absehen, ist auch Hr. Kowalski gezwungen, zu sparen.

Bearbeiter

AUFGABEN

1. Ordnen Sie die Begriffe aus der Randspalte bei **M1** den Feldern in der Grafik zu.
2. Erklären Sie den Unterschied zwischen Wirtschaftswachstum (→ Kap. 5.1) und Konjunkturentwicklung (**M2**).
3. a) Erklären Sie mithilfe von **M2** und **M3**, welche Auswirkungen konjunkturelle Schwankungen auf die Wirtschaft (z. B. Steuereinnahmen, Arbeitslosigkeit, Preisentwicklung oder Auftragsbücher von Unternehmen) haben. Warum ist gerade in den Extremen die Entwicklung problematisch?
   b) Stellen Sie Vermutungen an, wie sich das Fallbeispiel aus **M3** weiterentwickeln könnte.
   c) Diskutieren Sie, ob es für einen Staat notwendig ist, bei konjunkturellen Tiefs oder Krisen einzugreifen.

H **zu Aufgabe 3b**
Bedenken Sie dabei, welche Personen oder auch Unternehmen davon betroffen sind, wenn der Autohändler weniger ausgeben möchte. Auch ein Autohändler hat z. B. Angestellte und kauft die Wagen zunächst an, um sie weiterzuverkaufen. Wie sind diese Personen daraufhin betroffen?

5.5 Der Staat greift ein – antizyklische Wirtschaftspolitik

→ Fachwissen, S. 168

Unser Wirtschaftssystem ist sehr komplex. Wenn die Regierung eine wirtschaftspolitische Entscheidung trifft, hat diese viele unterschiedliche Konsequenzen. Sie muss deshalb vorher genau abwägen, wer wie betroffen ist. Angenommen, Sie dürften die Regierung bei einer wirtschaftspolitischen Maßnahme beraten. Was würden Sie vorschlagen?

M1 Vom Staatsauftrag zum Wirtschaftswachstum

1. Wirtschaftswachstum
2. Bau von Schulen und Straßen
3. Aufträge an Bauunternehmen
4. Unternehmen haben Geld, um Menschen einzustellen oder Aufträge zu erteilen. Auch andere Unternehmen profitieren.
5. Menschen haben mehr Geld, das sie ausgeben können.

Bearbeiter

M2 Wie greift der Staat in den Konjunkturzyklus ein?

[Antizyklische Wirtschafts-/Fiskalpolitik ist die] Bezeichnung für eine Wirtschaftspolitik, die das Ziel verfolgt, die konjunkturellen Ausschläge durch geeignete Maßnahmen und rechtzeitiges Gegensteuern zu glätten, um die wirtschaftliche Entwicklung zu verstetigen. Theoretische Grundlage ist die Beschäftigungstheorie von John Maynard Keynes (* 1883, † 1946), der den Grund für Beschäftigungsschwankungen und Arbeitslosigkeit in der Volkswirtschaft in einer zu geringen gesamtwirtschaftlichen Nachfrage sieht.

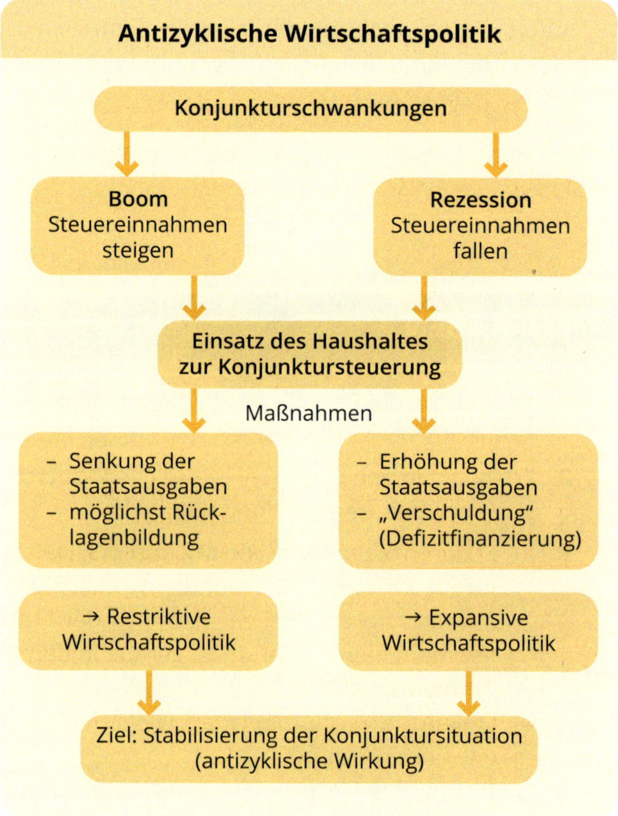

Duden Wirtschaft von A bis Z: Grundlagenwissen für Schule und Studium, Beruf und Alltag. 6. Aufl. Mannheim: Bibliographisches Institut 2016. Lizenzausgabe Bonn: Bundeszentrale für politische Bildung 2016.

M3 Was ist Wirtschaftspolitik?

Unter Wirtschaftspolitik versteht man alle Maßnahmen des Staates, mit denen die Wirtschaft gesteuert wird. Dabei stehen sich zwei Ansätze gegenüber: Bei einer nachfrageorientierten Wirtschaftspolitik übernimmt der Staat die Aufgabe, die wirtschaftliche Entwicklung zu stabilisieren. Dazu sorgt er in Zeiten eines wirtschaftlichen Abschwungs oder einer Krise durch Investitionen selbst für die fehlende Nachfrage. Wenn es notwendig ist, nimmt er dazu auch Kredite auf.

Die angebotsorientierte Wirtschaftspolitik stellt dagegen die Gewinnerwartungen der Unternehmen in den Mittelpunkt. Nur wenn Unternehmen auch davon ausgehen, dass sie Gewinne machen, werden sie wirtschaftlich aktiv werden. Eine erfolgreiche Wirtschaftspolitik zeichnet sich dann dadurch aus, dass der Staat den Unternehmen möglichst viele Freiheiten lässt.

Bearbeiter

M4 Beispiele für Wirtschaftspolitik

1 Im Zuge eines Konjunkturpakets erhält eine Schule staatliche Mittel zur energetischen Sanierung ihres Gebäudes. Es werden neue Fenster eingebaut.

2 Unternehmen erhalten verstärkt Abschreibungsmöglichkeiten, sodass nicht mehr so viel Gewinn versteuert werden muss.

3 Die Mehrwertsteuer wird von 19 % auf 20 % erhöht.

4 Eine bereits fertig geplante Autobahnerweiterung wird gebaut.

5 Alle Eltern bekommen einen größeren Kinderfreibetrag eingeräumt, sodass sie weniger Einkommen bezahlen müssen.

Bearbeiter

AUFGABEN

1. Erklären Sie, wieso staatliche Bauaufträge zu Wirtschaftswachstum führen. Bringen Sie dazu die Kärtchen aus **M1** in die richtige Reihenfolge.
2. a) Stellen Sie sich gegenseitig den Verlauf einer antizyklischen Wirtschaftspolitik (**M2**) jeweils im Falle eines „Booms“ und einer „Rezession“ vor.
   b) Finden Sie zu beiden Verläufen jeweils ein passendes selbstgewähltes Beispiel für staatliches Eingreifen in den Konjunkturzyklus.
3. Beschreiben Sie den Unterschied zwischen nachfrage- und angebotsorientierter Wirtschaftspolitik in eigenen Worten (**M3**).
4. Diskutieren Sie zu zweit, wie sich die Maßnahmen in **M4** auf die Konjunktur auswirken.
5. Erklären Sie, ob die Maßnahmen jeweils angebots- oder nachfrageorientiert sind (**M3, M4**).

5.6 Staatsverschuldung – müssen wir raus aus den Schulden?

→ Fachwissen, S. 168

Die Versuchungen sind groß. Ein neues Smartphone, die neue Playstation oder auch einfach nur der nächste Döner um die Ecke wollen bezahlt sein. Doch was soll man tun, wenn man gerade kein Geld (dabei) hat? Die Antwort ist für viele Menschen glasklar: Schulden! Doch ist das immer die beste Lösung? Inwiefern lassen sich Schulden von Privatpersonen mit denen von Staaten vergleichen? Und geht es eigentlich auch ohne Schulden oder sind Schulden nicht immer schlecht?

M1 Die Staatsverschuldung Deutschlands

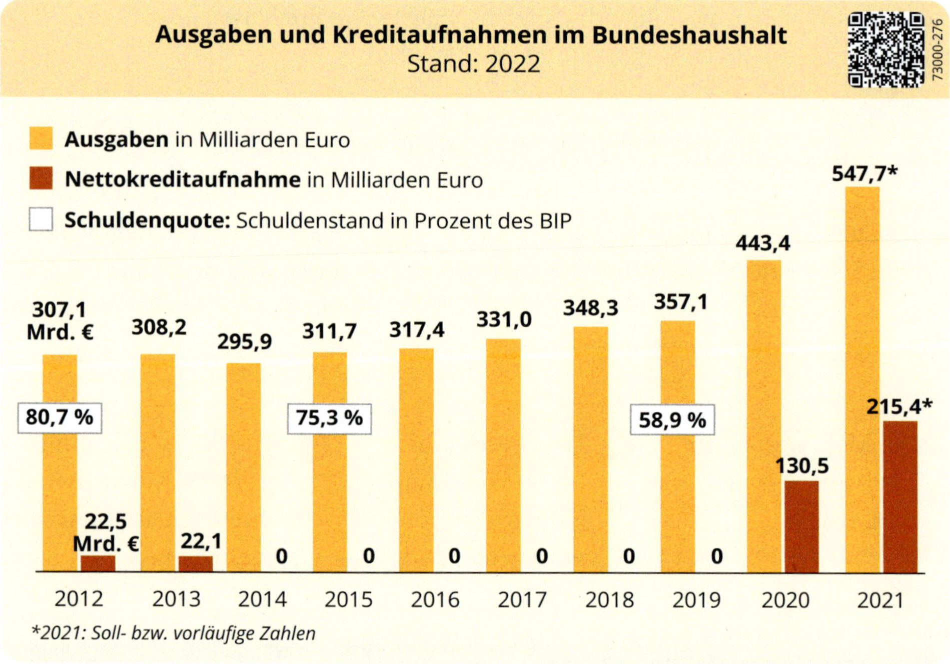

©C.C. Buchner Verlag, aktuelle Daten nach: Bundesfinanzministerium, 2022 und Bundesbank, 2022

M2 Woher kommen Staatsschulden?

Staatsanleihen
sind Schuldverschreibungen, auch Bundesanleihen genannt, die von der Bundesrepublik herausgegeben werden. Käufer dieser Anleihen erhalten Zinsen und das investierte Geld nach einer Laufzeit von 10 oder 30 Jahren zurück.

Staaten müssen viele Ausgaben schultern. Sei es der Bau einer neuen Autobahn, die Sanierung eines öffentlichen Gebäudes, aber auch komplexere Projekte wie z. B. Unterstützung für Menschen in Not oder die Energiewende zum Schutz des Klimas. Um diese Ausgaben zu finanzieren, benötigen Staaten Geld. Die Einnahmen eines Staates, die er hauptsächlich durch Steuern erhält, reichen dafür oft nicht aus, weswegen er Schulden über Staatsanleihen aufnehmen muss.

Schulden werden also auf der einen Seite benötigt, damit der Staat investieren kann und damit unter anderem Bildung, Infrastruktur, Gesundheit und vieles mehr sicherstellen kann. Hierdurch können langfristig Wirtschaftswachstum und damit steigende Steuereinnahmen entstehen. Auf der anderen Seite liegt es in der Natur von Schulden,

dass sie irgendwann zurückgezahlt werden müssen. Daher fürchten viele, dass nachfolgende Generationen die Lasten der heutigen Verschuldung durch hohe Steuern zahlen müssen.
Deswegen führte Deutschland die „Schuldenbremse" ein, welche Bund und Länder dazu verpflichtet, die jährliche Neuverschuldung auf ein festgelegtes Maß (0,35 % des BIP) zu beschränken. Darüber hinaus hat sich Deutschland seit 2016 verpflichtet, keine neuen Schulden mehr aufzunehmen, außer es liegt ein Notfall vor. Ein solcher Notfall machte im Jahr 2020 im Zuge der Corona-Pandemie die Aussetzung der „Schwarzen Null" notwendig. Mit der „Schwarzen Null" wird ein ausgeglichener Haushalt bezeichnet, bei dem die Ausgaben die Einnahmen nicht übersteigen. Der Begriff kommt aus der Buchhaltung, in der schwarze Zahlen zur Kennzeichnung einer positiven Bilanz und rote bei Verlusten genutzt werden.

Bearbeiter

M3 Karikatur über die Folgen von Staatsverschuldung

Karikatur: Sakurai, Heiko 2020

AUFGABEN

1. Analysieren Sie das Diagramm in **M1** (→ Methodenseite, S. 102).
   a) Beantworten Sie mithilfe der Daten aus **M1** folgende Fragen:
      • Was ist das Besondere der Jahre 2014 – 2019?
      • Warum ist die Schuldenquote in dieser Phase gesunken?
      • Wurde in dieser Zeit eine restriktive Wirtschaftspolitik betrieben?
   b) Bilden Sie ein spontanes Urteil darüber, ob Sie in der dargestellten Entwicklung ein Problem sehen.
2. a) Beschreiben Sie mithilfe von **M2**, wieso Schulden von Staaten häufig als notwendig angesehen werden.
   b) Erklären Sie die Begriffe „Schwarze Null" sowie „Schuldenbremse" und worin diese sich unterscheiden.
3. a) Analysieren Sie die Karikatur in **M3** (→ Methodenseite, S. 18).
   b) Erörtern Sie, ob sich die Einführung einer Schuldenbremse positiv oder negativ auf nachfolgende Generationen auswirkt (**M2, M3**).

F **zu Aufgabe 2**
Recherchieren Sie über die Gründe für die Einführung einer Schuldenbremse im Jahr 2016. Beziehen Sie dabei auch das Diagramm aus **M1** mit ein.

5.7 Der Leitzins – nur ein Mittel zur Inflationsbekämpfung?

→ Fachwissen, S. 169

Neben der Rezession mit ihren schädlichen Folgen wird in einer Volkswirtschaft vor allem die Inflation, die Geldentwertung, gefürchtet. Diese zu verhindern, ist Aufgabe der Europäischen Zentralbank, kurz EZB, die dafür den Leitzins als Mittel nutzen kann. Aber worin liegt überhaupt die Gefahr bei einer Inflation? Und was ist der Leitzins und kann er diese wirklich verhindern?

M1 Gefahren von Inflation

[W]as ist das überhaupt: Inflation? Wenn die Kugel Vanilleeis beim Italiener um die Ecke schon wieder teurer geworden ist, die Tankfüllung wegen der steigenden Ölpreise und Steuern mehr kostet und in der Wurstpackung zum selben Preis statt 100 nur noch 80 Gramm Lyoner stecken. Dann herrscht Inflation – zumindest, wenn sich Eis, Benzin und Wurst im Warenkorb einer Durchschnittsfamilie finden und dieser Warenkorb immer teurer wird. Die Verbraucherpreise steigen – das ist die einfache Definition von Inflation. [...] Inflation ist ein Geldmengen-Phänomen. Sie entsteht immer dann, wenn die Geldmenge schneller wächst, als sich Güter und Dienstleistungen in einem Land vermehren. Dann verliert das Geld an Wert, und genau das ist Inflation [...]. Aber warum soll allzuviel Geld ein Fluch sein? [...] Unternehmer und Verbraucher wissen [dann] nicht mehr so genau, was die Preise bedeuten, wenn eine Schicht Inflation auf ihnen liegt. [...] Nimmt die Geldentwertung überhand, verlieren die Banknoten ihre wichtigste Eigenschaft: Sie sind nicht länger allgemein anerkanntes Zahlungsmittel.

Hoffmann, Catherine: Warum ist Inflation gefährlich? In: www.faz.net, 27.08.2006

M2 Welche Funktion hat der Leitzins?

Erklärfilm zum Leitzins

70040-34

Die Europäischen Zentralbank (EZB) mit Sitz in Frankfurt ist die oberste Zentralbank in der EU. Sie dient dabei als Organisationsorgan der Nationalbanken der jeweiligen Mitgliedstaaten. Ihre wichtigste Aufgabe ist es, die Stabilität des Euros zu sichern. Dafür nutzt sie unter anderem den Leitzins, ein Zinssatz, der von der EZB festgelegt wird. An diesem orientieren sich die Banken. Deshalb hat der Leitzins Einfluss auf die Kredit- und Guthabenzinsen und die im Umlauf befindliche Geldmenge. Ist der Leitzins niedrig, sind auch die zu zahlenden Zinsen bei einer Kreditaufnahme niedrig. Deshalb leihen sich jetzt viele Unternehmen und Privatpersonen Geld, um größere Anschaffungen (Investitionen) aller Art zu tätigen. Dadurch nimmt die im Umlauf befindliche Geldmenge und damit auch die Inflationsrate zu. Ist der Leitzins hoch, verhält es sich genau umgekehrt: Es werden einige Kredite aufgenommen und die Investitionstätigkeit und die gesamte Marktnachfrage sinken, wohingegen die Spartätigkeit steigt. Es ist weniger Geld im Umlauf und damit sinkt die Inflationsrate.

Bearbeiter

Inflationsrate
Prozentuale Steigerung der Inflation einer Währung gemessen am Verbraucherpreisindex. Dieser misst die durchschnittliche Preisentwicklung von Produkten und Dienstleistungen des täglichen Lebens.

M3 Folgen eines niedrigen Leitzinses

1 Für die Firma Smart-Electronics lief es im letzten Jahr richtig gut. Die Geschäftsleitung möchte die Firma daher mithilfe eines Bankkredits ausbauen und neue Mitarbeiter einstellen, um die steigenden Aufträge bewältigen zu können.

2 Die Eheleute Schäfer wollen privat für das Alter vorsorgen. Jeden Monat legen sie eine große Summe beiseite und hoffen, dass sie nach Renteneintritt ihren Lebensstandard somit erhalten können.

3 Das Ehepaar Romano erwartet bald ihr erstes Kind und möchte daher ein eigenes Haus kaufen. Bei der Bank nehmen Sie einen Kredit auf, um das Haus zu finanzieren.

4 Sarah hatte sich in ihrem Studium des Öfteren verschuldet. Aktuell ist sie schuldenfrei, aber aufgrund ihrer Vergangenheit will ihr die Bank kein Geld leihen. Sie versucht daher zu sparen, indem sie es bei der Bank anlegt und auf die Zinsen hofft.

Bearbeiter

M4 Entwicklung von Leitzins und Inflationsrate in der EU

Entwicklung der Inflationsrate und der gemittelten Leitzinsen der EZB seit 2000 (Stand: 2022)

73000-277

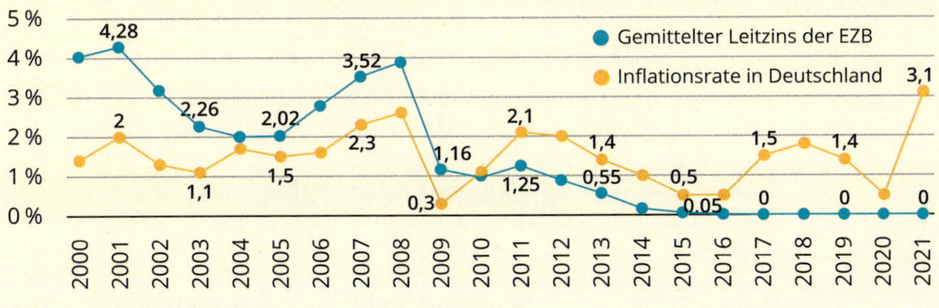

©C.C. Buchner Verlag, aktuelle Daten nach: Destatis, 2022 und EZB, 2022

AUFGABEN

1. Sammeln Sie mögliche Folgen einer hohen Inflationsrate für das Leben der Menschen und die Wirtschaft (**M1**).
2. a) Erklären Sie den Zusammenhang zwischen Leitzins und Inflation (**M2**).
   b) Erstellen Sie anhand der Beispiele aus **M3** und des **Erklärfilms** im Mediencode von **M2** eine Tabelle mit Vor- und Nachteilen eines niedrigen Leitzinses für Privatleute und Unternehmen.
3. a) Analysieren Sie das Diagramm in **M4** (→ Methodenseite, S. 102).
   b) Stellen Sie Vermutungen über das Ziel der EZB an (**M2**, **M4**).
   c) Beurteilen Sie zu zweit, ob die Europäische Zentralbank mit ihrer Politik im Hinblick auf die Inflation Erfolg hatte.
4. Diskutieren Sie in Gruppen, ob Sie als Jugendliche von der aktuellen Geldpolitik der EZB eher profitieren oder ob sie Ihnen schadet.

F **zu Aufgabe 3**
Recherchieren Sie im Internet über die Hintergründe für die Entwicklung des Leitzinses, wie sie in **M4** dargestellt ist.

H **zu Aufgabe 4**
Nutzen Sie die Aussagen aus **M3** als Grundlage und überlegen Sie, zu welcher der Gruppen Sie am ehesten gehören. Beziehen Sie auch mit ein, welche Pläne Sie in den nächsten Jahren verwirklichen möchten.

Eine Wirkungskette erstellen

Worum geht es?

Wirtschaftspolitische Zusammenhänge sind oft schwer zu durchschauen. Eine Möglichkeit, die Zusammenhänge zu verstehen, ist die Wirkungskette. Dazu werden immer eine Ursache und ihre direkte Wirkung in Verbindung zueinander gesetzt.

Gehen Sie dabei so vor:

1. Schritt: Beschreibung der direkten Folge

Verbinden Sie dazu eine Ursache mit einer möglichen Folge durch einen Pfeil.

Der Staat senkt die Steuern für Unternehmen.
↓
Dann haben sie mehr Geld zur Verfügung.

2. Schritt: Aufteilung von Folgen

Es ist auch möglich, dass eine Ursache mehrere Wirkungen hat.

Das können sie nutzen, um Menschen einzustellen.	Das können sie nutzen, um selbst Aufträge zu erteilen.

3. Schritt: Darstellung weiterführender Konsequenzen

Die Folgen einer Maßnahme können dann auch wieder Ursache für eine weitere Entwicklung sein.

Die Menschen haben dann mehr Geld zur Verfügung, das sie ausgeben können.	Andere Unternehmen profitieren.

4. Schritt: Nennung des Endergebnisses

Am Ende der Wirkungskette steht dann das Ziel, das eigentlich erreicht werden soll. Und Sie können genau erklären, wieso eine Maßnahme zu einem bestimmten Ziel führen soll.

Wirtschaftswachstum

Bearbeiter

WIRTSCHAFT UND WIRTSCHAFTSPOLITIK

5 Marktwirtschaft und Wirtschaftspolitik – gegen- oder miteinander?

➧ S. 146 – 164

Die Freie Marktwirtschaft bezeichnet eine Wirtschaft, die vom Markt geregelt wird, ohne dass die Politik eingreifen muss. Der Begriff Wirtschaftspolitik hingegen bezeichnet alle Maßnahmen, die ein Staat nutzt (oder nutzen kann), um die Wirtschaft zu steuern.

Beispiel:
Der Staat kann zum Beispiel Steuern erhöhen und somit in die Wirtschaft eingreifen.

In der Bundesrepublik Deutschland gibt es die soziale Marktwirtschaft. Dies bedeutet, dass einerseits darauf vertraut wird, dass der freie Markt die Wirtschaft und das Geld steuert und reguliert, aber andererseits der Staat eingreifen kann, wenn es nötig ist, z. B. wenn durch die freie Marktwirtschaft soziale Ungleichheiten entstehen.

Die Regulierung der Wirtschaft durch den freien Markt sowie ein aktives Eingreifen der Politik in die Wirtschaft existieren in der Bundesrepublik Deutschland also gemeinsam.

Übung
82000-47

5.1 Das Bruttoinlandsprodukt – kann man Wirtschaftskraft messen?

➧ S. 150 – 151

Wie es der Wirtschaft geht, wird daran gemessen, wie viel in einem Land im Laufe eines Jahres produziert und gekauft wird. Diese Größe heißt Bruttoinlandsprodukt (BIP). Das BIP bemisst sich aus verschiedenen Faktoren:

Bruttoinlandsprodukt (BIP) =
\+ Konsumausgaben der Haushalte
\+ Investitionen von Unternehmen und anderen
\+ Ausgaben des Staates
\+ Exporte
– Importe

Exporte bezeichnen die Ausfuhr von Waren ins Ausland, während Importe die Einfuhr von Waren aus dem Ausland sind. Das Bruttoinlandsprodukt wird als Bemessungsgrundlage für verschieden Bereiche der Volkswirtschaft herangezogen und stellt damit ein wichtiges Instrument unter anderem für wirtschaftspolitische Entscheidungen dar.

Übung
82000-48

➡ S. 152 – 153

5.2 Hängen BIP und Wohlstand zusammen?

Die Maßzahl des BIP bildet kein vollständiges Bild des Wohlstandes in einem Land ab. Hausarbeit oder der Schaden an der Umwelt durch nicht nachhaltige Produktion werden bei der Berechnung nicht berücksichtigt. Unberücksichtigt bleibt beim BIP auch die Zufriedenheit einer Gesellschaft. So gibt es keinen gleichgerichteten Zusammenhang zwischen dem Wohlstand einer Gesellschaft und der Zufriedenheit ihrer Einwohnerinnen und Einwohner. Alternative Indikatoren zum BIP versuchen deshalb auch Faktoren zu erfassen, die zum Glück der Menschen beitragen. Deren Berechnung stellt sich nur häufig als wenig genau oder zu komplex heraus, als dass sich diese bisher gegen das BIP durchsetzen konnten.

Zusatzwissen:
Eine bekannte Alternative zum BIP als Wohlstandsindikator ist der World Happiness Report, welcher anhand von Daten aus über 150 Ländern errechnet wird. In den Index fließen u. a. das BIP, die gesunde Lebenserwartung, die soziale Unterstützung, die Freiheit, Lebensentscheidungen zu treffen, die Korruptionswahrnehmung und die Großzügigkeit ein.

Außerdem wird von Befürworterinnen und Befürwortern des Bruttoinlandsprodukts als Gradmesser des Wohlstands einer Nation auch häufig ins Feld geführt, dass es in Bereichen, welche die Lebensqualität der Bevölkerung direkt betreffen (z. B. Lebenserwartung), auch einen direkten Zusammenhang zum BIP gibt. Dies soll zeigen, dass es zwar nicht geeignet ist, sämtliche Aspekte des Wohlstands zu erfassen, aber dennoch ein wichtiges Messinstrument hierfür sein kann.
Beispiel:
Wenn ein Land ein hohes BIP hat, dann kann dieses Land z. B. auch mehr Geld in das Gesundheitswesen oder in die Bildung investieren. Dies kann z. B. einen positiven Einfluss auf die Lebenserwartung haben.

Übung

82000-49

➡ S. 154 – 155

5.3 Wie entsteht Wirtschaftswachstum?

Wenn das BIP größer als im Vorjahr ist, spricht man von Wirtschaftswachstum. Eine wachsende Wirtschaft wird gemeinhin als ein erstrebenswertes Ziel betrachtet und wird auch von der Wirtschaftspolitik verfolgt. Es regen sich jedoch auch kritische Stimmen, die anmerken, dass beispielsweise ein nachhaltiger Umgang mit den Ressourcen des Planeten nicht mit einem ständigen quantitativen, also rein auf die Zunahme des BIP fixierten, Wirtschaftswachstum zu vereinbaren sei und daher der Wachstumsbegriff auf eine qualitative Ebene erweitern werden müsse. Man unterscheidet deswegen zwischen quantitativen Wachstum und qualitativen Wachstum.

Das Wirtschaftswachstum wird von verschiedenen Faktoren beeinflusst. Hierbei kann man zwischen nachfrageorientierten und angebotsorientierten Faktoren unterscheiden.

Angebotsorientierte Einflussfaktoren:
- Innovation
- Produktionsanlagen
- Arbeitskräftepotential
- Lohnkosten
- Kapitalkosten
- Steuern

Nachfrageorientierte Einflussfaktoren:
- Einkommen
- Sparquote
- Zinsniveau
- Unternehmensgewinne
- Staatseinnahmen
- Staatsschulden
- Bedingungen der Weltwirtschaft

Übung
82000-50

5.4 Der Konjunkturzyklus – wie entwickelt sich die Wirtschaft?

➡ S. 156 – 157

Weltweit tendieren Marktwirtschaften zu zyklischen Wachstumsschwankungen, die sich im Extremfall zu wirtschaftlichen Krisen mit hoher Arbeitslosigkeit und/oder Inflation entwickeln können. Ein Konjunkturzyklus lässt sich in vier idealtypische Phasen einteilen.

Die 4 Phasen des Konjunkturzyklus:
- Aufschwung (steigende Wachstumsraten des BIP, rückläufige Arbeitslosenquote)
- Hochkonjunktur/Boom (stagnierende Wachstumsraten und niedrige Arbeitslosenquote)
- Rezession (sinkende Wachstumsraten, stagnierende oder leicht zunehmende Arbeitslosigkeit)
- Depression (negative Wachstumsraten, starker Anstieg der Arbeitslosigkeit)

Der Konjunkturzyklus ist jedoch nicht, wie es der Name vermuten lässt, ein immer gleichmäßig ablaufender Kreislauf. Die zeitlichen Abstände zwischen den Phasen schwanken und sind nur schwer vorhersehbar.

Zusatzwissen:
Der Begriff Konjunkturzyklus setzt sich aus den Wörtern ‚Konjunktur' (= Beschreibung der wirtschaftlichen Situation) und ‚Zyklus' (= Kreislauf) zusammen. Der Konjunkturzyklus ist also ein Kreislauf, der die wirtschaftliche Situation darstellt.

Übung
82000-51

➡ S. 158 – 159

5.5 Der Staat greift ein – antizyklische Wirtschaftspolitik

Der Konjunkturzyklus zeigt, dass die Wirtschaft in einem Staat stark schwanken kann. Um die Marktwirtschaft wieder ins Gleichgewicht zu bringen bzw. eine gleichmäßige Wirtschaftsentwicklung zu garantieren, greift der Staat in das Wirtschaftsgeschehen ein. Hierbei hat der Staat verschiedene Möglichkeiten, Einfluss zu nehmen. Während eines Booms kann er durch eine restriktive Wirtschaftspolitik, in der die Ausgaben des Staates gesenkt und eventuell Steuern erhöht werden, in das Wirtschaftsgeschehen eingreifen. Im Zuge einer Rezession kann der Staat durch eine expansive Wirtschaftspolitik eingreifen, in der genau gegenteilig die Ausgaben erhöht und Steuern gesenkt werden, mit dem Ziel, die Wirtschaft anzukurbeln.

Prinzipiell können sich staatliche Eingriffe auf die Angebotsseite oder die Nachfrageseite beziehen.

Beispiel:

Eine Senkung der Mehrwertsteuer fördert die Nachfrage, während eine Senkung der Unternehmensbesteuerung die Angebotsseite beeinflusst.

Man spricht dann von angebotsorientierter bzw. nachfrageorientierter Wirtschaftspolitik. Die Art von Wirtschaftspolitik, die darauf ausgelegt ist, die Kurve des Konjunkturzyklus zu glätten, nennt man auch antizyklische Wirtschaftspolitik oder Fiskalpolitik.

➡ S. 160 – 161

5.6 Staatsverschuldung – müssen wir raus aus den Schulden?

Die Ansicht ist weit verbreitet, dass Staatsschulden eines der Hauptprobleme für entwickelte Staaten darstellen: Die finanzielle Handlungsfähigkeit von Parlament und Regierung werde stark eingeschränkt allein aufgrund der Zinslast. Kreditfinanzierter Staatskonsum ginge zulasten der nachfolgenden Generation, welche die Schulden (mit höheren Steuern) „abbezahlen" müsse. Demgegenüber wird eingewendet, es komme auf die Gesamtrelation zwischen Schulden und BIP an, ob die Zinslast „erdrückend" wird. Allgemein gilt eine Gesamtverschuldung von 60 % des BIP als unkritisch, teilweise werden auch Schwellen von 80 % oder 100 % genannt. Zweitens komme es auf die Verwendung der Kredite an. Sinnvolle Investitionen (z. B. in das Bildungssystem oder in die Verkehrs- oder Telekommunikationsinfrastruktur) können langfristig zu höheren Einkünften führen als die zu entrichtende Zinslast.

In Deutschland wurde eine Schuldenbremse im Grundgesetz verankert, die verhindern soll, dass der Staat zu viele Kredite aufnimmt. Darüber hinaus wurde viele Jahre lang das Ziel der „schwarzen Null" verfolgt.

Zusatzwissen:

Die „schwarze Null" bezeichnet einen Haushalt, der ausgeglichen ist, das heißt, bei dem die Ausgaben die Einnahmen nicht übersteigen.

Die Schuldenbremse soll nur im Notfall ausgesetzt werden. Im Zuge der Corona-Pandemie kam es zu dieser Notsituation und die Schuldenbremse wurde erstmals ausgesetzt, um die katastrophalen wirtschaftlichen Folgen durch erhöhte Staatsausgaben abzumildern.

Übung

82000-52

5.7 Der Leitzins – nur ein Mittel zur Inflationsbekämpfung?

➡ S. 162 – 163

Inflation bedeutet, dass das allgemeine Preisniveau steigt, Geld also an Wert verliert. Inflation ist wirtschaftspolitisch gewollt, solange diese ein gewisses Maß nicht übersteigt. Eine leichte Inflation dient dazu, den Wettbewerb zu befördern und hilft Unternehmen bei der Preisbildung. Eine hohe Inflation kann jedoch zu einer Geldentwertung führen, sodass Preise nicht mehr aussagekräftig sind oder Geld sogar gänzlich seine Funktion als Zahlungsmittel verliert.

Zusatzwissen:
Im Jahr 1923 kam es in der damaligen Weimarer Republik zur Hyperinflation. Der Geldwert nahm teilweise so stark ab, dass ein Lohn beispielsweise wenige Stunde nachdem er ausgezahlt worden war, schon keinen Wert mehr hatte.

Auf europäischer Ebene nutzt die Europäische Zentralbank (EZB) den Leitzins als Maßnahme, die Inflation in der Eurozone auf dem gewünschten Maß von knapp unter 2 % pro Jahr zu halten. Der Leitzins gibt den Banken vor, in welcher Höhe sie Zinsen für Kredite und Guthaben erheben. Ein hoher Leitzins begünstigt Anleger und Sparer, während ein niedriger Leitzins die Wirtschaft ankurbelt und Investitionen erleichtert.

Zusatzwissen:
Seit 2016 liegt der Leitzins bei 0 %. Dies ist eine umstrittene Maßnahme der EZB, die die Folgen der Schulden- und Finanzkrise insbesondere für Griechenland und andere südeuropäische Staaten verringern sollte.

Übung

82000-53

M1 Die Schuldenbremse in Zeiten der Corona-Pandemie

Der damalige Kanzleramtschef Helge Braun schlägt vor, wegen der Coronakrise für einige Jahre die Schuldenbremse zu lösen – allerdings begrenzt durch ein Datum für eine Rückkehr zur normalen Schuldenregel.

Die rechte Hand von Kanzlerin Angela Merkel will die Schuldenbremse des Grundgesetzes für die kommenden Jahre aussetzen. Begründung: „Die Schuldenbremse ist in den kommenden Jahren auch bei ansonsten strenger Ausgabendisziplin nicht einzuhalten". [...]

Schon am Morgen gab dazu aus den eigenen Reihen kräftig Contra. „Die Unionsfraktion im Bundestag hält an der Schuldenbremse fest", so der Chefhaushälter der Fraktion, Eckhard Rehberg. Rehberg gegenüber dem Deutschlandfunk:

„Es gibt in der Unionsfraktion eine klare Haltung: Die Schuldenbremse hat sich bewährt wir wollen auch mit der Schuldenbremse aus der Pandemie herauskommen. Das ist eine nicht abgestimmte persönliche Meinung von Helge Braun, die man überraschend zur Kenntnis nehmen muss." [...]

Es dürfte deshalb am Nachmittag hoch her gehen in der Fraktionssitzung von CDU und CSU. Mit Genugtuung kommentieren dagegen Linke und Grüne den Vorstoß. Die dümmste Regel Deutschlands wird einen Tod auf Raten sterben, die Union traue sich nur noch nicht, sie endgültig zu beerdigen, erklärt Fabio de Masi von den Linken. Ähnlich sieht es auch Sven-Christian Kindler von den Grünen: „Es ist gut, dass die ideologische Front bei der Schuldenbremse bei der Union jetzt bröckelt. Die Union muss sich jetzt der notwendigen Debatte zur Reform der Schuldenbremse stellen und darf sich nicht weiter blockieren." [...]

FDP-Chef Christian Lindner kritisiert den Vorstoß dagegen scharf, die Schuldenbremse sollte nicht aufgegeben werden.

„Wenn höhere Schulden aufgenommen werden, muss das immer ein Ausnahmefall sein, der der Zustimmung des Bundestages bedarf, sonst geht die Disziplin und die Besonderheit höherer Kreditaufnahme verloren."

Geers, Theo: Debatte um Lockerung der Schuldenbremse. In: www.deutschlandfunk.de, 26.01.2021

M2 Die Grenzen des Bruttoinlandsproduktes

Wer produziert, trägt zum Wachstum des Bruttoinlandsprodukts [...] und somit zum Wirtschaftswachstum bei. Was dabei herauskommt, ist fast egal. Müll zählt auch. Die Verbraucher kaufen Waren, packen sie aus und stopfen die Verpackung in die Tonne. Nach Gebrauch landet auch das Gekaufte oft im Müll. Ein Entsorgungsunternehmen holt dann alles ab und verdient damit Geld. Die Erträge des Müllsammlers fließen ins Bruttoinlandsprodukt ein: Wirtschaftswachstum durch Verschwendung. [...]

Das Bruttoinlandsprodukt, kurz BIP, sagt auch nichts über die Verteilung von Einkommen, Vermögen und Zuwächsen aus, also nichts über das Maß sozialer Gerechtigkeit in einer Gesellschaft.

Auch ehrenamtliches Engagement, die unbezahlt geleistete Hausarbeit, Kindererziehung oder die unbezahlte Pflege alter und kranker Angehöriger zuhause erfasst das BIP nicht.

Fishman, Robert: Warum Wachstum nicht glücklich macht. In: www.deutschlandfunk.de, 6.5.2010

M3 Ewiges Wachstum?

Karikatur: Mester, Gerhard 2003

AUFGABEN

1. Fassen Sie zusammen, worin der Unterschied zwischen einer Krise wie der Corona-Pandemie und konjunkturellen Schwankungen liegt (**M1**).
2. a) Erläutern Sie den Zweck der Schuldenbremse im Grundgesetz.
   b) Diskutieren Sie mögliche Argumente, die von beiden Seiten für oder gegen eine Aussetzung hervorgebracht werden können (**M1**).
3. Die Europäische Zentralbank hält in der Corona-Pandemie den Leitzins weiterhin bei null Prozent. Erklären Sie an diesem Beispiel, welche Absicht die EZB damit verfolgt.
4. a) Erklären Sie ausgehend von **M2** die Zusammensetzung und die Funktion des Bruttoinlandsproduktes (BIP).
   b) Nennen Sie die in **M2** genannten Grenzen des bzw. Kritik am BIP.
5. Erklären Sie, inwiefern ein Rückgang des Bruttoinlandsproduktes während der Corona-Pandemie ein Indikator für die Qualität des Lebens in Deutschland ist (**M1**, **M2**).
6. a) Analysieren Sie die Karikatur in **M3**.
   b) Geben Sie die in **M3** geäußerte Kritik in eigenen Worten wieder.

Lösungsvorschläge zu den Aufgaben

70040-35

Tabelle zur Selbsteinschätzung

70040-36

Demonstrierende der Gewerkschaft ver.di

Eine Protestaktion der Umweltschutzorganisation Greenpeace am Reichstag

Eine Demonstrantin in der Corona-Pandemie mit Mundschutz

Was wissen Sie schon?

1. a) Beschreiben Sie die Bilder.
   b) Stellen Sie für jedes Vermutungen über die Problematik an, die die Menschen zu den jeweiligen Forderungen veranlasst.
2. Tauschen Sie sich in Kleingruppen über politische Maßnahmen aus, um die Situation zu verbessern.
3. Diskutieren Sie im Klassenverband über mögliche Gründe, wieso der Staat nicht einfach alle gesellschaftlichen Probleme per Gesetz löst. Beziehen Sie die angesprochenen Beispiele in Ihre Argumentation mit ein.

6

Wirtschaftspolitik konkret – (wann) sollte der Staat in den Markt eingreifen?

Sie haben im vorherigen Kapitel bereits einiges über die Bedeutung des Wirtschaftswachstums und dessen Bemessungsgrundlage sowie über das stetige Auf und Ab der wirtschaftlichen Konjunktur erfahren. Sie wissen auch, dass der Staat zum Teil in die wirtschaftliche Entwicklung eingreift, um beispielsweise Krisen zu verhindern. Es gibt jedoch auch noch vielfältige andere Fälle, in denen es der deutsche Staat als notwendig erachtet, in die Wirtschaft durch Gesetze einzugreifen. Allerdings wird auch immer wieder die Frage gestellt, ob oder inwiefern nationale Gesetzgebung in einer globalisierten Welt überhaupt ausreicht, um unerwünschte Effekte des freien Marktes einzudämmen.

In diesem Kapitel erfahren Sie an einigen Beispielen, wann solche Eingriffe erfolgen, wie diese umgesetzt werden, wie erfolgversprechend diese sein können und welche Folgen sie haben können.

Was lernen Sie in diesem Kapitel?

Sie lernen, ...

- wirtschaftspolitische Ziele und deren Vereinbarkeit zu erklären.
- die deutsche Wirtschaftsordnung darzustellen.
- wirtschaftspolitische Eingriffe am Beispiel der Frauenquote zu bewerten.
- sich mit den wechselseitigen Beziehungen zwischen Individuum und globalisierter Welt auseinanderzusetzen.
- Ihr wirtschaftliches Handeln sowie dessen Bedingungen und Folgen zu hinterfragen, zu bewerten und gegebenenfalls zu ändern.

Lernaufgabe: Ein Plakat über wirtschaftspolitische Maßnahmen entwerfen

In einer Wirtschaftsordnung wie der deutschen wird auf die Mechanismen des freien Marktes, vor allem Angebot und Nachfrage, vertraut. Dennoch kommt es immer wieder dazu, dass der Staat die Notwendigkeit sieht, durch Gesetze einzugreifen. Ihre Aufgabe ist es in dieser Lernaufgabe, herauszufinden, wann solche Eingriffe notwendig erscheinen und eine selbstgewählte Maßnahme in Form eines Plakats vorzustellen.

Gehen Sie dabei so vor:

Start

1 Bilden Sie Gruppen aus 3 – 5 Schülerinnen und Schülern.

2 Informieren Sie sich zunächst über die Wirtschaftsordnung Deutschlands und die Voraussetzungen für staatliches Eingreifen in das Wirtschaftsgeschehen (→ Kapitel 6.1 und 6.2).

3 Entscheiden Sie sich in Ihrer Gruppe gemeinsam für eines der in diesem Kapitel vorgestellten Fallbeispiele:

- Die Frauenquote als Mittel zur Gleichberechtigung (→ Kapitel 6.3 und 6.4)
  oder
- Das Lieferkettengesetz zur Durchsetzung der Menschenrechte (→ Kapitel 6.5 und 6.6)

Analysieren Sie das Fallbeispiel dahingehend, wie der Staat versucht, ein gesellschaftliches Problem durch wirtschaftspolitische Maßnahmen zu lösen.

4

Recherchieren Sie nach weiteren wirtschaftspolitischen Eingriffen der letzten Jahre. Diese könnten unter anderem sein:

- Staatliche Maßnahmen zum Klimaschutz
- Einführung des Mindestlohns
- Einsetzen einer Mietpreisbremse
- Staatliche Unterstützungen im Zuge der Corona-Pandemie

Wählen Sie eines der Beispiele als Gruppe aus, das Sie später gemeinsam bearbeiten möchten.

Hinweis: Alternativ ist es auch möglich, eine Problematik auszuwählen, für die es (noch) keine politische Lösungsstrategie gibt. In diesem Fall wäre es Ihre Aufgabe, eine eigene Lösung zu entwerfen und zu präsentieren.

5

Sammeln Sie arbeitsteilig Informationen zu „Ihrem" Fall und tragen Sie Ihre Ergebnisse in der Gruppe zusammen. Berücksichtigen Sie dabei unter anderem folgende Aspekte, wie sie im Politikzyklus beschrieben werden (→ Kapitel 1.1, **M3**, S. 15):

- Das zugrundeliegende Problem
- Auslöser und Hintergründe für die Maßnahme
- Verschiedene politische Lösungsvorschläge und deren Diskussion
- Vorstellung der umgesetzten Maßnahme
- Folgen und weitere Entwicklungen
- Bewertung der Maßnahme (→ Methodenkarte, S. 19)

6

Entwerfen Sie ein Plakat (→ Methodenglossar), auf dem Sie die Ergebnisse aus Schritt 5 übersichtlich und verständlich aufbereiten. Sie können zur visuellen Unterstützung auch Bilder oder Illustrationen verwenden.

7

Präsentieren Sie Ihr Plakat gemeinsam als Gruppe dem Rest der Klasse. Beantworten Sie auch eventuell noch offene Fragen, die gestellt werden könnten.

6.1 Wirtschaftsziele im Wettstreit

→ Fachwissen, S. 188

In freiheitlichen demokratischen Ländern wie der Bundesrepublik Deutschland schreibt der Staat den Bürgerinnen und Bürgern nicht vor, wie sie ihr Leben zu leben haben – alle dürfen das selbst entscheiden. Es gibt aber nicht verhandelbare Grundwerte wie Freiheit, Gerechtigkeit, Sicherheit und Solidarität, an denen sich auch die staatliche Wirtschaftspolitik orientiert. Doch wie sieht das konkret aus? Sind diese Werte immer vereinbar?

M1 Das magische Sechseck

Nach: ® Bergmoser + Höller Verlag AG, Zahlenbilder 200515

M2 Entscheidungsfindung am Fallbeispiel

Der Gemeinderat eines kleinen bayerischen Ortes kann 300.000 € vergeben. Noch ist nicht klar, wie das Geld investiert wird. Alle Anschaffungen wären sinnvoll, aber als öffentliches Gremium muss der Gemeinderat genau abwägen, welche Wirtschaftsziele er mit einer Investition verfolgt.

Das Geld könnte beispielsweise in einen größeren Spielplatz investiert werden oder in ein neues Feuerwehrauto. Es steht auch die Überlegung im Raum, ob für den Seniorennachmittag neue Räume angemietet werden. Denkbar wäre außerdem die Erschließung eines neuen Gewerbegebietes. Alternativ könnte man bei einem nahegelegenen See ein Projekt zum Schutz der Tier- und Pflanzenwelt unterstützen. Man könnte mit dem Geld aber auch kostenlose Kindergartenplätze zur Verfügung stellen und somit junge Familien entlasten.

Bearbeiterin

M3 Zielkonflikte in der Wirtschaftspolitik

»Hurra, wieder 2,5% höher!«

Karikatur: Haitzinger, Horst 1987

AUFGABEN

1. In **M1** werden die gängigen Ziele der Wirtschafts- und Finanzpolitik dargestellt – angeordnet an den jeweiligen Ecken eines Sechsecks.
   a) Analysieren Sie den Aufbau des Schaubildes.
   b) Erklären Sie den Titel des Schaubildes.
2. a) Arbeiten Sie zu zweit die verschiedenen Investitionsmöglichkeiten aus **M2** heraus und tragen Sie diese in eine Tabelle mit drei Spalten ein.
   b) Erklären Sie sich gegenseitig, welche gesellschaftlichen Ziele mit den verschiedenen Investitionsmöglichkeiten in **M2** verfolgt werden und tragen Sie diese in die zweite Spalte Ihrer Tabelle ein.
   c) Ordnen Sie diese Investitionsmöglichkeiten gemeinsam den Wirtschaftszielen in **M1** zu und ergänzen Sie Ihre Tabelle um diese Informationen.
   d) Diskutieren Sie die verschiedenen Investitionsmöglichkeiten aus Sicht des Gemeinderates und entscheiden Sie sich begründet für eine.
3. Analysieren Sie die Karikatur in **M3** (→ Methodenkarte S. 18) und zeigen Sie daran die Problematik wirtschaftspolitischen Handelns auf.

H zu Aufgabe 1a
Berücksichtigen Sie dabei vor allem die Darstellung als Sechseck im Gegensatz beispielsweise zu einer Aneinanderreihung der einzelnen Aspekte.

6.2 Die soziale Marktwirtschaft – Wohlstand für alle?

→ Fachwissen, S. 189

Zwei Faktoren beeinflussen den Lebensstandard einer Gesellschaft stark, nämlich die Qualität von Gütern und Dienstleistungen einerseits und die Zugangsregelung zu diesen andererseits. Aus diesem Grund lohnt es sich, die Wirtschaftsordnung eines Landes genauer zu betrachten.

M1 Güterverteilung in der Freien Marktwirtschaft

[Die Unsichtbare Hand ist eine] Bezeichnung für die Selbststeuerung der Wirtschaft über Angebot und Nachfrage auf dem Markt, die auf den englischen Nationalökonomen Adam Smith [...] zurückgeht. Nach diesem Grundbegriff [...] ist das Marktgeschehen eine ordnende und regulierende Kraft, die den Einzelnen dazu bringt, seine wirtschaftlichen Interessen nach bestmöglicher Bedürfnisbefriedigung zu verfolgen und dabei gleichzeitig dem Interesse der Gesellschaft nach bestmöglicher Güterversorgung zu dienen.

Nationalökonom
Volkswirtschaftler

Nach: Duden Wirtschaft von A bis Z: Grundlagenwissen für Schule und Studium, Beruf und Alltag. 6. Aufl. Mannheim: Bibliographisches Institut 2016. Lizenzausgabe Bonn: Bundeszentrale für politische Bildung 2016. In: www.bpb.de (Abruf am: 11.05.2021)

M2 Das deutsche Wirtschaftsmodell

Die Wirtschaftsordnung der Bundesrepublik wird als Soziale Marktwirtschaft bezeichnet. Sie zeichnet sich durch wirtschaftliche Freiheiten aus und ist dennoch um sozialen Ausgleich bemüht. Der Staat versucht durch Gesetze die Mechanismen der Freien Marktwirtschaft dort zu regulieren, wo es zu sozialer Ungerechtigkeit kommt.

Bearbeiterin

marktkonform
in Übereinstimmung mit den Regeln des Marktes

Nach: © Konrad-Adenauer-Stiftung: Freiheit für alle – Rolle des Staates. In: www.adenauercampus.de (Abruf am: 11.05.2021)

M3 Beispiele für staatliches Eingreifen

a) Mindestlohn

Der gesetzliche Mindestlohn liegt seit dem 1. Januar 2020 bei 9,35 Euro brutto. Bis zum 1. Juli 2022 wird er in mehreren Schritten auf 10,45 Euro steigen. [...] Der gesetzliche Mindestlohn gilt für alle Arbeitnehmerinnen und Arbeitnehmer über 18 Jahre. Unter bestimmten Voraussetzungen haben auch Praktikantinnen und Praktikanten Anspruch auf Mindestlohn. [...] Auf Branchenmindestlöhne haben ehemals Langzeitarbeitslose sofort Anspruch, denn diese Löhne sind tariflich vereinbart. [...] Der gesetzliche Mindestlohn gilt unabhängig von Arbeitszeit oder Umfang der Beschäftigung – und damit auch für Minijobberinnen und Minijobber.

© Presse- und Informationsamt der Bundesregierung: Der Mindestlohn beträgt 9,50 Euro. In: www.bundesregierung.de, 01.01.2021

brutto
vor Abzug der Steuern

b) Kündigungsschutz

Das Kündigungsschutzgesetz schützt Arbeitnehmerinnen und Arbeitnehmer, die seit mindestens sechs Monaten beschäftigt sind, vor willkürlichen Kündigungen durch die Arbeitgeberin oder den Arbeitgeber. Gekündigt werden dürfen Beschäftigte danach nur, wenn die Arbeitgeberin oder der Arbeitgeber bestimmte Gründe nachweisen kann, wie beispielsweise betriebliche Notwendigkeiten oder häufige Verspätungen des Mitarbeiters. Ferner stehen verschiedene Personengruppen unter einem besonderen zusätzlichen Kündigungsschutz. Das gilt zum Beispiel für Schwerbehinderte, Schwangere und Mütter in den ersten acht Wochen nach der Geburt, Mütter und Väter in Elternzeit, Auszubildende und Menschen in der Pflegezeit, die sich um alte oder kranke Familienmitglieder kümmern.

Bearbeiterin

AUFGABEN

1. a) Erklären Sie anhand von **M1** die Rolle, die das wirtschaftliche Interesse des Einzelnen im Marktgeschehen spielt.
   b) Beschreiben Sie die Theorie nach Adam Smith mit eigenen Worten anhand eines Beispiels.
2. Erläutern Sie, wie in der Sozialen Marktwirtschaft Eigennutz und Gemeinnutz vereinbar gemacht werden sollen (**M2**).
3. a) Ermitteln Sie zu zweit aus den beiden Beispiele in **M3**, welchen Zweck das staatliche Eingreifen jeweils verfolgt.
   b) Beschreiben Sie gemeinsam, welche Konsequenzen diese Regelungen auf die beteiligten Personengruppen (Arbeitnehmer- und Arbeitgeberseite) haben können.
4. Überlegen Sie sich weitere Handlungsfelder, bei denen der Staat Ihrer Meinung nach eingreifen sollte.

F **zu Aufgabe 1**
Bewerten Sie, ob dieses Modell Schwächen aufweist.

H **zu Aufgabe 1b**
Berücksichtigen Sie dabei, wie Gewinne in einem Unternehmen zum Teil eingesetzt werden und welche Faktoren unter anderem bestimmen, dass ein Unternehmen viel Gewinn erwirtschaftet.

6.3 Fallbeispiel Frauenquote – soll sich die Politik einmischen?

→ Fachwissen, S. 189

„So viel Markt wie möglich, so viel Staat wie nötig" – diese Aussage Karl Schillers, Bundeswirtschaftsminister von 1966 bis 1972, zeigt das Spannungsverhältnis, das bis heute Wirtschaftswissenschaftlerinnen bzw. -wissenschaftler, Politik und Öffentlichkeit beschäftigt. Der Grund dafür ist, dass zwei der elementaren gesellschaftlichen Werte aufeinanderprallen, nämlich Freiheit und Gerechtigkeit. Wie sieht das in der Praxis aus?

M1 Einschätzung der Situation

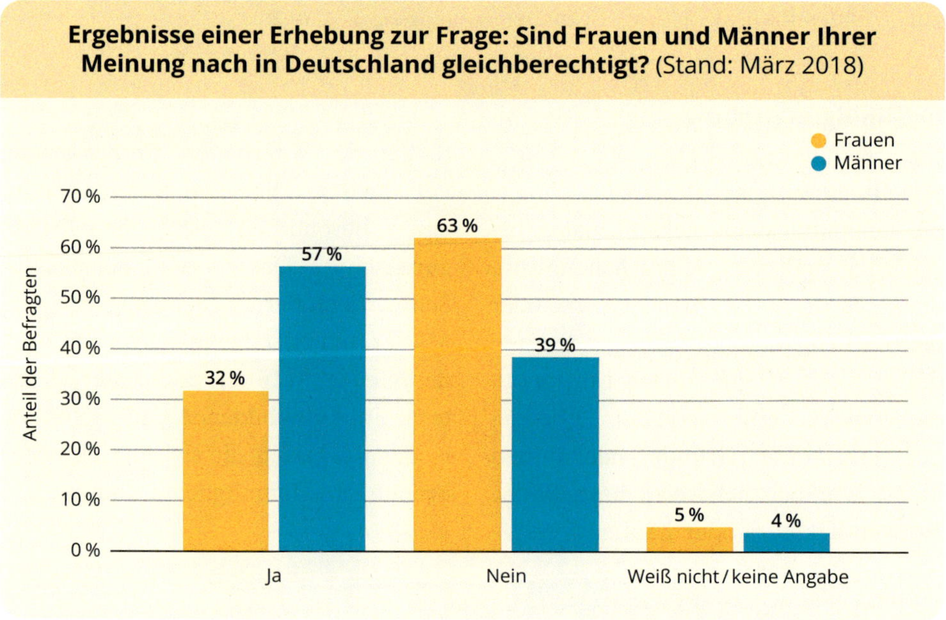

Nach: Statista 2021, Quelle: YouGov: Meinungen der Deutschen zur Gleichberechtigung von Männern und Frauen 2018.

M2 Gleichstellung als Verfassungsziel

Gleichheit vor dem Gesetz (Art. 3)

(1) Alle Menschen sind vor dem Gesetz gleich.

(2) Männer und Frauen sind gleichberechtigt. Der Staat fördert die tatsächliche Durchsetzung der Gleichberechtigung von Frauen und Männern und wirkt auf die Beseitigung bestehender Nachteile hin.

(3) Niemand darf wegen seines Geschlechtes, seiner Abstammung, seiner Rasse, seiner Sprache, seiner Heimat und Herkunft, seines Glaubens, seiner religiösen oder politischen Anschauungen benachteiligt oder bevorzugt werden. Niemand darf wegen seiner Behinderung benachteiligt werden.

Grundgesetz der Bundesrepublik Deutschland

M3 Die „Frauenquote“ als politisches Instrument zur Durchsetzung der Gleichstellung

Das [seit 2015 geltende] Gesetz soll Frauen und Männern gleiche Teilhabe an Führungspositionen in Wirtschaft und Verwaltung sichern. Es verpflichtet Arbeitgeber, das jeweils unterrepräsentierte Geschlecht – in der Regel Frauen – stärker zu berücksichtigen. Das Gesetz besteht aus drei Säulen:

Erklärfilm zur Frauenquote

70040-37

1. Börsennotierte und voll mitbestimmungspflichtige Unternehmen müssen für alle Aufsichtsratsposten, die ab 2016 zu besetzen sind, eine Quote von 30 Prozent einhalten. Bei Nichterreichen bleiben die für das unterrepräsentierte Geschlecht vorgesehenen Stühle leer. 108 Unternehmen werden von dieser Regelung erfasst.

2. Unternehmen, die börsennotiert oder mitbestimmungspflichtig sind, müssen sich (flexible) Frauenquoten für Vorstand, Aufsichtsrat, oberes und mittleres Management selbst verordnen und über die Fortschritte berichten. Diese Regelung betrifft rund 3.500 Unternehmen.

3. Auch für den Öffentlichen Dienst des Bundes wird es entsprechende Regelungen geben: Die Bundesverwaltung wird verpflichtet, sich konkrete Ziele zur Erhöhung des Frauen- oder Männeranteils zu setzen. Eingegriffen wird allerdings nur, wenn eine strukturelle Benachteiligung vorliegt.

Nach: © Presse- und Informationsamt der Bundesregierung: Die Frauenquote kommt. In: www.bundesregierung.de, 27.03.2015

AUFGABEN

1. a) Analysieren Sie die Statistik in **M1** (→ Methodenkarte, S. 102) und geben Sie deren Aussage in eigenen Worten wieder.
b) Finden Sie zu zweit Beispiele aus Ihrem Alltag oder Umfeld, die die Ergebnisse der Umfrage bestätigen oder widerlegen.
c) Erläutern Sie gemeinsam ausgehend von eigenen Erfahrungen, warum die „gefühlten Wahrheiten“ zwischen den Geschlechtern hier so auseinandergehen.

2. a) Beurteilen Sie ausgehend von **M2**, ob der Staat nur das Recht hat, sich einzumischen, oder vielmehr die Pflicht.
b) Art. 3 (2) GG stand bereits 1949 in der Verfassung. Finden Sie zu zweit historische Beispiele, wie man noch in den Anfangsjahren der BRD „Gleichberechtigung zwischen Mann und Frau“ interpretierte.

3. Fassen Sie die in **M3** gezeigten Maßnahmen des Staates zusammen.

4. Diskutieren Sie in der Klasse, ob diese Maßnahmen geeignet sind, Gleichberechtigung zwischen Männern und Frauen zu schaffen.

F **zu Aufgabe 1b**
Recherchieren Sie darüber hinaus im Internet zu „Gender Pay Gap“ und „Gender Care Gap“.

H **zu Aufgabe 2b**
Berücksichtigen Sie dabei, welche Funktion das Grundgesetz in der Bundesrepublik Deutschland einnimmt (→ Kapitel 2).

6.4 Auswirkungen staatlichen Eingreifens am Beispiel der Frauenquote

→ Fachwissen, S. 190

Die Einführung einer Frauenquote war in Deutschland durchaus umstritten. Manche befürchteten, die negativen Konsequenzen überwögen die Vorteile. Mittlerweile wirkt sich die Frauenquote bereits seit etlichen Jahren auf den deutschen Arbeitsmarkt aus. Es ist also bereits möglich, kritisch Bilanz zu ziehen.

M1 Quote vor Leistung?

Karikatur: Plaßmann, Thomas 2011

M2 Geschlechterverteilung in deutschen Vorständen

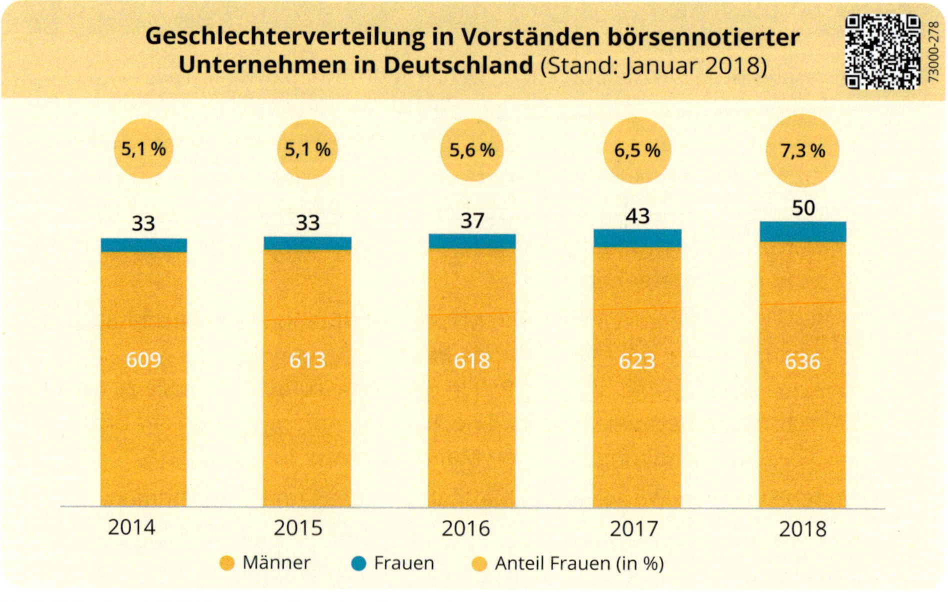

Nach: © Statista: 7,3 % Frauen in deutschen Vorständen, 10.01.2018

M3 Meinungswandel einer Headhunterin

Eine Headhunterin, also eine Personalberaterin, die auf die Vermittlung von Spitzenkräften an Unternehmen spezialisiert ist, erklärt in einem Gastkommentar, weshalb sie ihre ablehnende Haltung dem Thema gegenüber im Laufe der Zeit in Hinblick auf ihre Tätigkeit geändert hat:

Zur Frauenquote hatte ich stets eine klare Position - ich war vehement dagegen. Als Headhunterin [...] war ich immer der Überzeugung, dass sich Politik möglichst wenig in Wirtschaft einmischen sollte. [...] Meine Glaubenssätze waren: Der Markt reguliert sich selbst, gesellschaftliches Umdenken lässt sich nicht verordnen und die Gefahr, durch Druck und Eile die Falschen zu besetzen und dem Anliegen damit endgültig zu schaden, ist zu groß. [...] Zwei Jahre später sehe ich: Die Quote funktioniert eben doch. Seit Einführung 2016 stieg die Frauenquote in Aufsichtsräten von rund 100 börsennotierten Unternehmen bis Ende 2017 auf knapp 30 Prozent. Es geht also doch. Aber eben nur durch Verordnung. Heute wird die Quote auch für Vorstandsgremien diskutiert, und diesmal bin ich dafür. [...] Die Wirtschaft ist in heller Aufruhr. Die Argumente sind meinen alten nicht unähnlich: Man fände nicht die relevanten Frauen für Vorstandspositionen, die kritische Masse in den MINT-Fächern sei schlicht nicht hochgezogen worden. Die Politik müsse eher dort ansetzen, um Frauen in den nächsten Jahren eine Chance zu geben, in die Führungsebene vorzustoßen. Das alles sind gute und richtige Ansätze. Falsch ist aber, dass es nicht jetzt schon hervorragend qualifizierte Frauen für Vorstandsmandate gäbe. [...] Umdenken passiert durch Sichtbarkeit und Beispiel. Wir müssen hin zu einer Normalität, die eine Wirklichkeit abbildet, in der die Hälfte der Gesellschaft weiblich ist und die Business-Welt mitgestaltet. [...] Wenn sich die Entwicklung des Frauenanteils in Vorständen aber so weiter fortsetzt wie bisher, würde es laut Deutschem Institut für Wirtschaftsforschung mehr als 60 Jahre dauern, bis in den Vorständen gleich viele Männer und Frauen sitzen.

Virzí, Christina: Warum wir eine Frauenquote auch für Vorstände brauchen. In: www.tagesspiegel.de, 21.03.2018

MINT-Fächer
zusammenfassende Bezeichnung von Studienfächern aus den Bereichen Mathematik, Informatik, Naturwissenschaften und Technik

AUFGABEN

1. a) Analysieren Sie die Karikatur in **M1** (→ Methodenkarte, S. 18).
b) Arbeiten Sie die Problematik heraus, die in der Karikatur gezeigt wird.

2. Bewerten Sie den Erfolg der Frauenquote anhand der Statistik in **M2** (→ Methodenkarte, S. 102).

3. a) Arbeiten Sie zu zweit jeweils die Argumente für und gegen eine Frauenquote in der Wirtschaft heraus (**M3**).
b) Beziehen Sie begründet Stellung dazu, ob Sie diesen staatlichen Eingriff für gelungen halten.

F **zu Aufgabe 2**
Beurteilen Sie die Aussagekraft der Statistik. Berücksichtigen Sie dabei insbesondere, welche Daten diese enthält und welche nicht. Welche Kritik könnte angeführt werden?

6.5 Produktionsbedingungen – kann mein Konsumverhalten etwas ändern?

→ Fachwissen, S. 190 – 191

Schokolade ist sehr beliebt. Sie ist süß und noch dazu meist billig. Darüber freuen sich die meisten und das schlägt sich im Konsum nieder. Die Deutschen kaufen pro Person durchschnittlich 11,5 kg Schokolade pro Jahr. Aber gibt es bei den billigen Preisen auch eine Kehrseite?

M1 Schattenseiten der Kakaoernte

Die Elfenbeinküste gehört zu den weltweit größten Anbaugebieten für Kakao. Überall auf den Plantagen arbeiten Kinder. [...] Mit dem Versprechen, gutes Geld zu verdienen, werden die meist 10- bis 14-jährigen Jungen von den Menschenhändlern aus den Familien gelockt. Diese Familien sind oft so arm, dass sie jedes Einkommen gebrauchen können. Sind die Kinder erst einmal auf den Plantagen, werden sie als Arbeitssklaven eingesetzt. [...]

In Ghana, neben der Elfenbeinküste das zweitgrößte Kakaoanbaugebiet in Westafrika, ist zwar die Sklaverei kein Thema mehr, aber auch hier arbeiten überall auf den Kakaoplantagen Kinder. Manche, bevor sie morgens zur Schule gehen und am Nachmittag nach der Schule. Andere gehen überhaupt nicht in die Schule, sondern helfen den ganzen Tag auf den Plantagen. [...] Die Kakaobauern könnten sich aufgrund ihrer Armut keine erwachsenen Erntehelfer leisten, die sie bezahlen müssten. Wer Kinderarbeit beenden wolle, müsse den Bauern existenzsichernde Einkommen garantieren.

Wildermann, Marie: Die bittere Seite der Schokolade. In: www.deutschlandfunk.de, 30.04.2018

M2 Welchen Einfluss hat das eigene Kaufverhalten?

skrupellos
ohne Gewissen, ohne Bedenken

Podcast über fairen Handel
Was wäre, wenn nur noch fair gehandelt würde? Dieser Frage geht ein Podcast der Tagesschau nach, der über den Mediencode aufgerufen werden kann.

70040-38

Auch du kannst beim Einkaufen mitentscheiden, ob Waren, mit denen skrupellose Hersteller auf Kosten von Kindern viel Geld verdienen, bei uns verkauft werden. [...] Die Hilfsorganisation „Terre des hommes" empfiehlt, bei Produkten aus der Landwirtschaft auf das Fair-Trade-Siegel zu achten. Produkte, die mit diesem Siegel gekennzeichnet sind, wurden unter fairen Arbeitsbedingungen hergestellt. So können schon die Eltern ein Einkommen erzielen, das ihnen erlaubt, ihre Kinder in die Schule statt zur Arbeit zu schicken. In Dorfgemeinschaften können dann auch mehr Schulen und Gesundheitsstationen gebaut werden. Ebenso [...] zeichnet [das Siegel der Gepa] fair gehandelte Produkte aus. Das Hand-in-Hand-Siegel kennzeichnet Lebensmittel, die fair gehandelt und biologisch angebaut wurden. Teppiche, die ohne illegale Kinderarbeit hergestellt wurden, erhalten das Rugmark- oder das Care&Fair-Siegel. [...] Für Kleidung gibt es [...] [seit 2019 den Grünen Knopf, der] eine faire Herstellung kennzeichnet. Vor allem billige Klamotten, aber manchmal eben auch teure Marken-Sachen, können von Kindern unter sehr schlechten Bedingungen angefertigt worden sein.

Beck, Carola. In: www.helles-koepfchen.de, 12.10.2011

Produktsiegel und Logos gegen Kinderarbeit

GEPA
Dieses Logo findet man auf verschiedenen Lebensmitteln, wie zum Beispiel Kaffee, Kakao, Schokolade, Honig, Zucker und Getränken.

Good Weave
Das Siegel kennzeichnet Teppiche & Heimtextilien, die ohne Kinder- oder Zwangsarbeit nach dem GoodWeave-Standard hergestellt wurden.

Fairtrade
Dieses Siegel steht für öko-faire Partnerschaft. Es kennzeichnet fair gehandelte Produkte aus umweltverträglicher Produktion.

Der grüne Knopf
Das staatliche Siegel zeichnet Kleidung aus, die nachhaltig und unter fairen Arbeitsbedingungen hergestellt wurde.

Bearbeiterin

M3 Konsumverhalten

Umfrageergebnisse zu Kriterien beim Kauf von Lebensmitteln in Deutschland (Stand: November 2019)

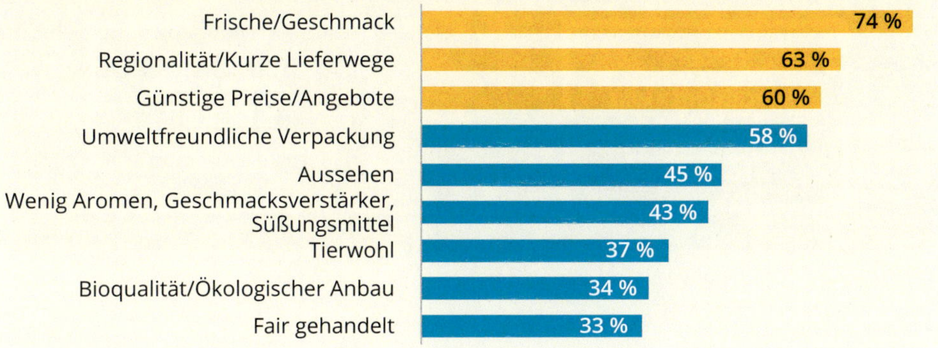

Bearbeiter, Quelle: obs/Sparwelt.de: Discounter, Supermarkt oder doch frisch vom Markt? Forsa-Umfrage zum Einkaufsverhalten der Deutschen. In: www.presseportal.de, 15.01.2020

AUFGABEN

1. Arbeiten Sie aus **M1** die Ursachen und Folgen der Kinderarbeit auf den Kakaoplantagen heraus.

2. a) Nennen Sie Kriterien für Ihre Kaufentscheidung bei Schokolade und anderen Lebensmitteln.
b) Stellen Sie sich zu zweit die in **M2** genannten Produktsiegel vor.

3. Diskutieren Sie in der Klasse, was Sie selbst als Einzelperson oder als Klasse für bessere Arbeitsbedingungen bei der Herstellung von Produkten tun können (**M1**, **M2**).

4. a) Arbeiten Sie zu zweit aus der Statistik in **M3** heraus welchen Stellenwert der Faktor Fair Trade beim Konsumverhalten einnimmt.
b) Diskutieren Sie in der Klasse, ob es ohne staatliche Eingriffe eine nachhaltige Verbesserung der Situation der Kakaobauern geben kann.

H **zu Aufgabe 4b**
Bedenken Sie bei der Diskussion, dass es für ärmere Schichten schwierig sein dürfte, von sich aus auf Fair-Trade-Produkte umzusteigen.

F **zu Aufgabe 4b**
Skizzieren Sie grobe Vorschläge, wie diese staatlichen Eingriffe konkret ausgestaltet werden könnten.

6.6 Per Gesetz eine bessere Welt?

→ Fachwissen, S. 191

Die Menschenrechte sind ein wesentlicher Bestandteil des Grundgesetzes. Die Bundesrepublik hat sich ausdrücklich dazu verpflichtet, auf ihre Einhaltung zu achten. In einer globalisierten Welt ist es jedoch immer schwieriger, die nationalen Standards durchzusetzen. Auch hierzulande wird zum Beispiel in großen Mengen Schokolade konsumiert, für deren Produktion Kinder ausgebeutet werden.

M1 Forderungen der „Initiative Lieferkettengesetz"

Werbeplakate der „Initiative Lieferkettengesetz"

M2 Das Lieferkettengesetz wird beschlossen

Im Handel und der Produktion werden im Zuge der weltweiten Lieferketten immer wieder grundlegende Menschenrechte verletzt. Dazu zählen Kinderarbeit, Ausbeutung, Diskriminierung und fehlende Arbeitsrechte. Auch die Umweltzerstörung wird in den Blick genommen: illegale Abholzung, Pestizid-Ausstoß, Wasser- und Luftverschmutzung.

Unternehmen in Deutschland verdienen an dem, was in anderen Teilen der Welt erarbeitet wird. Darum tragen sie auch Verantwortung für die Achtung der Menschenrechte entlang ihrer Lieferkette. Mit dem „Gesetzesentwurf über die unternehmerischen Sorgfaltspflichten in Lieferketten" sollen deutsche Unternehmen verpflichtet werden, ihrer globalen Verantwortung besser nachzukommen. […]

Die Verantwortung der Unternehmen soll sich entsprechend des neuen Gesetzes auf die gesamte Lieferkette erstrecken, abgestuft nach den Einflussmöglichkeiten. Die Pflichten müssen durch die Unternehmen in ihrem eigenen Geschäftsbereich sowie gegenüber ihren unmittelbaren Zulieferern umgesetzt werden.

© Presse- und Informationsamt der Bundesregierung: Mehr Schutz von Menschen und Umwelt in der globalen Wirtschaft. In: www.bundesregierung.de, 03.03.2021

M3 Das Gesetz kommt unterschiedlich gut an

a Pro Lieferkettengesetz

Die Unterstützerinnen und Unterstützer, zu denen auch große Unternehmen zählen, sehen in erster Linie den Schutz der Menschenrechte auch außerhalb Deutschlands als Ziel an. Sie möchten die individuelle Verantwortung bei der Kaufentscheidung verringern und eine gesetzliche Regelung erwirken. Ihrer Argumentation nach kann nicht von jeder Konsumentin und jedem Konsumenten erwartet werden, sämtliche Produktionsbedingungen beim Kauf abzuwägen.

Das Gesetz sichere auch einen fairen Wettbewerb, da verantwortungsvolle Unternehmen nicht länger benachteiligt werden.

Bearbeiterin

b Kontra Lieferkettengesetz

Insbesondere Wirtschafts- und Arbeitgeberverbände kritisierten das Vorhaben eines Lieferkettengesetzes. Sie fürchten hohe Kosten, Schwierigkeiten bei der Umsetzung sowie der Nachvollziehbarkeit. Ihrer Ansicht nach bestünde die Gefahr, dass sich Betriebe unwissentlich strafbar machen. Es sei für Unternehmen zum Teil nur schwer im Detail nachvollziehbar, unter welchen Bedingungen jeder einzelne Bestandteil eines Produktes hergestellt wurde, insbesondere wenn die Firma selbst nicht vor Ort ist.

Des Weiteren wird darauf verwiesen, dass die deutsche Wirtschaft damit einen Nachteil gegenüber anderen Nationen hätte, ohne dass die Produktionsbedingungen maßgeblich verbessert würden. Firmen aus anderen Ländern werden weiterhin von billigen Arbeitskräften profitieren, wodurch diese ihre Produkte billiger anbieten können. Es liege bei den Käuferinnen und Käufern, die darauf großen Wert legen, mit ihrer Kaufentscheidung individuell Verantwortung zu übernehmen.

Bearbeiterin

AUFGABEN

1. Arbeiten Sie anhand der Plakate in **M1** heraus, welche Probleme die „Initiative Lieferkettengesetz" bekämpfen möchte.

2. a) Fassen Sie die Begründung der Regierung für die Notwendigkeit eines Lieferkettengesetzes zusammen (**M2**).
b) Benennen Sie die positiven Folgen, die das Gesetz bringen soll (**M2**).

3. a) Stellen Sie sich zu zweit jeweils eine Position über das Lieferkettengesetz gegenseitig dar (**M3**).
b) Positionieren Sie sich abschließend in einer Positionslinie (→ Methodenglossar) zu der Verabschiedung des Lieferkettengesetzes. Begründen Sie Ihre Position.

F zu Aufgabe 3
Recherchieren Sie über Auswirkungen des Gesetzes und werten Sie diese aus. Stellen Sie Ihr Ergebnis der Klasse vor.

WIRTSCHAFTSPOLITIK IN DER PRAXIS

➡ S. 172 – 187

6 Wirtschaftspolitik konkret – (wann) sollte der Staat in den Markt eingreifen?

„So viel Markt wie möglich, so viel Staat wie nötig" – diese Aussage Karl Schillers, Bundeswirtschaftsminister von 1966-1972, zeigt das Spannungsverhältnis, das bis heute die Wirtschaftspolitik prägt. Wann der Staat konkret eingreift ist von mehreren Faktoren (z. B. Welche Wirtschaftspolitik verfolgt die aktuelle Regierung? Wie groß ist der Druck der Öffentlichkeit? Wie groß ist der Einfluss von Lobbyistinnen und Lobbyisten?) abhängig und kann von Fall zu Fall variieren. Beispiele aus den letzten Jahren sind die Frauenquote und das Lieferkettengesetz.

➡ S. 176 –177

6.1 Wirtschaftsziele im Wettstreit

Die Wirtschaftspolitik muss ihre Ziele aus den gesellschaftlichen Werten ableiten. Daher können wirtschaftspolitische Ziele als Unterziele für Grundwerte angesehen werden. Sie werden in Regierungserklärungen formuliert, aber zum Beispiel auch in Gesetzen und Parlamentsbeschlüssen. Die wichtigsten Ziele der Wirtschafts- und Finanzpolitik der Bundesrepublik Deutschland zeigt das Magische Sechseck.

Ziele der Wirtschafts- und Finanzpolitik:
- Vollbeschäftigung
- Stabiles Preisniveau
- Angemessenes Wirtschaftswachstum
- Außenwirtschaftliches Gleichgewicht (z. B. Vermeidung von Auslandsverschuldung)
- Gerechte Einkommens- und Vermögensverteilung
- Schutz der natürlichen Umwelt.

Häufig stehen verschiedene wirtschaftspolitische Ziele in einem Konflikt zueinander. Man kann das eine Ziel nur erreichen, wenn man die Erreichung des anderen Zieles dafür opfert oder einschränkt. Im Grunde handelt alles Wirtschaften von Zielkonflikten. Nun müssen aber auch in einer Marktwirtschaft Entscheidungen für eine Gesellschaft getroffen werden.

Beispiele:
- Soll ein neuer Flughafen gebaut werden?
- Soll eine neue Schule gebaut werden?
- Soll die Geldmenge stärker oder weniger stark steigen?

All dies und vieles andere sind Entscheidungen, für die die verschiedenen Instanzen der Wirtschaftspolitik zuständig sind.

Übung

82000-54

6.2 Die soziale Marktwirtschaft – Wohlstand für alle?

➡ S. 178 – 179

Deutschlands Wirtschaftsordnung ist die Soziale Marktwirtschaft. Sie wurde aus der Freien Marktwirtschaft entwickelt. Damit keine zu großen sozialen Ungerechtigkeiten entstehen, greift der Staat durch bestimmte Regeln in die Freie Marktwirtschaft ein. Kurz, die Freiheit der Marktwirtschaft wird da eingeschränkt, wo sie unsozial ist, wo sie nur den Starken dient und den weniger Starken schadet.

Beispiele:

- Gesetze zum Kündigungsschutz, die verbieten, dass eine Arbeitnehmerin bzw. ein Arbeitnehmer von einem Tag auf den anderen entlassen wird.
- Gesetze, die verhindern sollen, dass sich große Firmen zu sogenannten Kartellen zusammenschließen, denn dann könnten diese Kartelle die Preise ihrer Produkte so absprechen, dass kleinere Betriebe nicht mehr mithalten können und pleitegehen.
- Gesetze, die dafür sorgen, dass bei gefährlichen Arbeiten die Arbeitnehmende vor zu großen Gesundheits- oder Sicherheitsrisiken geschützt werden.

Ein freier Markt ist ein elementarer Bestandteil wirtschaftlichen Wachstums, der mit dem Ziel gesellschaftlichen Wohlstands eng verknüpft ist. Auf der anderen Seite kann ein gänzlich unreglementierter Markt zu drastischen sozialen Missständen führen. Die Politik muss daher immer abwägen, wann staatliche Eingriffe in das Wirtschaftsgeschehen wirklich notwendig sind, um ungewünschte Effekte des Marktes zu verhindern oder abzumildern.

Übung

82000-55

6.3 Fallbeispiel Frauenquote – soll sich die Politik einmischen?

➡ S. 180 – 181

Ein Beispiel für einen gesellschaftlich umstrittenen staatlichen Eingriff in die Wirtschaft ist die Frauenquote. Seit 2015 gibt es die Frauenquote in der Bundesrepublik Deutschland. Sie legt einen bestimmten prozentualen Anteil von Frauen bei der Besetzung von Institutionen oder Personalstellen gesetzlich fest. In dem Gesetz sind drei Säulen definiert, für die jeweils unterschiedliche Regelungen und Quoten gelten.

Die drei Säulen des Gesetzes zur Frauenquote:

- Börsennotierte und voll mitbestimmungspflichtige Unternehmen
- Börsennotierte oder voll mitbestimmungspflichtige Unternehmen
- Öffentlicher Dienst des Bundes

Der Zweck der Frauenquote ist es, die im Grundgesetz garantierte Gleichstellung von Mann und Frau in allen Bereichen der Gesellschaft zu ermöglichen.

Artikel 3 (2) GG:
Männer und Frauen sind gleichberechtigt. Der Staat fördert die tatsächliche Durchsetzung der Gleichberechtigung von Frauen und Männern und wirkt auf die Beseitigung bestehender Nachteile hin.

Das Gesetz zur Frauenquote war und ist umstritten und wird von Kritikerinnen und Kritikern als nicht notwendiger Eingriff der Politik in die Wirtschaft gesehen.

Übung

82000-56

➡ S. 182 – 183

6.4 Auswirkungen staatlichen Eingreifens am Beispiel der Frauenquote

Am Beispiel der Frauenquote lassen sich auch die Auswirkungen von staatlichem Eingreifen in die Wirtschaft zeigen. Seit 2015 ist die Frauenquote gesetzlich festgeschrieben und wirkt sich somit auf den deutschen Arbeitsmarkt aus. In den Vorständen der börsennotierten deutschen Unternehmen lässt sich ein Anstieg des Frauenanteils feststellen. Es wird nun in der Politik darüber diskutiert, die Quote auf andere Bereiche z. B. Vorstandsgremien auszuweiten. Auch hier prallen wieder die Argumente der Befürworterinnen und Befürworter auf die Argumente der Kritikerinnen und Kritiker.

Argumente gegen die Frauenquote:
- Sie verhindert, dass Unternehmen ihre Angestellten nach Leistung aussuchen, da eine Quote erfüllt werden muss.
- Es gibt nicht genug Frauen mit den nötigen Qualifikationen.

Argumente für die Frauenquote:
- Eine strukturelle Benachteiligung von Frauen kann nicht ohne Verordnungen überwunden werden, da eine reine Regulierung durch den Markt zu lange dauern würde.
- Nur durch Sichtbarkeit und Beispiele geschieht auch ein Umdenken in der Gesellschaft.

➡ S. 184 – 185

6.5 Produktionsbedingungen – kann mein Konsumverhalten etwas ändern?

Die Globalisierung ist in den letzten Jahrzehnten stark vorangeschritten und unsere Welt ist immer vernetzter geworden. Dies betrifft auch den Handel. Viele der Produkte, die in unseren Supermärkten landen, wurden in anderen Ländern hergestellt. Nicht selten haben sie im Herstellungsprozess schon mehrerer Länder durchlaufen. Das macht es oft schwer nachvollziehbar, wo genau die Ware herkommt und wie sie produziert wurde.

Zusatzwissen:
Unter Globalisierung versteht man die Entwicklung, dass weltweite Verflechtungen in Bereichen wie Wirtschaft, Umwelt, Politik und Kultur zunehmen. Dies geschieht sowohl zwischen Individuen als auch zwischen Unternehmen, Gesellschaften und Staaten. Es gibt viele verschiedene Faktoren, die die Globalisierung vorangetrieben haben. Unter anderem haben dazu das Sinken von Transportkosten, der Abbau internationaler Handelsbeschränkungen und das Abschließen von Freihandelsverträgen sowie die Öffnung des ehemaligen Ostblocks nach Ende des Kalten Krieges beigetragen. Aber auch die Erfindung des Internets als Möglichkeit, einer weltweiten, globalisierten Kommunikation war ein entscheidender Faktor.

Die Globalisierung bringt zahlreiche Vor- und Nachteile mit sich. So hat sich zum Beispiel der durchschnittliche Wohlstand auf der ganzen Welt in den letzten Jahrzehnten zwar teilweise erheblich gesteigert, aber die soziale Ungleichheit nimmt ebenfalls zu.

Durch die Vernetzung des Welthandels werden nationalstaatliche Regelungen, z. B. zum Schutz von Menschenrechten, schwer durchsetzbar. So entziehen sich beispielsweise Produktionsstandorte im Ausland dem Zugriff oder Staaten sehen sich gezwungen, über Verletzungen hinwegzusehen, um international wettbewerbsfähig zu bleiben.

Um dagegen anzukämpfen, hat neben dem Gesetzgeber und dem Unternehmer auch das Individuum eine Verantwortung. Durch bewusste Kaufentscheidungen und Kaufverzicht kann jede und jeder von uns Stellung beziehen und dabei helfen, bessere Bedingungen bei der Produktion zu schaffen. Verschiedene Produktsiegel, die beispielsweise Produkte kennzeichnen, die unter fairen Bedingungen hergestellt wurden, können uns dabei unterstützen, diese Kaufentscheidungen zu treffen

Übung

82000-57

6.6 Per Gesetz eine bessere Welt?

➡ S. 186 – 187

Durch die Vernetzung des Welthandels ist es oft schwer nachzuvollziehen, unter welchen Bedingungen die Produkte, die wir in Deutschland in einem Laden kaufen können, hergestellt wurden. Verschiedene Produktsiegel helfen der Konsumentin oder dem Konsumenten, beim Kauf eine Entscheidung zu treffen. Damit nicht die ganze Verantwortung beim Individuum liegt, wurde in Deutschland das Lieferkettengesetzt beschlossen. Es soll u. a. dazu beitragen, dass Menschenrechte im Herstellungsprozess eines Produktes beachtet werden, indem es den Unternehmen die Verantwortung über die gesamte Lieferkette gibt. Wie wirkungsvoll ein solches Gesetz ist, bleibt aber umstritten.

Argumente gegen das Lieferkettengesetz:
- hohe Kosten für Unternehmen
- schwierige Umsetzung und Nachvollziehbarkeit
- benachteiligt die deutsche Wirtschaft gegenüber anderen Nationen

Argumente für das Lieferkettengesetz:
- Schutz der Menschenrechte
- fairer Wettbewerb
- Verringerung der Verantwortung des Individuums beim Kauf

Übung

82000-58

M1 „Mutter des Grundgesetzes"

Die Sozialdemokratin Elisabeth Selber war eine der vier Frauen, die im Jahre 1948 in den Parlamentarischen Rat berufen wurde, um eine neue Verfassung für die Bundesrepublik zu beschließen. In der Diskussion um den Artikel 3, der nach Meinung der Männer aus der Weimarer Republik übernommen werden sollte, forderte und kämpfte die Vorkämpferin um Gleichberechtigung zwischen Mann und Frau - also für eine klarere Aussage. Viermal wurde ihr Antrag abgelehnt, aber dann mobilisierte sie die Öffentlichkeit, hauptsächlich Frauen, die in Briefen und Protestaktionen auf die Ungerechtigkeit aufmerksam machten.

Artikel 3 der Weimarer Republik
„Männer und Frauen haben die gleichen staatsbürgerlichen Rechte und Pflichten".

Artikel 3 des Grundgesetzes
„Männer und Frauen sind gleichberechtigt".

Bearbeiterin

M2 Lösungsansätze zur Bekämpfung von Kinderarmut

Hilfe für Kinder in Armut kann auf vielen Ebenen geschehen. Das fängt bei den Konsumenten an: Viele Produkte, die jeden Tag benutzt werden, werden in Entwicklungsländern produziert. Einige dieser Produkte tragen sogenannte Gütesiegel für bestimmte Merkmale des jeweiligen Produkts: Beispielsweise kennzeichnen Fairtrade-Produkte faire Löhne für die Arbeiterinnen und Arbeiter.

NGO
Nichtregierungsorganisation

Es gibt auch viele NGOs, die sich gegen Armut und für Bildungszugang in Entwicklungsländern einsetzen. Sie initiieren Projekte, bauen zum Beispiel Schulen oder bilden Lehrkräfte vor Ort aus.
Aber auch der Staat investiert viel Geld in sogenannte Entwicklungshilfe. Dabei werden diverse Projekte unterstützt, die helfen sollen, Armut zu reduzieren oder die Bildungsbeteiligung zu verbessern. Dazu gehört etwa der Aufbau von Schulen oder die Zusammenarbeit und finanzielle Unterstützung von Produzenten vor Ort, die dann faire Löhne zahlen

Bananen in einem Supermarkt mit dem Siegel für fair gehandelte Produkte

können. Zur Entwicklungspolitik gehört zudem, den Regierungen von Entwicklungsländern zu helfen, ihre Politik nachhaltig auszurichten. Das geschieht etwa beim Aufbau eines Steuersystems zur Finanzierung oder bei der Bekämpfung von Korruption, die in vielen Entwicklungsländern ein großes Problem darstellt. Schließlich versucht Deutschland, den Handel mit Entwicklungsländern zu stärken. So nehmen diese mehr Geld ein und können dies für nachhaltige Ziele, etwa Bildung, ausgeben.

Bearbeiterin

M3 Wirtschaften kostet

AUFGABEN

1. a) Vergleichen Sie den Verfassungsartikel der Weimarer Republik und den des Grundgesetzes in **M1** miteinander und arbeiten Sie heraus, worin die Forderung von Elisabeth Selber lag.
   b) Erklären Sie, welche Folgen diese neu festgeschriebene Gleichberechtigung mit sich brachte.
   c) Verfassen Sie ausgehend von den Informationen in **M1** einen kurzen Brief an einen Abgeordneten, indem Sie sich entweder begründet für oder gegen eine gesetzlich verbindliche Frauenquote in Vorständen aussprechen.
2. a) Arbeiten Sie die verschiedenen Lösungsansätze zur Bekämpfung von Kinderarmut aus **M2** heraus.
   b) Bewerten Sie die Ansätze nach ihrer Effektivität.
   c) Beurteilen Sie, inwiefern das Lieferkettengesetz die angeführten Probleme lösen kann.
3. a) Beschreiben Sie die Zeichnung in **M3** möglichst detailliert.
   b) Nennen Sie Gründe, warum die Erde auf diese Weise dargestellt wird.
   c) Erläutern Sie den Zusammenhang zwischen dieser Zeichnung und Ihrem Kaufverhalten.
4. „Wir Konsumenten sind doch eigentlich machtlos, wenn nicht endlich die Politik und die Unternehmen etwas ändern und zum Beispiel Kinderarbeit verbieten. Im Moment können wir wenigstens weiterhin billig einkaufen!" Beziehen Sie begründet Stellung zu dieser Aussage.

Lösungsvorschläge zu den Aufgaben

70040-39

Tabelle zur Selbsteinschätzung

70040-40

1

US-Soldaten vor einem Helikopter

2

Staats- und Regierungschefs auf dem G20-Gipfel 2018

3

Flüchtlinge auf einem Schlauchboot im Mittelmeer

4

Verteilung von Hilfsgütern an Bedürftige

5

Demonstration für stärkeren Klimaschutz

Was wissen Sie schon?

1. Immer wieder gerät man in Konflikte mit Mitschülerinnen oder Mitschülern, Lehrkräften, Eltern usw. Überlegen Sie sich in Kleingruppen Situationen Ihres Alltags, in denen Sie sich allein durchsetzen oder sich miteinander absprechen müssen bzw. Hilfe von anderen brauchen, um Probleme zu lösen und Ziele zu erreichen.
2. a) Beschreiben Sie die Bilder und benennen Sie, inwiefern hier Konflikte vorliegen.
   b) Sammeln Sie ausgehend von diesen Konflikten Beispiele, in denen Staaten sich absprechen oder zusammenarbeiten.
3. Nennen Sie Länder, die vorrangig mit Deutschland eine gute Beziehung pflegen und andere, zu denen das Verhältnis eher konfliktträchtig ist.

7

Internationale Politik – kann Zusammenarbeit über Grenzen hinweg gelingen?

Weltweit gibt es 194 Staaten. Ähnlich wie in einer schulischen Gemeinschaft, haben diese Länder „Beziehungen" miteinander – diese können die ganze Bandbreite von sehr eng bis sehr flüchtig und von sehr positiv bis sehr negativ abdecken. Dieses Netz an gegenseitigen Beziehungen erfährt ständig neue Herausforderungen und Risiken, die im Extremfall sogar das friedliche Zusammenleben in Frage stellen können.
Was bedeutet das für die einzelnen Staaten und speziell für Deutschland? Wie versuchen Staaten Vertrauen, Kooperation, Frieden und Wohlstand zu erreichen?

Was lernen Sie in diesem Kapitel?

Sie lernen, ...

- die Bedeutung internationaler Politik zu erfassen.
- zu erkennen, welche Gefahren für den weltweiten Frieden bestehen.
- Weltordnungsmodelle nachzuvollziehen.
- die Rolle der Europäischen Union zur Friedenssicherung zu erklären.
- den Aufbau und die Organisation der EU zu beschreiben.
- den Gesetzgebungsprozess auf europäischer Ebene zu erfassen.
- Möglichkeiten der Vereinten Nationen zur Konfliktlösung zu bewerten.

Lernaufgabe: Eine Sitzung des UN-Sicherheitsrates simulieren

Die Situation in Libyen ist Jahre nach dem dortigen Bürgerkrieg weiterhin unüberschaubar. In den letzten Jahren weitet sich der lokale Konflikt immer mehr zu einem internationalen Stellvertreterkrieg aus, in welchem neue Kämpfe und Konflikte zwischen Gruppen innerhalb und außerhalb des Landes entstehen.

Sie sollen in dieser Lernaufgabe eine Sitzung des UN-Sicherheitsrates simulieren, in der über einen Resolutionsentwurf entschieden werden soll, den eine Gruppe von Mitgliedern in den Sicherheitsrat eingebracht hat.

Resolution
schriftlich festgehaltener und verbindlicher Beschluss

Eine Sitzung des UN-Sicherheitsrates

Gehen Sie dabei so vor:

Start

1

Erarbeiten Sie sich zunächst die Rolle von Nationalstaaten und deren Beziehungen untereinander in der Welt.

a) Beschreiben Sie internationale Beziehungen am Beispiel von Deutschlands Rolle in der Welt (→ Kapitel 7.1).
b) Setzen Sie sich mit unterschiedlichen Weltordnungssystemen als Basis internationaler Beziehungen auseinander (→ Kapitel 7.2).

2

Informieren Sie sich über die aktuelle Situation in Libyen und die Hintergründe.

a) Erläutern Sie Hintergründe, Verlauf und Probleme im Zusammenhang mit dem Libyen-Konflikt (→ Kapitel 7.9).
b) Recherchieren Sie darüber hinaus im Internet weitere sowie aktuelle Informationen über die Situation in Libyen (→ Methodenglossar).

3

Erarbeiten Sie die Möglichkeiten der Vereinten Nationen, zur Sicherung des Friedens beizutragen.

a) Nennen Sie die Ziele der Vereinten Nationen (→ Kapitel 7.7).
b) Fassen Sie die Zusammensetzung, Aufgaben und Funktionsweise des UN-Sicherheitsrats zusammen (→ Kapitel 7.8).

4

Simulieren Sie nun in der Klasse eine Sitzung des UN-Sicherheitsrats.

a) An der Sitzung nehmen 15 UN-Mitgliedstaaten teil, darunter die fünf ständigen Mitglieder des Sicherheitsrats. Verteilen Sie die Rollen in der Klasse. Hinweis: Allen Delegierten kann eine Beraterin oder ein Berater zur Seite gestellt werden.

b) Bereiten Sie sich mithilfe Ihrer Vorarbeiten aus den Schritten zuvor auf die Sitzung vor. Wiederholen Sie insbesondere die aktuelle Situation in Libyen und positionieren Sie sich vorab zu möglichen Maßnahmen, die in der Sitzung vorgeschlagen werden könnten (z. B.: gemeinsame Verhandlungsrunden, Verurteilung beteiligter Akteure, Vernichtung bestimmter Waffen, Interventionen).

c) Simulieren Sie die Sitzung des UN-Sicherheitsrats.

5

Werten Sie die Simulation aus, indem Sie diese mit der politischen Realität abgleichen.

a) Analysieren Sie gemeinsam, ob Ihre Simulation gelungen ist (z. B.: Wie wurden die Rollen vertreten? Wie fundiert waren die Verhandlungen? Führte die Simulation zu realistischen Ergebnissen?).

b) Vergleichen Sie die Ergebnisse Ihrer Simulation mit der politischen Realität.

Hier finden Sie aktuelle Beschlüsse der Vereinten Nationen bezüglich Libyens

70040-41

6

Ziel

Beurteilen Sie, welche Rolle die Europäische Union in dem Konflikt spielen kann.

a) Arbeiten Sie heraus, inwiefern die EU von dem Konflikt direkt betroffen ist (→ Kapitel 7.5).

b) Begründen Sie ausgehend von der Geschichte und den Werten der EU, welche Funktion diese in dem Konflikt einnehmen könnte (→ Kapitel 7.3).

7.1 Deutschlands Beziehungen in die Welt – wer mischt mit?

→ Fachwissen, S. 218

Durch seine zentrale Lage mitten in Europa teilt sich Deutschland viele Grenzen mit europäischen Nachbarn. Darüber hinaus unterhält es aber auch Beziehungen zu anderen inner- und außereuropäischen Staaten. Wie sehen diese aus und welche Rolle spielt die Politik dabei?

Außenpolitische Bestimmungsfaktoren
Zahlreiche Faktoren, wie z. B. die geographische Lage, gemeinsame Grenzen, Bevölkerungsgröße, wirtschaftliche Situation, politisches System, Ressourcen, Geschichte usw. bestimmen die Außenpolitik eines Landes von vornherein.

M1 Deutschlands vielfältige Beziehungen und Position in der Welt

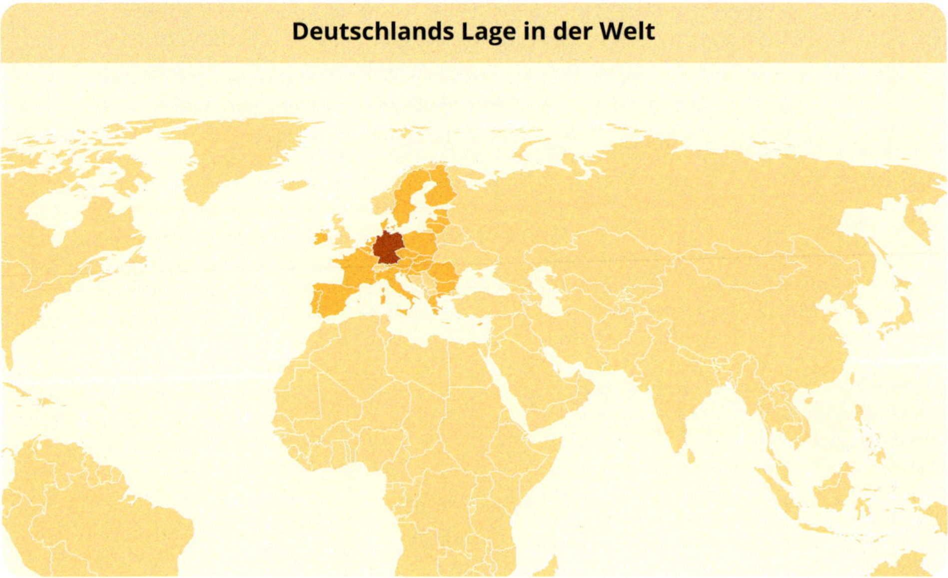

Bearbeiter

M2 Verschiedene Schlagzeilen

1. Der Deutsche Bundestag verurteilt fraktionsübergreifend die Foltermethoden durch US-Behörden im Zusammenhang mit dem Kampf gegen den Terror.

2. Das Goethe-Institut startet ein europaweites Kulturprogramm für den Zusammenhalt Europas.

3. Italiens Partei „Lega Nord" wirft Deutschlands Kanzlerin Erpressung bei der geplanten Verteilung von Geflüchteten vor.

4. Die niederländische Großbank ING will die deutsche Commerzbank übernehmen.

5. Deutschlands Entwicklungsministerium beschließt für Indien ein Corona-Sofortprogramm. Geliefert werden Testkits und Schutzausrüstungen.

6. Russlands Minister kritisiert deutsche Medien wegen ihrer „offen unfreundlichen Berichterstattung" gegenüber Russland.

7 US-Justizbehörden fordern im Zuge der „Diesel-Affäre" die Auslieferung eines in Deutschland inhaftierten Audi-Technikers.

8 Tausende Menschen demonstrieren in Berlin gegen den Staatsbesuch des türkischen Präsidenten Erdogan.

Bearbeiter

M3 Beziehungen Deutschlands zu einem anderen Land

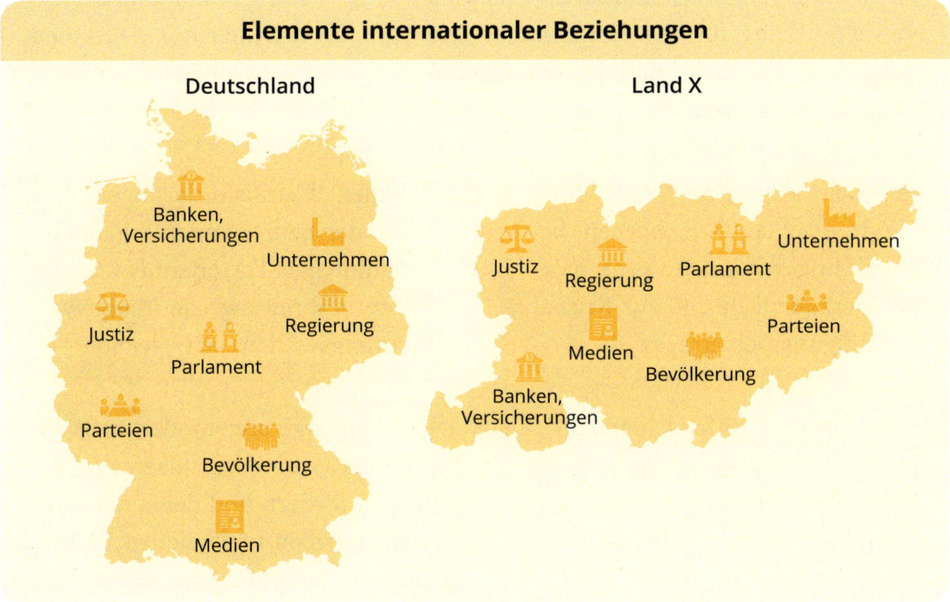

Bearbeiter

Internationale Politik
Jede Form von Interaktionsprozessen zwischen mindestens zwei Akteuren in internationaler Umgebung nennt man internationale Politik. Die Akteure können dabei internationale Organisationen, Regierungen, gesellschaftliche Gruppierungen, Firmen usw. sein.

AUFGABEN

1. Erläutern Sie anhand der Karte in **M1** die Position Deutschlands in der Welt. Welche außenpolitischen Besonderheiten lassen sich dadurch ableiten?
2. Beschreiben Sie mithilfe der Schlagzeilen aus **M2** wichtige internationale Beziehungen, die Deutschland mit den anderen Ländern unterhält.
3. a) Ordnen Sie die Schlagzeilen aus **M2** den Beteiligten der beiden Länder aus **M3** zu.
   b) Diskutieren Sie zu zweit mögliche Folgen zu den Beispielen aus **M2**.
4. Finden Sie in Gruppenarbeit weitere Ihnen bekannte oder eigens konstruierte Beispiele für internationale Verwicklungen in Form von Schlagzeilen.

H **zu Aufgabe 3a**
Berücksichtigen Sie vor allem, welche Akteure aus Deutschland mit welchen Akteuren aus anderen Ländern in Kontakt kommen.

F **zu Aufgabe 4**
Benennen Sie mögliche Akteure, die in **M3** noch gar nicht berücksichtigt wurden.

7.2 Außenpolitische Zielsetzungen – jeder für sich oder alle zusammen?

→ Fachwissen, S. 219

Es gibt weltweit kein Land, das sich im luftleeren Raum befindet und nur mit sich selbst beschäftigt ist. Vielmehr verfügt jedes Land mit anderen Ländern über eine Vielzahl an Beziehungen. Aber genauso vielfältig sind auch die Ansichten, wie „gute" Außenpolitik aussehen soll.

Weißbuch
Ein Regierungsdokument mit den wichtigsten sicherheits- und verteidigungspolitischen Strategien. Definiert werden darin Ziele und mögliche Probleme der nächsten 10 Jahre.

M1 Ziele der Deutschen Außenpolitik laut Weißbuch

1. Recht und Freiheit, Demokratie, Sicherheit und Wohlfahrt für die Bürgerinnen und Bürger zu bewahren und sie vor Gefährdungen zu schützen
2. Souveränität und Unversehrtheit des deutschen Staatsgebiets zu sichern
3. regionale Krisen und Konflikte, die Deutschlands Sicherheit beeinträchtigen können, wenn möglich vorzubeugen und zur Krisenbewältigung beizutragen
4. globalen Herausforderungen, vor allem der Bedrohung durch den internationalen Terrorismus und der Weiterverbreitung von Massenvernichtungswaffen, zu begegnen
5. zur Achtung der Menschenrechte und zur Stärkung der internationalen Ordnung auf der Grundlage des Völkerrechts beizutragen
6. den freien und ungehinderten Welthandel als Grundlage unseres Wohlstands zu fördern und dabei die Kluft zwischen armen und reichen Weltregionen zu überwinden zu helfen

Nach: Raidel, Hans: Deutschland im Spannungsfeld des internationalen Politikgeflechts. In: Hanns-Seidel-Stiftung (Hg.): Aktuelle Analysen 49, München 2009 S.7

M2 Außenpolitik: Multilateralismus oder Unilateralismus

Multilateralismus
Außenpolitisches Weltordnungsmodell, bei dem Staaten Rücksicht aufeinander nehmen, sich absprechen und in enger Zusammenarbeit ihre Ziele gemeinsam verfolgen.

a) Forderung nach Multilateralismus

„Wir werden in Zukunft noch mehr kämpfen müssen für Menschenrechte, für Gleichberechtigung, für unsere regelbasierte Ordnung – für all die Errungenschaften, dic wir für selbstverständlich halten. Und das gelingt nur mit Partnern an unserer Seite. Genau darin besteht die Idee unserer Allianz für den Multilateralismus. […] Sie wissen, dass in der Konkurrenz, die wir zwischen den USA, Russland und China erleben, die meisten Staaten dieser Welt nur dann eine Chance haben, ihre Interessen zu behaupten und ihre Werte zu reklamieren, wenn sie das zusammen machen."

Heiko Maas, Bundesaußenminister von 2018 – 2021

Nink, Karin/Doering, Kai: Heiko Maas: „Sicherheit schaffen wir nur mit- und nicht gegeneinander." In: www.vorwaerts.de, 07.11.2019

b) Forderung nach Unilateralismus

Wenn man sich umsieht auf diesem großen, wunderbaren Planeten, liegt die Wahrheit auf der Hand: Wer Freiheit will, sollte stolz auf sein Land sein. Wer Demokratie will, sollte an seiner Souveränität festhalten. Und wer Frieden will, sollte sein Land lieben. Weise Staats- und Regierungschefs stellen das Wohlergehen ihrer eigenen Bevölkerung und ihres eigenen Landes immer vornan.

Die Zukunft gehört nicht den Globalisten. Die Zukunft gehört den Patrioten. Die Zukunft gehört den souveränen und unabhängigen Nationen, die ihre Bürger schützen, ihre Nachbarn respektieren und den Unterschieden Rechnung tragen, die jedes Land zu etwas Besonderem, Einzigartigem machen.

Donald Trump, US-Präsident von 2017 – 2021

Trump, Donald J.: Eine neue Zukunft der Nationen. Übersetzt von Amerika Dienst. In: de.usembassy.gov, 01.10.2019

Unilateralismus
Außenpolitisches Weltordnungsmodell, das hauptsächlich auf einseitige Lösungen setzt und vorrangig nationalen Interessen folgt. Kooperationen mit anderen Staaten finden nur kurzfristig bzw. im Notfall statt.

M3 US-Außenpolitik unter Trump: „America First"

Karikatur: Schwarwel 2018

America First
Engl.: Amerika zuerst; Wahlspruch des ehemaligen US-Präsidenten Donald Trump

AUFGABEN

1. Arbeiten Sie aus **M1** Zielsetzungen deutscher Außenpolitik heraus.
2. Vergleichen Sie die in **M1** genannten Punkte mit den Zielsetzungen in Art. 1 (2), 23 (1), 24 (1 – 3), 26 (1) und 87a (2) GG. Erklären Sie, welche Ziele sich wiederfinden lassen und welche ergänzt werden müssten.
3. a) Erläutern Sie zu zweit arbeitsteilig die Weltordnungsmodelle aus **M2**.
   b) Erarbeiten Sie Chancen und Risiken beider Strategien.
   c) Beziehen Sie Stellung, welche Strategie Sie befürworten.
4. a) Analysieren Sie die Karikatur in **M3** (→ Methodenkarte, S. 18).
   b) Diskutieren Sie in der Klasse die Aussage der Karikatur.

F **zu Aufgabe 3c**
Beurteilen Sie, ob Deutschlands Entscheidung für den Multilateralismus schon im Grundgesetz festgelegt ist (**M1**, **M2**).

7.3 Die Europäische Union – von ihren Anfängen bis zur Gegenwart

→ Fachwissen, S. 220

Im Jahr 2012 bekam die EU den Friedensnobelpreis. Vielen gilt die EU als die größte Erfolgsgeschichte des 20. Jahrhunderts. Im Jahr 2016 entschieden die Briten (mit knapper Mehrheit), dass sie die EU verlassen wollen. Wie stehen Sie zur EU? Wofür „steht" die EU?

M1 Etappen der Entwicklung der EU

EU: Gründerstaaten, Beitritte, Beitrittskandidaten und Austritte
Stand: 2022

73000-319

Gründerstaaten

1958: Belgien, Deutschland, Frankreich, Italien, Luxemburg, Niederlande

Beitritte

1973: Dänemark, Großbritannien, Irland
1981: Griechenland
1986: Portugal, Spanien
1995: Finnland, Österreich, Schweden
2004: Estland, Lettland, Litauen, Malta, Polen, Slowakei, Slowenien, Tschechien, Ungarn, Zypern
2007: Bulgarien, Rumänien
2013: Kroatien

Beitrittskandidaten

Albanien, Montenegro, Nordmazedonien, Serbien, Türkei

Austritt

2020: Großbritannien

Wegmarken der europ. Einigung:

1957: Europäische Wirtschaftsgemeinschaft (EWG); Europäische Atomgemeinschaft (EURATOM)
1979: Erste Wahl zum europ. Parlament
1992: Vertrag von Maastricht
1993: Vollendung des EU-Binnenmarktes
2002: Einführung des Euro
2007: Vertrag von Lissabon

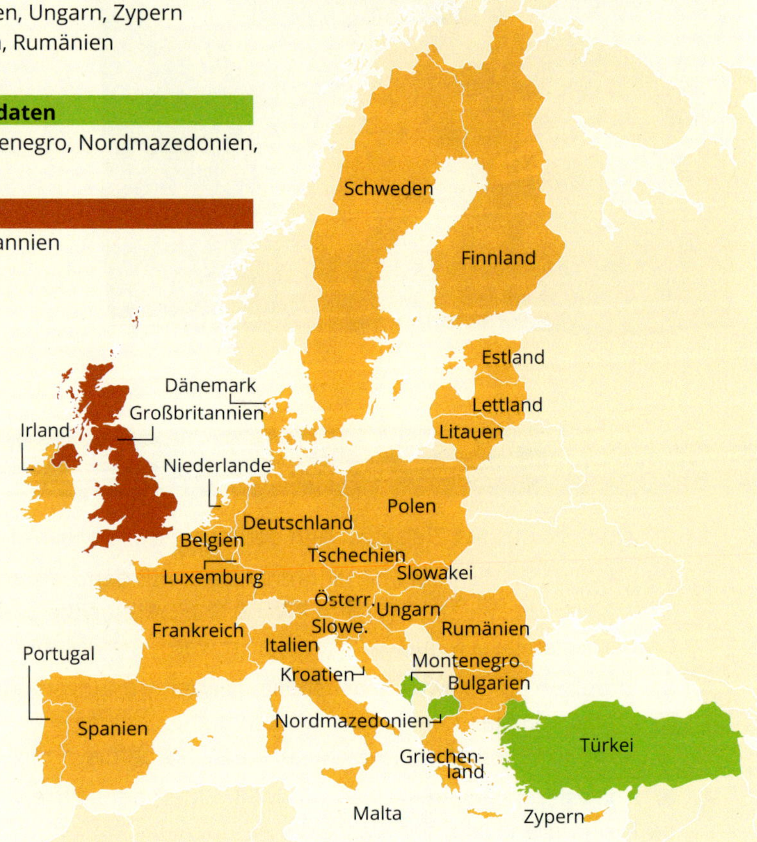

©C.C. Buchner Verlag, aktuelle Daten nach: Europäische Union, 2021

Vertrag von Maastricht
Der Vertrag von Maastricht erweiterte die Zusammenarbeit der europäischen Länder über ein Wirtschaftsbündnis hinaus auf die Bereiche Außen-, Sicherheits-, Justiz- und Innenpolitik.

EU-Binnenmarkt
Der Binnenmarkt ist ein abgegrenztes einheitliches Wirtschaftsgebiet. Er umfasst vier Freiheiten: Freier Verkehr von Waren, Personen, Dienstleistungen und Kapital (Geld).

Vertrag von Lissabon
Der Vertrag von Lissabon verankerte weitere Kompetenzabtretungen der Mitgliedsländer an europäische Institutionen. Er markiert den Wandel der Europäischen Gemeinschaft (EG) hin zur Europäischen Union (EU).

M2 70 Jahre Frieden – (k)eine Selbstverständlichkeit?

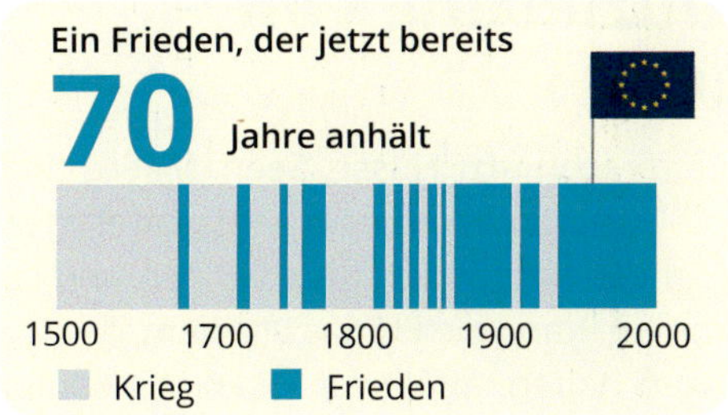

Bearbeiter, Quelle: Europäische Union: Ziele und Werte der EU. In:www.europa.eu, Abruf am 10.01.2022

Karikatur: Chappatte, Patrick 2007

Erklärfilm zur Europäischen Union

70040-43

M3 Für welche Werte steht die EU?

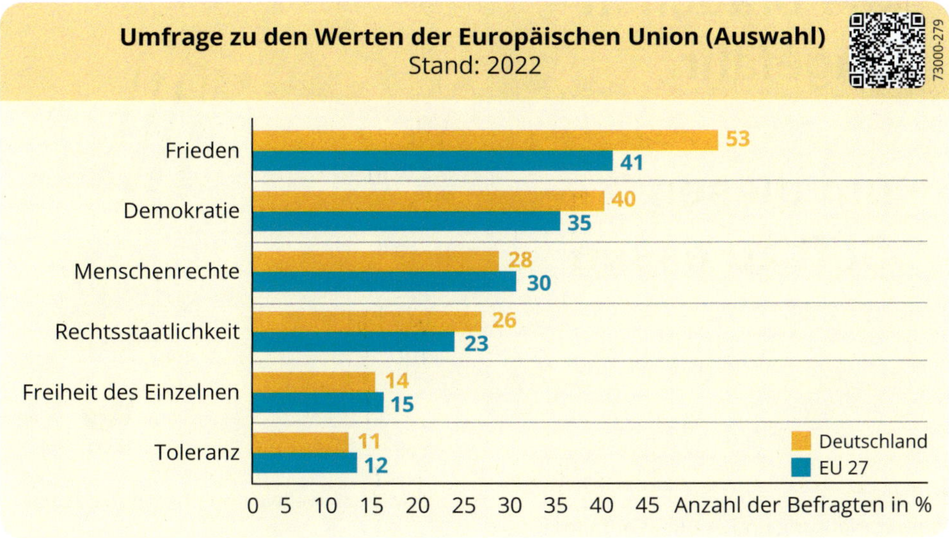

©C.C. Buchner Verlag, aktuelle Daten nach: Europäische Union, 2021 (Frage: Welche der folgenden Werte repräsentieren am besten die EU?)

Die Werte der EU
Die Werte, auf die sich die Union gründet, sind die Achtung der Menschenwürde, Freiheit, Demokratie, Gleichheit, Rechtsstaatlichkeit und die Wahrung der Menschenrechte einschließlich der Rechte der Personen, die Minderheiten angehören.

Art. 2 des Vertrags über die Europäische Union der Fassung des Vertrags von Lissabon, in Kraft getreten am 1. Dezember 2009.

AUFGABEN

1. a) Begründen Sie spontan, zu welchem Element Sie sich am meisten zugehörig fühlen: bayerisch, deutsch, europäisch, weltbürgerlich.
b) Fassen Sie die Geschichte der EU in wenigen Sätzen zusammen (**M1**).

2. a) Analysieren Sie zu zweit arbeitsteilig **M2** (→ Methodenkarte, S. 18).
b) Diskutieren Sie gemeinsam, inwiefern „70 Jahre Frieden in Europa" für Sie „(k)eine Selbstverständlichkeit" ist (**M2**).

3. a) Erläutern Sie die Werte der EU (**M3**) mithilfe eigener Beispiele.
b) Diskutieren Sie in der Klasse, ob die EU diesen Werten gerecht wird.

4. Bewerten Sie in einer schriftlichen Stellungnahme die Bedeutung der EU als Friedensprojekt und Wertegemeinschaft ausgehend von **M1 – M3**.

F **zu Aufgabe 4**
Recherchieren Sie aktuelle Schlagzeilen und Artikel zur EU und ordnen Sie die Ergebnisse in „positive" und „negative". Vergleichen Sie die Ergebnisse mit **M1 – M3** und beurteilen Sie, inwiefern diese zueinander passen oder nicht.

7.4 Entscheidungsfindung am Beispiel – kann die EU zur Reduzierung von Plastikmüll beitragen?

→ Fachwissen, S. 220 – 221

Plastikmüll ist ein internationales Problem: Er verschmutzt Flüsse, Seen, Meere und Strände weltweit. Zudem wird das Plastik durch Wind und Wasser in winzige Teilchen zerkleinert – sogenanntes Mikroplastik –, die in die Nahrungskette gelangen und so am Ende auch im menschlichen Körper ankommen. Kann die EU das Problem, da sich Umweltprobleme meist nicht an Ländergrenzen halten, effektiver lösen, als es auf nationaler Ebene möglich wäre?

M1 Plastik im Wasser und der Nahrung

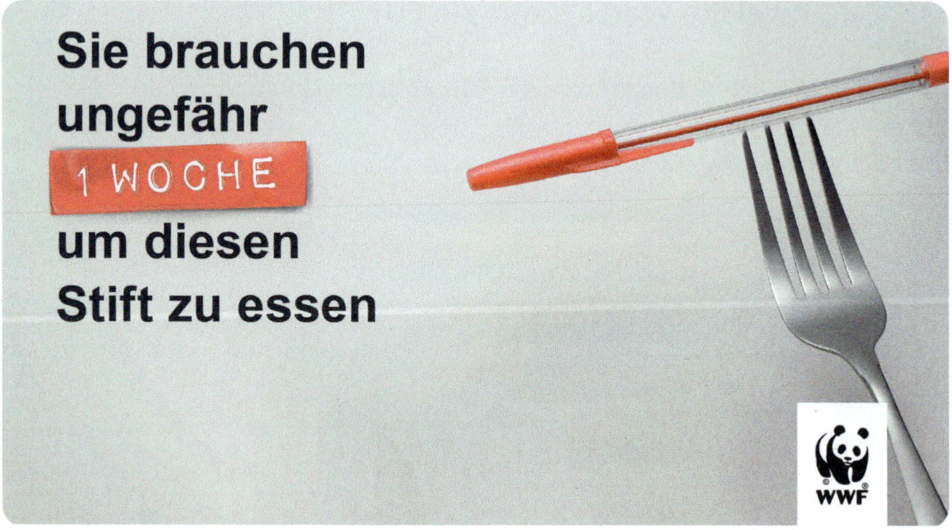

Der WWF hat ausrechnen lassen, wie viel Plastik jeder Mensch weltweit durchschnittlich über Wasser, Nahrung und Atemluft aufnimmt.

WWF
steht für World Wide Fund For Nature und ist eine der größten Organisationen weltweit für Natur- und Umweltschutz.

M2 Welches „Gesetz" überhaupt? Richtlinie oder Verordnung?

Wenn die EU bzw. die Europäische Kommission (EK) zur Reduktion des Plastikmülls den Verbrauch von Plastiktüten eindämmen möchte, ist die erste Frage, welche Art von Gesetz verabschiedet werden soll:
Die EU könnte ein festes Ziel vorgeben, z. B. den Verbrauch von Plastiktüten in jedem Mitgliedstaat bis zu einem gewissen Zeitpunkt um eine gewisse Prozentzahl zu reduzieren. Es obliegt dann den 27 Mitgliedstaaten selbst, wie diese Richtlinie umgesetzt und ausgeführt werden soll, um das vorgegebene Ziel zu erreichen (→ EU-Richtlinie).
Oder die EU könnte z. B. ein allgemeines Verbot von Plastiktüten bis zum Jahr 2025 aussprechen. Die Umsetzung dieser Verordnung wäre in diesem Fall verpflichtend für die Mitgliedstaaten (→ EU-Verordnung).
Während bei einer Richtlinie also alle Mitgliedstaaten noch ein eigenes konkretes Gesetz erlassen müssen, sind EU-Verordnungen so etwas wie EU-Gesetze, die dementsprechend in den Na-

tionalstaaten unmittelbar gelten und detaillierte Regelungen enthalten können, wie unter anderem welche Ausnahmen gelten sollen – z. B. für dünne Obst-Plastiktütchen im Supermarkt oder mehrfach verwendbare Kunststofftüten. Der Vorteil einer Richtlinie liegt darin, dass nationale Unterschiede bezüglich der Gesetzgebung besser berücksichtigt werden können.

Die Grundsatzfrage, ob eine Richtlinie oder eine Verordnung verabschiedet wird, muss für jedes Problem neu entschieden werden.

Bearbeiter

M3 EU beschließt Plastikmüll-Richtlinie

Nach: Statista, Quelle: Europäische Kommission

AUFGABEN

1. a) Tauschen Sie zu zweit Ihr Vorwissen über das Problem Plastikmüll und dessen Folgen aus (**M1**).
b) Stellen Sie dar, inwiefern Plastikmüll ein nationales, europäisches und bzw. oder weltweites Problem ist (**M1**).

2. a) Nennen Sie ausgehend von **M1** und **M2** mögliche Maßnahmen, wie Deutschland und Europa auf das Problem Plastikmüll reagieren sollten.
b) Vergleichen Sie Ihre Lösungen mit der EU-Richtlinie (**M3**) und überlegen sie zu zweit, warum die EU sich für eine Richtlinie entschieden haben könnte.

3. Bewerten Sie in Vierer-Gruppen die EU-Richtlinie in **M3** zur Eindämmung von Plastikmüll arbeitsteilig anhand der Kriterien Effektivität, Effizienz, Gerechtigkeit und Nachhaltigkeit.

7.5 Plastiktüten eindämmen – wie entstehen Gesetze in der EU?

→ Fachwissen, S. 221

Gesetze werden in Demokratien per Mehrheitsbeschluss in Parlamenten verabschiedet. Doch wie entstehen Gesetze in einer Union aus 27 Einzelstaaten? Kann die EU wirkungsvolle Gesetze auf demokratische Art und Weise zustande bringen?

M1 Institutionen der EU

Europäisches Parlament

Das EU-Parlament wird alle 5 Jahre von den Bürgerinnen und Bürgern der Mitgliedstaaten gewählt und ist damit das einzige direkt gewählte EU-Organ. Die Anzahl der Abgeordneten aus jedem Mitgliedsland orientiert sich an der Bevölkerungsgröße der Mitgliedstaaten. Im Parlament finden sich die Abgeordneten in länderübergreifenden Fraktionen zusammen. Das Parlament entscheidet gemeinsam mit dem Ministerrat über Richtlinien und Verordnungen und wählt den Kommissionspräsidenten auf Vorschlag des Europäischen Rates.

Europäische Kommission

Die EU-Kommission ist das Exekutivorgan der EU. Sie besteht aus der Kommissionspräsidentin bzw. dem Kommissionspräsidenten, die oder der vom EU-Parlament gewählt wird und 27 Kommissionsmitgliedern. Jedes Mitgliedsland schlägt ein Mitglied für die Kommission vor, das vom Parlament bestätigt werden muss. Diese sind für ein bestimmtes Sachgebiet zuständig. Die Kommission sorgt für die Einhaltung des EU-Rechts. Sie verfügt zudem als einziges Organ der EU über das Gesetzinitiativrecht und wird deshalb auch oft als Motor der EU bezeichnet.

Rat der Europäischen Union – der Ministerrat

Der Rat der EU, auch Ministerrat genannt, ist die Vertretung der Mitgliedstaaten in der EU. Er setzt sich aus jeweils einer Vertretung der 27 Mitgliedstaaten zusammen. In ihm sitzen je nach Politikbereich die Fachministerinnen und -minister der Mitgliedstaaten, d. h. er tagt je nach Politikbereich in unterschiedlicher Zusammensetzung. Gemeinsam mit dem Parlament entscheidet er über die Gesetzesvorschläge der Kommission. Die Ratspräsidentschaft wechselt alle sechs Monate zwischen den Mitgliedstaaten.

Europäischer Rat – Gipfeltreffen der Staats- und Regierungschefs

Gremium der Staats- und Regierungschefs der Europäischen Union (EU). Mindestens zweimal pro Halbjahr trifft sich der Rat, was auch als EU-Gipfel bezeichnet wird. Der Europäische Rat legt die allgemeinen politischen Zielvorstellungen und Prioritäten der EU fest. Er gehört nicht zu den Gesetzgebungsorganen der EU. Er bestimmt vielmehr die politische Agenda der EU, d. h. er fällt Grundsatzentscheidungen für die Weiterentwicklung der Union und legt die allgemeinen politischen Zielvorstellungen und Prioritäten hierfür fest.

Bearbeiter

M2 Wie entsteht ein EU-Gesetz?

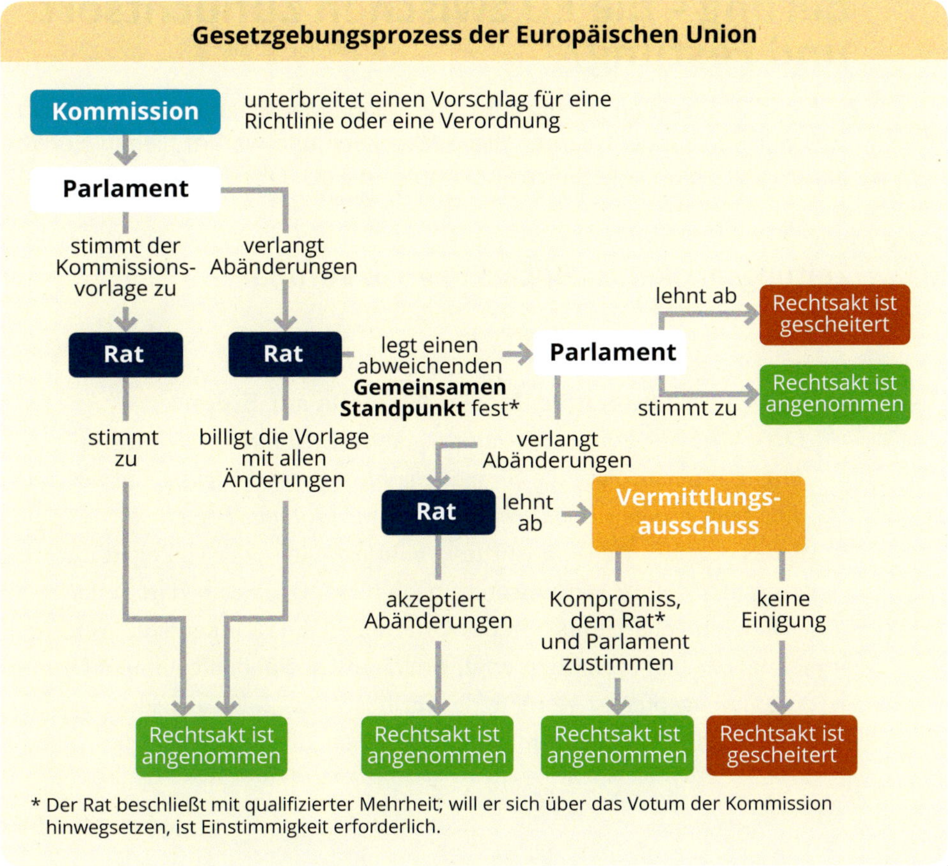

Bearbeiter, Nach: Bergmoser + Höller Verlag, Zahlenbilder 715420

Rechtsakte/ Gesetze der EU
Neben Verordnungen und Richtlinien (→ Kapitel 7.4, **M2**, S. 204) gibt es noch EU-Entscheidungen bzw. Beschlüsse sowie Empfehlungen.
EU-Entscheidungen und Beschlüsse sind verbindliche Festlegungen im Einzelfall.
EU-Empfehlungen sind nicht verbindlich.

AUFGABEN

1. Bearbeiten Sie arbeitsteilig im Gruppenpuzzle (→ Methodenglossar) die Institutionen der EU in **M1**.
a) Erstellen Sie eine Übersicht zu folgenden Fakten:

Institution	Zusammensetzung	Aufgaben	Besonderheiten

b) Tauschen Sie sich in den Fachgruppen über die bearbeitete Institution aus und ergänzen Sie Ihre Übersicht.
c) Erklären Sie der Stammgruppe Ihre Ergebnisse.

2. Erklären Sie sich zu zweit gegenseitig den Gesetzgebungsprozess der Europäischen Union (**M2**).

3. Der Bundestag hat das Recht, Gesetze vorzuschlagen, das Europäische Parlament nicht. Erörtern Sie die Meinung, die Gesetzgebung der EU sei daher nicht demokratisch genug (**M1**, **M2**).

F **zu Aufgabe 1**
Hier finden Sie zusätzliche Informationen über die Institutionen mit denen Ihre Übersicht ergänzt werden kann:

70040-45

7.6 Flucht und Migration als Herausforderung – die EU zwischen Zufluchtsort und Festung?

→ Fachwissen, S. 222

Im Jahr 2015 und 2016 haben jeweils über eine Million Menschen in der EU Zuflucht gesucht. Aus welchen Ländern kamen diese Menschen und warum fliehen sie? Wie sieht die aktuelle Situation aus? Welche Rolle spielt die EU dabei?

M1 Zeitungsartikel zu Flüchtlingen in Europa

1

Migration

Kommentar: Moria, die Hölle auf Erden

Das größte Flüchtlingslager auf der griechischen Insel Lesbos ist verbrannt – genauso wie die europäische Idee. Es wird höchste Zeit für eine gemeinsame europäische Antwort, meint Jannis Papadimitriou.

War es organisierte Brandstiftung, Fahrlässigkeit oder vielleicht nur grausamer Zufall? Wir wissen es noch nicht. Doch es bedarf keines besonderen Scharfsinns, um das Offensichtliche zu erkennen: Wenn mehr als 13.000 Menschen unter prekären Umständen an einem Ort zusammengepfercht werden, der für höchstens 2.500 ausgelegt ist, dann brennt es – manchmal eben auch buchstäblich.

Papadimitriou, Jannis: Kommentar: Moria, die Hölle auf Erden. In: www.dw.de, 09.09.2020

2

EU-Kommission plant Reform

Asyl soll überall dasselbe bedeuten

Die EU-Kommission berät über eine Reform des europäischen Asylsystems. Und will vor allem eins: Dass nicht mehr jedes Land eigene Konzepte verfolgt, sondern sich an gemeinsame Standards hält. Für Asylbewerber hätte das schnellere Verfahren, aber auch härtere Auflagen zur Folge.

Bensch, Karin: Asyl soll überall dasselbe bedeuten. In: www.tagesschau.de, 13.07.2016

3

Schiff „sehr voll"

Sea-Watch rettet weitere Migranten im Mittelmeer

Über 200 Menschen konnten von der Organisation Sea-Watch in Sicherheit gebracht werden. 320 Menschen seien an Bord gegangen.

dpa: Sea-Watch rettet weitere Migranten im Mittelmeer. In: www.tagesspiegel.de, 18.10.21

M2 Wie werden Flüchtlinge auf die Mitgliedstaaten verteilt?

In der sogenannte Dublin-III-Verordnung regelt die Frage der Zuständigkeit der EU-Staaten bei Asylanträgen. Zuständig ist demnach immer der Staat, auf dessen Gebiet eine geflüchtete Person das erste Mal europäischen Boden betreten hat. Sollte ein Asylantrag in einem anderen Land gestellt werden, muss der Geflüchtete wieder in den Erstaufnahmestaat zurückgeführt werden.

Die geographischen Besonderheiten vor allem der südlichen und östlichen Mitgliedstaaten rief immer wieder Kritik an dem Abkommen hervor, welche der Verordnung eine ungerechte Lastenverteilung attestierte.

Bearbeiter

M3 Aus welchen Ländern kommen Flüchtlinge in die EU?

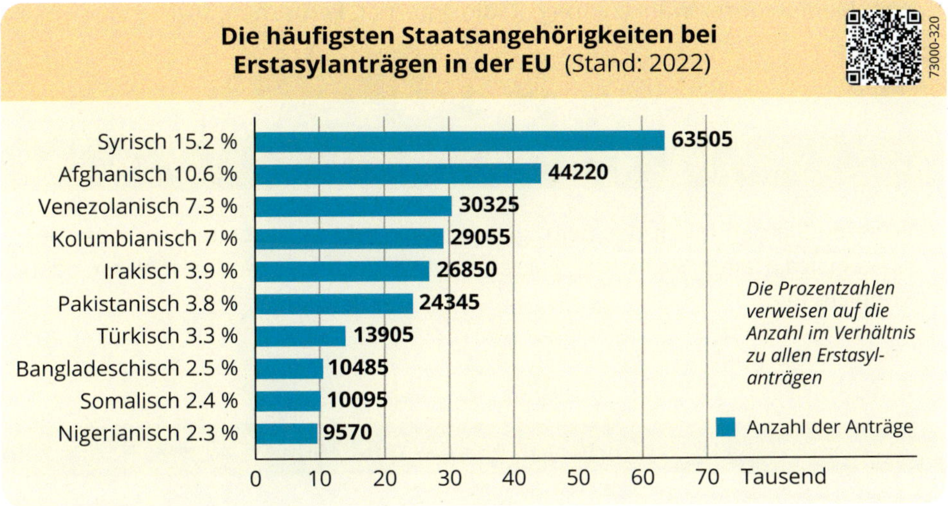

©C.C. Buchner Verlag, aktuelle Daten nach: Eurostat, 2021

AUFGABEN

1. a) Sammeln Sie in der Klasse an der Tafel Ihr Vorwissen über die Flüchtlingsproblematik in Europa anhand der Schlagzeilen in **M1**.
   b) Tauschen Sie sich über Ihre Meinungen zu den in **M1** genannten Problemen aus.
2. a) Erklären Sie die Verteilungsregelung von Flüchtlingen in der EU in eigenen Worten (**M2**).
   b) Beurteilen Sie die Kritik an der Verordnung aus **M2**.
3. a) Nennen Sie mögliche Gründe für eine Flucht. Sammeln Sie Ihre Ideen im Kurs.
   b) Ordnen Sie die Gründe den verschiedenen Herkunftsländern aus **M3** zu.
4. Analysieren Sie einen aktuellen Nachrichtenbeitrag zum Thema Migration und Europa anhand der nachfolgenden Methodenkarte.

Journalistische Beiträge analysieren

Worum geht es?

Journalistische Beiträge auf den unterschiedlichsten Kanälen (im Fernsehen, Radio und natürlich auch im Internet) spielen eine wichtige Rolle für Bürgerinnen und Bürger, um an Informationen zu gelangen und sich eine Meinung zu bilden. Je nach Kanal und Art der journalistischen Darstellungsform, kann sich die Darstellung von Sachverhalten jedoch teilweise deutlich unterscheiden. Es kann daher äußerst gewinnbringend sein, diese genauer zu analysieren.

Gehen Sie dabei so vor:

Zu Schritt 1:
Sie können zur Vereinfachung die Suche auf die Mediathek der öffentlich-rechtlichen Sender wie z. B. die ARD oder das ZDF eingrenzen.

1. Schritt: Auswahl unterschiedlicher journalistischer Beiträge

Finden Sie sich in Kleingruppen zusammen und suchen Sie nach einem thematisch passenden journalistischen Beitrag aus der aktuellen Tagespresse in einem Medium Ihrer Wahl (Zeitung, Radio, Internet, Fernsehen, soziale Medien).

↓ ↓ ↓

2. Schritt: Analyse des Inhalts

Erfassen Sie den Inhalt des Beitrages, indem Sie herausarbeiten, worüber berichtet wird. Halten Sie Inhalte, Fakten sowie zugrundeliegende Probleme oder Konflikte fest.

↓ ↓ ↓

Zu Schritt 3:
Seriöse Medien trennen immer eindeutig zwischen objektiver Information und meinungsbildenden Kommentaren durch Journalistinnen und Journalisten.

3. Schritt: Analyse der Darstellung

Arbeiten Sie heraus, ob die Berichterstattung sachlich und faktenorientiert oder emotionalisierend gestaltet ist. Bewerten Sie dabei auch, ob Gefühle nur dargestellt oder ob diese eingesetzt werden, um eine gewisse Reaktion bei der zuschauenden Person hervorzurufen. (Tipp: Hier kann es helfen, sich die Sprache und den Aufbau des Beitrags genauer anzuschauen.) Nutzten Sie für diesen Schritt die Tabelle auf Seite 211.

↓ ↓ ↓

4. Schritt: Analyse der Ausgewogenheit

Beschreiben Sie die Objektivität der Berichterstattung:

- Kommen unterschiedliche Perspektiven, Expertinnen und Experten oder Betroffene zu Wort?
- Wird diesen ungefähr die gleiche Zeit eingeräumt?
- Gibt es eine Bewertung einer Konfliktpartei durch die Journalistin oder den Journalisten?
- Kommen manche Perspektiven oder Meinungen nicht zu Wort?

5. Schritt: Fazit

a) Ordnen Sie den Beitrag auf Grundlage Ihrer Analyse einer Darstellungsform zu (informierende Darstellungsform, meinungsäußernde Darstellungsform, Mischform).
b) Beurteilen Sie die Aspekte Informationsgehalt (2. Schritt), Angemessenheit (3. Schritt) und Ausgewogenheit (4. Schritt) in Form von Schulnoten. Begründen Sie, ob Sie den Beitrag weiterempfehlen würden.
c) Stellen Sie abschließend die Ergebnisse aus Ihrer Kleingruppe im Kurs vor.

Unterschiedliche Darstellungsformen von journalistischen Beiträgen

	Sprache	Aufbau	Beispiele journalistischer Darstellungsformen
Informierende Darstellungsform	• sachlich • faktenorientiert • unparteilich • leicht verständlich	• wichtigste Informationen werden zuerst genannt • Antworten auf die wichtigsten W-Fragen (Wer? Was? Wann? Wo? Wie? Warum?) • weitere Informationen (z. B. Einzelheiten, Hintergrundinformationen)	• Meldung • Nachricht • Bericht
Meinungsäußernde Darstellungsform	• subjektiv • kann satirisch, witzig, provozierend, etc. sein • Verwendung von Umgangssprache und Dialekten	• Einstieg • Argumente werden dargestellt und ggf. bewertet • Persönliche Meinung mit Schlussfolgerung	• Kommentar • Leitartikel • Glosse
Mischform	• Mischung aus objektiver Schilderung und subjektiver Wahrnehmung • anschaulich/ lebendig/ emotional	• Struktur variiert • oft fesselnder Einstieg (z. B. Beschreibung einer Szene) Besonderheit Feature: • eine These wir aufgestellt und durch Fallbeispiele veranschaulicht	• Reportage • Feature

Bearbeiterin

7.7 Die Vereinten Nationen – ein Garant für den Frieden?

→ Fachwissen, S. 222

Interessen verschiedener Länder unter einen Hut zu bringen, führt häufig zu großen Schwierigkeiten. Die Vereinten Nationen haben sich zur Aufgabe gemacht, genau das zu tun. Im Jahr 2020 feierten sie ihren 75. Geburtstag. Wozu wurde die Organisation gegründet? Wie fällt ihre Bilanz aus? Und brauchen wir sie auch heute noch?

M1 Nie wieder Krieg!?

a) Die Skulptur Non-Violence

Skulptur vor dem Hauptquartier der Vereinten Nationen in New York

b) Die Charta der Vereinten Nationen (UN-Charta)

Die Charta der Vereinten Nationen ist der Gründungsvertrag der UNO – auch UN als Abkürzung der englischen Bezeichnung United Nations. Ihre Ziele und Grundsätze bilden die Verfassung der Staatengemeinschaft. Sie verbietet Gewalt grundsätzlich, regelt aber auch die Ausnahmen zur Selbstverteidigung und bei Beschluss einer gemeinsamen Resolution.

Diese Grundsätze finden sich auch in der Präambel, dem Vorwort, der Charta wieder:

Bearbeiter

Resolution
schriftlich festgehaltener und verbindlicher Beschluss

„Wir, die Völker der Vereinten Nationen – fest entschlossen, künftige Geschlechter vor der Geißel des Krieges zu bewahren, die zweimal zu unseren Lebzeiten unsagbares Leid über die Menschheit gebracht hat, [...] haben beschlossen, in unserem Bemühen um die Erreichung dieser Ziele zusammenzuwirken."

Aus der Präambel der Charta der Vereinten Nationen

Erklärfilm zu den Vereinten Nationen

70040-46

M2 Ziele der Vereinten Nationen

Die Vereinten Nationen sind der Zusammenschluss von derzeit 193 Staaten – also fast allen Ländern der Erde. Die Vereinten Nationen wurden in Folge des Zweiten Weltkrieges gegründet, der mit den Kapitulationen Deutschlands und Japans im Mai bzw. September 1945 endete. Kurz darauf, am 24. Oktober 1945, trat die Charta der Vereinten Nationen in Kraft. Die 51 Gründungsmitglieder verpflichteten sich darin zur internationalen Zusammenarbeit. Sie soll die Grundlage sein, um den Frieden auf der Welt zu wahren, globale Probleme gemeinsam zu lösen, die Menschenrechte zu fördern und freundschaftliche Beziehungen zwischen den Ländern zu entwickeln. Im Laufe der Jahre sind immer mehr Staaten beigetreten. Die Bundesrepublik Deutschland ist seit 1973 Mitglied der Vereinten Nationen. Alle 193 Mitgliedstaaten sind gleichberechtigt und haben in der UN-Generalversammlung eine Stimme. Ein wichtiger Grundsatz ist der Verzicht auf Gewalt. Ausnahmen sind das Recht zur Selbstverteidigung oder Maßnahmen, die der Sicherheitsrat der Vereinten Nationen gegen diejenigen beschließt, die den Frieden bedrohen.

Bearbeiter

Flagge der Vereinten Nationen

M3 75 Jahre Vereinte Nationen – ein Erfolg?

Der Politikwissenschaftler Lothar Brock zieht zum Erfolg der Vereinten Nationen Bilanz:

[W]ozu brauchen wir […] die Vereinten Nationen? Brauchen wir sie überhaupt? Die Antwort kann nur lauten: Wir brauchen sie mehr denn je – nicht trotz, sondern wegen der beklagenswerten Entwicklungen der Gegenwart. Selbst ihre schärfsten Kritikerinnen und Kritiker tun sich schwer, sich eine Welt ohne die Vereinten Nationen vorzustellen, auch wenn die Organisation sehr viel weniger tun und erreichen kann, als die UN-Charta ihr vorgibt. Ob es ohne sie „wahrscheinlich zu einem Dritten Weltkrieg gekommen wäre", wissen wir nicht. Wir können auch nicht mit Gewissheit sagen, wie viel schlechter es der Welt im Allgemeinen ohne die Vereinten Nationen ergangen wäre. Aber wir wissen, dass sie heute erfunden werden müssten, wenn es sie nicht gäbe.

Brock, Lothar: Wozu brauchen wir heute die Vereinten Nationen? Bilanz und Perspektiven der Weltorganisation. In: www.bpb.de, 03.04.2016

AUFGABEN

1. a) Beschreiben Sie die Skulptur (**M1a**).
b) Erklären Sie ihre Bedeutung mit Hilfe der UN-Charta (**M1b**).

2. a) Nennen Sie die Ziele der Vereinten Nationen (**M2**).
b) Erläutern Sie, wie die Vereinten Nationen zur Gewalt als Mittel der Politik stehen (**M1**, **M2**).

3. Beurteilen Sie, ob die Ziele der Vereinten Nationen heute erreicht sind. Beziehen Sie anschließend Stellung zur Position Lothar Brocks (**M3**).

F **zu Aufgabe 2**
Recherchieren Sie die historischen Umstände des Beitritts Deutschlands zur UNO im Jahr 1973.

7.8 Generalversammlung und Sicherheitsrat – (ohn)mächtige Institutionen?

→ Fachwissen, S. 223

Die Vereinten Nationen bestehen aus etlichen Unterorganisationen. Die beiden Hauptorgane aber sind die Generalversammlung und der Sicherheitsrat. Welche Aufgaben haben diese und was können sie erreichen?

M1 Eine Stimme für jedes Mitglied – ein gerechtes Prinzip?

Stimmenverteilung in der UN im Verhältnis zur Bevölkerung und finanziellem Beitrag am Beispiel (Stand: 2020)

Mitgliedstaat	Einwohnerzahl	Anteil am UN-Haushalt	Stimmen in der Generalversammlung
USA	ca. 328 Millionen	22 %	1
Deutschland	ca. 83 Millionen	6,1 %	1
Bahamas	ca. 0,4 Millionen	< 0,1 %	1

Bearbeiter

M2 Die Generalversammlung

Generalsekretärin / Generalsekretär
Das Amt wird für fünf Jahre gewählt und repräsentiert die Vereinten Nationen nach außen. Seine Funktion ist die Koordination der täglichen Arbeit und die Unterstützung der Hauptorgane bei der Erledigung ihrer Aufgaben.

Der ehemalige portugiesische Premierminister António Guterres wurde 2017 zum neunten Generalsekretär der UN ernannt.

Die Generalversammlung ist das wichtigste Beratungsorgan der Vereinten Nationen. Die Delegierten (Beauftragte) der Mitgliedstaaten treffen sich hier jährlich von September bis Dezember. Sie diskutieren weltpolitische Fragestellungen und halten Beschlüsse in Resolutionen fest, die politische Forderungen enthalten. Sie beschließen den Haushalt, d.h. sie bestimmen darüber, wofür wie viel Geld ausgegeben wird. Außerdem ernennen sie die Generalsekretärin oder den Generalsekretär, wählen die nichtständigen Mitglieder des Sicherheitsrates und entscheiden über die Aufnahme neuer Mitglieder. Jeder Mitgliedstaat hat eine Stimme in der Generalversammlung, unabhängig von seiner Einwohnerzahl, Wirtschaftskraft oder militärischen Stärke. Für wichtige Entscheidungen wird eine Zwei-Drittel-Mehrheit benötigt. Sehr häufig wird aber auch im Konsens, also einstimmig, entschieden. Die Resolutionen und Beschlüsse der Generalversammlung sind – anders als beim Sicherheitsrat – nicht bindend für die Mitgliedstaaten. Weil aber die Mehrheit aller Staaten hinter den Entscheidungen steht, haben sie ein politisches Gewicht.

Bearbeiter

Sitzungssaal der Generalversammlung der Vereinten Nationen

M3 Der Sicherheitsrat

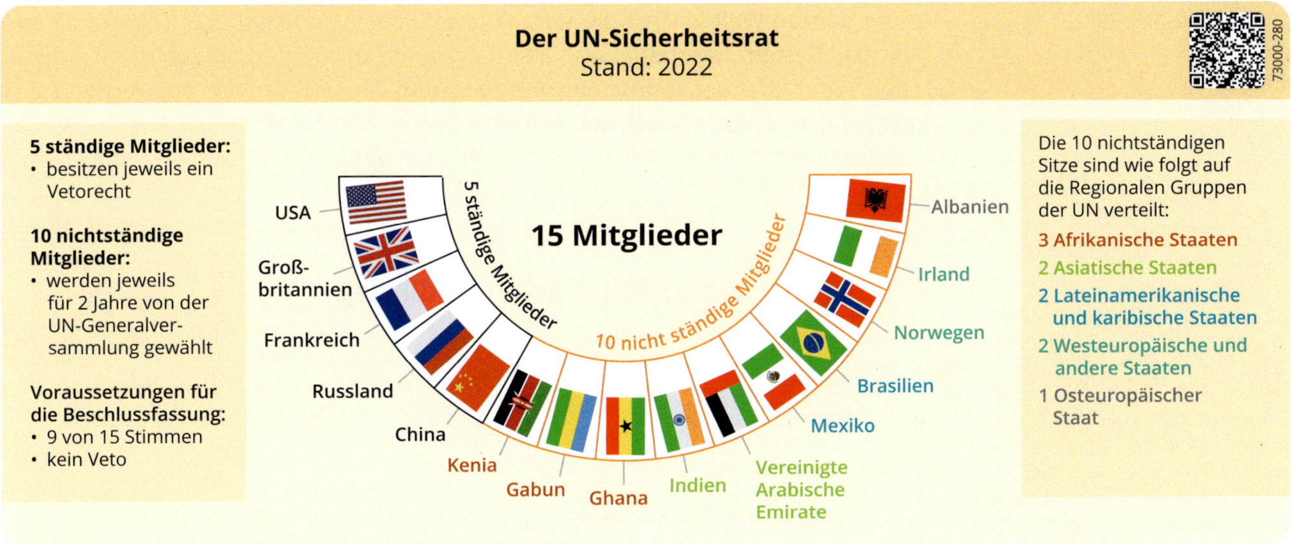

©C.C. Buchner Verlag, aktuelle Daten nach: United Nations, 2022

Der Sicherheitsrat der Vereinten Nationen hat 15 Mitglieder. Fünf dieser Mitglieder sind ständige Mitglieder. Sie gehören dem Sicherheitsrat also dauerhaft an und haben als Siegermächte des Zweiten Weltkriegs mit dem sogenannten Veto besondere Befugnisse: Jeder dieser Staaten kann allein Beschlüsse des Sicherheitsrates verhindern. Beschlüsse benötigen (außer bei Verfahrensfragen) eine Mehrheit von neun Stimmen, darunter die Stimmen aller ständigen Mitglieder. Deutschland war zuletzt 2019 und 2020 (nicht ständiges) Mitglied des Sicherheitsrates. Seine Hauptaufgabe ist die Wahrung des Weltfriedens und der internationalen Sicherheit. Dazu darf der Sicherheitsrat verschiedene Maßnahmen und Sanktionen beschließen und auch militärisch in Konflikte eingreifen. Seine Beschlüsse sind verbindlich. Daher ist er das mächtigste Organ der Vereinten Nationen. Dennoch braucht es die freiwillige Unterstützung ausreichend vieler Staaten, um die Beschlüsse auch umzusetzen. So verfügt der Sicherheitsrat beispielsweise nicht über eigene Soldatinnen und Soldaten. Diese müssen von den Mitgliedstaaten zur Verfügung gestellt werden.

Bearbeiter

AUFGABEN

1. Diskutieren Sie in der Klasse die Vor- und Nachteile der Stimmenverteilung in der UN-Generalversammlung (**M1**).
2. a) Erstellen Sie arbeitsteilig einen Steckbrief zur Generalversammlung mithilfe von **M2** sowie zum Sicherheitsrat mit **M3**.
   b) Vergleichen Sie beide Organe miteinander.
3. Beurteilen Sie in Kleingruppen die Möglichkeiten und Grenzen der Vereinten Nationen zur Lösung von Konflikten (**M2**, **M3**).

H **zu Aufgabe 2**
Zu folgenden Punkten sollte der Steckbrief Informationen enthalten: Zusammensetzung, Aufgaben, Beschlüsse, Einflussmöglichkeiten.

7.9 (Wie) kann Frieden erreicht werden?

→ Fachwissen, S. 223

Auf der ganzen Welt wächst die Anzahl gewalttätiger Konflikte und Kriege. Zugleich steckt das System internationaler Institutionen in der Krise und zahlreiche Länder greifen zum Mittel der Aufrüstung wie zuletzt im 20. Jahrhundert. Angesichts dieser Bedrohungen wünschen sich die Menschen nichts sehnlicher als Frieden. Was genau wird aber unter den Begriffen Krieg oder Frieden verstanden? Und wie kann Frieden erreicht werden?

M1 Zitate zu Frieden, Gewalt und Krieg

1. Krieg ist manchmal gerechtgertigt!
2. Wir sind eine gewaltfreie Schule!
3. Jeder will Frieden!
4. Krieg sollte immer die letzte Lösung sein!
5. Kriege lassen sich auch konfliktfrei lösen!
6. In meiner Heimat herrscht Frieden!
7. Wenn man sich gewaltbereit zeigt, braucht man keinen Krieg!
8. Jeder sucht seinen inneren Frieden!

Bearbeiter

M2 Wo gibt es Konflikte auf der Welt?

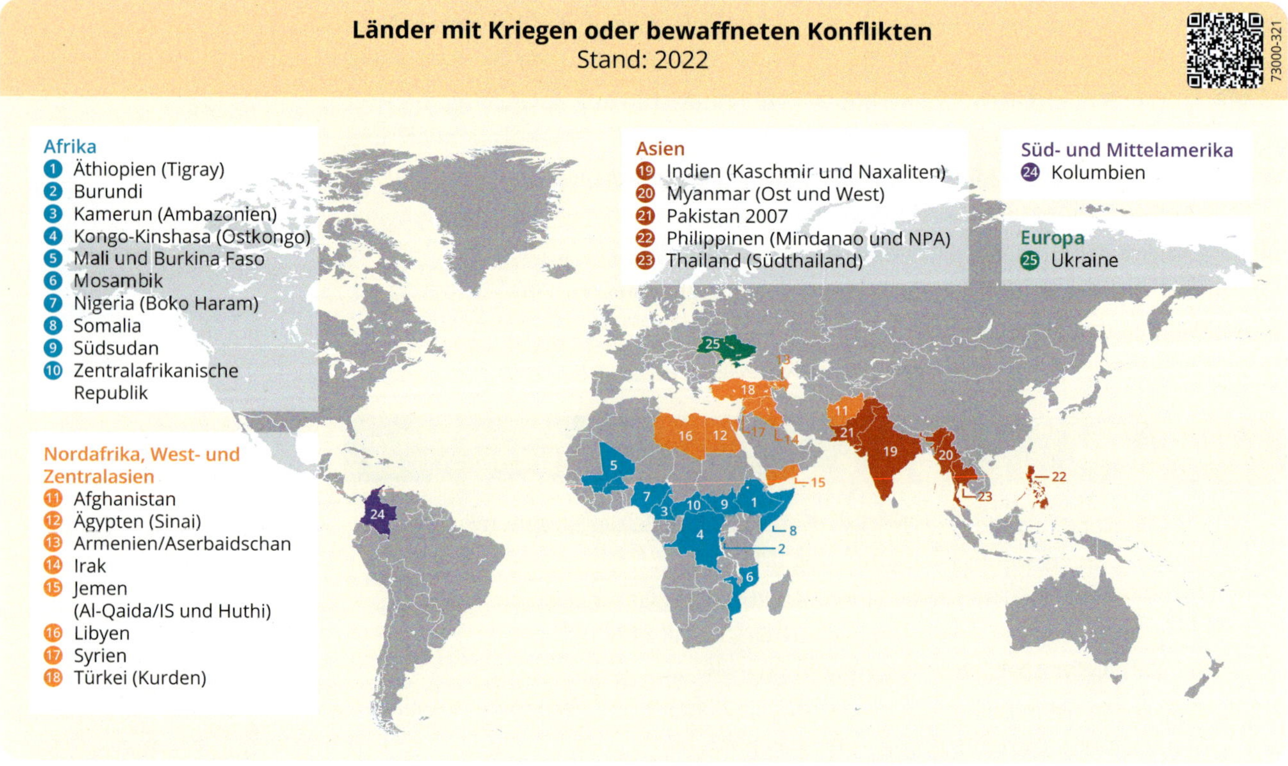

©C.C. Buchner Verlag, aktuelle Daten nach: Arbeitsgemeinschaft Kriegsursachenforschung Hamburg 2020

M3 Libyen – vom Bürger- zum internationalen Stellvertreterkrieg

Seit dem Sturz von Diktator Gaddafi vor über acht Jahren wird Libyen von Milizen und Stammesverbänden beherrscht. Staatliche Strukturen gibt es nur in Ansätzen. Im Osten des Landes bildete General Khalifa Haftar aus Teilen der libyschen Armee und aus bewaffneten Milizen einen Kampfverband, den er Libysche Nationalarmee nennt und zu dem auch Salafisten und frühere Gaddafi-Anhänger gehören. Stück für Stück gelang es Haftars Kämpfern, Gebiete im Osten sowie im Süden des Landes zu erobern. Im April begann er dann die Offensive auf die Hauptstadt Tripolis. Hier sitzt die international anerkannte Einheitsregierung unter Fayez as-Sarraj. Sie ist schwach und auf die Unterstützung von Milizen aus dem Westen Libyens angewiesen, die zum Teil islamistische Ziele verfolgen. […] Haftars Vormarsch bis in Sichtweite der Hauptstadt [Tripolis] konnte nur gelingen, weil Ägypten und die Vereinigten Arabischen Emirate ihn militärisch unterstützen. Seit September kämpfen auch russische Söldner an der Seite des Generals, inzwischen mehr als eintausend. […] Die Regierung von Fayez as-Sarraj wird hingegen von Katar und der Türkei unterstützt. Türkische Drohnen sollen in Libyen bis November mindestens 200 Angriffe geflogen sein. Der Krieg in Libyen wird immer internationaler. Zuletzt beschloss die Türkei die Entsendung von Truppen, erste Einheiten sollen bereits unterwegs sein. Gleichzeitig sollen diplomatische Bemühungen verhindern, dass aus Libyen ein zweites Syrien wird, aber sie werden immer aussichtsloser. Seit September gibt es den sogenannten »Berliner Prozess«, eine Libyen-Initiative der Bundesregierung und der Vereinten Nationen.

Stryjak, Jürgen: Vom Bürgerkrieg zum internationalen Stellvertreterkrieg. In: www.deutschlandfunk.de, 08.01.2020

Moskau will sich im Nahen Osten und in Afrika zu einer bestimmenden Macht entwickeln. In Libyen hat Russland gleichzeitig noch ganz andere Interessen: […] Energie-, Militär- und Infrastrukturverträge in Milliardenhöhe zurückgewinnen, die Moskau beim Sturz von Langzeitherrscher Muammar al-Gaddafi 2011 entgangen sind.

© dpa: Wer sind die Akteure im Libyen-Konflikt? In: www.zeit.de, 19.01.2020

Ziel der **deutschen Außenpolitik** ist es, Libyen zu einer Art Sperrriegel zu machen. Der soll verhindern, dass Schlepperboote in Richtung Europa aufbrechen. Und dass noch mehr Waffen in die Hände von Terrorgruppen gelangen, die aktuell mehrere Staaten Westafrikas destabilisieren. Was es dafür braucht, ist eine libysche Regierung mit funktionierenden Institutionen, die Kontrolle über das gesamte Staatsgebiet hat.

© dpa: Wer sind die Akteure im Libyen-Konflikt? In: www.zeit.de, 19.01.2020

Der **Türkei** geht es […] unter anderem um Interessen im Energiesektor. Die Türkei hat kaum eigene Energievorkommen. Ein neues Abkommen zu gemeinsamen Seegrenzen mit Libyen […] erlaubt ihr Zugang zu den Energiereserven. Ankara wolle auch "den Einflussbereich von anderen, als Gegnern empfundenen regionalen Mächten zurückdrängen, […] den der Ägypter, der Saudis, vor allem der Emirate."

© dpa: Wer sind die Akteure im Libyen-Konflikt? In: www.zeit.de, 19.01.2020

AUFGABEN

1. a) Diskutieren Sie die Zitate in **M1** in der Klasse, indem Sie diese erklären und eigene Zitate ergänzen.
b) Erarbeiten Sie gemeinsam eine Definition der Begriffe Krieg und Frieden.

2. Analysiert zu zweit die Karte in **M2**. Welche geografischen Auffälligkeiten zeigen sich hier?

3. a) Verschaffen Sie sich mithilfe von **M3** einen Überblick über den Libyen-Konflikt.
b) Diskutieren Sie, wie eine geeignete Außenpolitik Deutschlands zur Friedenssicherung aussehen könnte und welches Weltordnungsmodell (→ Kapitel 7.2) welche Folgen hätte.

F **zu Aufgabe 2**
Recherchieren Sie zu den Hintergründen und Lösungsversuchen eines selbstgewählten Konfliktes aus **M2**.

F **zu Aufgabe 3**
Diskutieren Sie in der Klasse, welche Lösungsansätze im Konflikt in **M3** verfolgt werden müssten, um eine Befriedung langfristig zu erreichen.

DIE ROLLE DEUTSCHLANDS IN DER WELT

➡ S. 194 – 217

7 Internationale Politik – kann Zusammenarbeit über Grenzen hinweg gelingen?

In unserer globalen Welt kommt es immer wieder vor, dass über Grenzen hinweg Akteure in Kontakt treten. Wenn mindestens zwei Akteure in internationaler Umgebung interaktiv miteinander agieren, dann nennt man das internationale Politik. Als Akteure können hier internationale Organisationen, Regierungen, gesellschaftliche Gruppen, Individuen, Firmen usw. auftreten.

Genau wie es in einem Staat Regeln und Werte des Zusammenlebens und der Interaktionen gibt, muss auch die Zusammenarbeit über Grenzen hinweg organisiert werden. Dabei verfolgt jeder Staat seine eigene Außenpolitik. Es gibt aber auch internationale Organisationen, wie die Europäische Union oder die Vereinten Nationen, die dabei helfen sollen, die Zusammenarbeit verschiedener Staaten zu koordinieren und zu lenken und so den Frieden zu sichern.

➡ S. 198 – 199

7.1 Deutschlands Beziehungen in die Welt – wer mischt mit?

Deutschland hat Beziehungen unterschiedlichster Art zu anderen Staaten in der ganzen Welt. Der Politikbereich, der auf die Beziehungen zu anderen Staaten ausgerichtet ist, wird Außenpolitik genannt. Diese stellt das Verhalten im Umgang mit anderen Ländern dar, mit dem ein Land versucht, seine Interessen durchzusetzen.

Durch seine geografische Lage hat Deutschland viele direkte Nachbarländer, mit denen es intensive Beziehungen führt. Aber auch mit Staaten, die nicht in seiner direkten Nachbarschaft liegen, pflegt Deutschland Kontakte. Dabei muss nicht immer die Regierung beteiligt sein, sondern verschiedene Akteure und Elemente können eine Rolle spielen.

Elemente internationaler Beziehungen:

- Banken/Versicherungen
- Unternehmen
- Justiz
- Regierung
- Parlament
- Parteien
- Bevölkerung
- Medien

Übung

82000-59

7.2 Außenpolitische Zielsetzung – jeder für sich oder alle zusammen?

➡ S. 200 – 201

Die deutsche Außenpolitik wird traditionell neben dem dafür zuständigen Ministerium auch von der Bundeskanzlerin oder dem Bundeskanzler maßgeblich mit beeinflusst. Zudem gibt das Weißbuch die Richtlinien vor.

Leitlinien der deutschen Außenpolitik:
- Integration in die westliche Staatenwelt
- Vertiefen der europäischen Integration
- Friedenspolitik
- Schaffung einer kooperativen Sicherheitsordnung
- Verteidigung der Menschenrechte und des Völkerrechts
- Selbstverteidigung

Ein großer Streitpunkt in Debatten über die Ausrichtung deutscher Außenpolitik ist immer wieder die Frage nach der Intensität deutscher Beteiligungen bei internationalen Konflikten. Während auf der einen Seite die wachsende Bedeutung Deutschlands in der Welt und die daraus resultierende Verantwortung, gerade durch die Mitgliedschaft in Militärbündnissen wie der NATO, betont wird, fordern andere Stimmen Zurückhaltung Deutschlands aus seiner besonderen Verantwortung zur Friedenssicherung heraus, die man in der deutschen Geschichte begründet sieht.

Zusatzwissen:
Die NATO (North Atlantic Treaty Organization) ist ein politisches und militärisches Bündnis von europäischen und nordamerikanischen Staaten.

Die Außenpolitik eines Landes wird zudem strak davon geprägt, welches Ordnungsmodelle internationaler Beziehungen die jeweilige Regierung verfolgt. Es stehen sich zwei Ordnungsmodelle gegenüber: der **Unilateralismus** und der **Multilateralismus**.

Während beim Unilateralismus jeder Staat selbständig agiert und dadurch auch im Alleingang seine Interessen gegenüber anderen Staaten durchsetzt, geht der Multilateralismus davon aus, dass internationale Konflikte gemeinschaftliche Lösungen durch Kompromisse, Kooperationen, gemeinsame Organisationen und internationale Abkommen erfordern.

Die meisten Staaten gehen heutzutage davon aus, dass einigen Bedrohungen, wie beispielsweise internationaler Terrorismus oder auch der Klimawandel, nicht von einzelnen Staaten mit nationalen Lösungen begegnet werden kann. Dennoch findet der Unilateralismus in den letzten Jahren wieder vermehrt Anhänger.

Beispiel Unilateralismus:
Mit seinem Slogan „America First" hat Donald Trump als Präsident der Vereinigten Staaten die nationalen Interessen der USA vorangestellt.

Übung

82000-60

➡ S. 202 – 203

7.3 Die Europäische Union – von ihren Anfängen bis zur Gegenwart

Die Europäische Union (EU) ist ein Staatengebilde, das aus 27 (nach dem Austritt Großbritanniens) Mitgliedstaaten besteht, die in vielen Politikbereichen (z. B. Warenhandel, Umweltschutz) gemeinsam überstaatliche Richtlinien und Gesetze haben, in anderen Politikbereichen (z. B. Steuerrecht, Sozialrecht) aber weiterhin eigene nationale Zuständigkeiten. Ein Grundprinzip der Zusammenarbeit lautet: Erst wenn ein Staat Probleme nicht selbst lösen kann, wird die EU zuständig. Das nennt man Subsidiaritätsprinzip.

Die EU ist aus der Europäischen Wirtschaftsgemeinschaft (EWG) hervorgegangen, die 1957 in Rom gegründet wurde. Die ersten Maßnahmen der Gründungsstaaten waren, Kohle, Stahl und Atomenergie gemeinsam friedlich zu nutzen, sowie eine Zollunion und einen gemeinsamen Markt zu gründen.
In mehreren Schritten der Erweiterung und durch mehrere Verträge ist die heutige Europäische Union entstanden. Alle Mitgliedstaaten haben sich auf gemeinsame Werte verpflichtet.

Die gemeinsamen Werte der EU:
- Wahrung der Menschenwürde
- Freiheit
- Demokratie
- Menschenrechte
- Rechtstaatlichkeit

Der Kern der europäischen Integration ist der gemeinsame Binnenmarkt, der nach und nach errichtet wurde (Vollendung 1993). Unter einem Binnenmarkt versteht man im allgemeinen einen Wirtschaftsraum, der nach außen hin abgegrenzt ist und im Inneren einheitlichen Regeln folgt. Der europäische Binnenmarkt hat vier Freiheiten.

Die vier Freiheiten des europäischen Binnenmarkts:
1. Im europäischen Binnenmarkt dürfen alle Waren frei gehandelt werden.
2. Alle Personen genießen Freizügigkeit, d. h. dürfen wohnen und arbeiten, wo sie möchten.
3. Dienstleitungen dürfen im gesamten Binnenmarkt angeboten werden.
4. Es gibt einen freien Kapitalmarkt.

Die EU entwickelt sich auch heute noch stets weiter. In den nächsten Jahren könnten weitere Staaten der Europäischen Union beitreten.

Übung

82000-61

➡ S. 204 – 205

7.4 Entscheidungsfindung am Beispiel – kann die EU zur Reduzierung von Plastikmüll beitragen?

Es gibt Probleme auf der Welt, die nicht nur einen Staat betreffen, und deswegen auch nicht nur durch Gesetze in einem Staat gelöst werden können. Ein Beispiel für solch ein Problem ist der Plastikmüll, der erheblich zur Umweltverschmutzung beiträgt. Die Europäische Union hat sich diesem Problem angenommen, um grenzübergreifende Regeln zu etablieren. Hierbei kann die EU zwischen zwei verschiedene Arten von gemeinsamen Regeln wählen.

„Gesetze“ in der EU:
- Richtlinien
- Verordnungen

Richtlinien weisen ein gemeinsames Ziel aus, deren Umsetzung dann den nationalen Parlamenten und Regierungen obliegt. Verordnungen haben verbindlichen Charakter und enthalten konkrete Maßnahmen zur Erreichung eines Ziels.

Beispiel Plastikmüll:
Die EU hat im Jahr 2019 eine Richtlinie verabschiedet, welche die Reduzierung von Kunststoffabfällen in allen Mitgliedstaaten vorantreiben soll.

7.5 Plastiktüten eindämmen – wie entstehen Gesetzte in der EU?

➡ S. 206 – 207

In der Europäischen Union hat nur die Kommission das Gesetzesinitiativrecht, sie kann jedoch vom Parlament, dem Ministerrat und europäischen Rat aufgefordert werden, einen Gesetzesentwurf einzubringen. Die meisten „Gesetze“ kommen im Mitentscheidungsverfahren zustande, d. h. sie werden vom Europäischen Parlament und dem Ministerrat beschlossen. Verschiedene Institutionen der EU haben also Einfluss auf die Gesetzgebung.

Die Europäische Kommission:
Die Europäische Kommission wird auch als „Regierung der EU“ bezeichnet. Hier arbeiten Kommissarinnen und Kommissare aus jedem Mitgliedstaat zusammen, die jeweils für einen Themenbereich zuständig sind. Die Kommission hat das Recht zur Gesetzesinitiative.

Das EU-Parlament:
Das Europäische Parlament verabschiedet im Zusammenspiel mit dem Ministerrat die Gesetze der EU. Es hat in den letzten Jahren mehr Mitentscheidungsrechte bekommen. Es ist das einzige direkt gewählte Organ der EU. Die Abgeordneten des EU-Parlaments werden alle fünf Jahre von den Bürgerinnen und Bürgern der europäischen Mitgliedstaaten gewählt.

Der Rat der Europäischen Union (Ministerrat):
Im Rat (der Europäischen Union) stimmen sich die Regierungen der Mitgliedstaaten ab, d. h. hier arbeiten die verschiedenen Nationen zwischenstaatlich zusammen. Im Rat treffen sich je nach Thema die jeweiligen Fachministerinnen und Fachminister. Der Rat ist zusammen mit dem Parlament der Gesetzgeber der EU.

Europäischer Rat („EU-Gipfeltreffen“):
Im Europäischen Rat finden regelmäßige Treffen der Regierungschefinnen und Regierungschefs der EU-Mitgliedstaaten statt. Der Europäische Rat ist nicht direkt an der europäischen Gesetzgebung beteiligt. Er legt die allgemeinen Leitlinien und Ziele der Europäischen Union fest.

Übung

82000-62

➡ S. 208 – 209

7.6 Flucht und Migration als Herausforderung – die EU zwischen Zufluchtsort und Festung?

Menschen verlassen ihre Heimat aus Angst vor Krieg, Verfolgung, Folter, den Folgen von Naturkatastrophen oder aus humanitären Gründen. Oft bleiben sie innerhalb der Grenzen ihres Heimatlandes. Vielfach gehen sie in Nachbarländer, die mit der Aufnahme der Flüchtlinge oft überfordert sind und an ihre wirtschaftlichen Grenzen stoßen. Ein Teil der Schutzsuchenden kommt nach Europa.

Zusatzwissen:
In den Jahren 2015 und 2016 sind besonders viele Menschen in die EU gekommen. Viele von Ihnen flohen vor Krieg und Verfolgung in ihrer Heimat. Schätzungen sagen, dass in diesen zwei Jahren über 2 Millionen Menschen in der EU Schutz gesucht haben.

Die EU hat vielfältige Maßnahmen ergriffen, um den Flüchtlingsstrom zu lenken. Kritiker werfen der EU dabei vor, dass sie sich „einmauert", damit keine Flüchtlinge mehr den europäischen Kontinent betreten können. Ebenfalls ist die Regelung zur Verteilung von Geflüchteten nach der Ankunft in Europa umstritten. Die Dublin-III-Verordnung der EU besagt, dass der Asylantrag in dem EU-Land gestellt werden muss, welches zuerst betreten wurde. Das bedeutet, dass Länder am Mittelmeer meist stärker davon betroffen sind als Binnenländer wie beispielsweise Deutschland.

Übung
82000-63

➡ S. 212 – 213

7.7 Die Vereinten Nationen – ein Garant für den Frieden?

Die Vereinten Nationen sind eine internationale Organisation aus 193 Mitgliedern – fast allen Staaten der Erde. Gegründet wurden sie nach Ende des Zweiten Weltkrieges (1945) mit dem Ziel, neue Kriege zu verhindern.

Zusatzwissen:
Eine andere Bezeichnung für die Vereinten Nationen ist UNO oder UN. Dies sind jeweils Abkürzungen, die für den englischen Namen ‚United Nations Organization' oder kurz ‚United Nations' der Vereinten Nationen stehen.

Bis heute ist die Sicherung des Friedens die wichtigste Aufgabe der UN. Weitere Aufgaben sind die Bewältigung globaler Probleme, die Förderung der Menschenrechte und die Entwicklung freundschaftlicher Beziehungen zwischen den Staaten. Zum Erreichen dieser Ziele folgt die UN gemeinsamen Grundsätzen.

Wichtige Grundsätze der UN:
- Internationale Zusammenarbeit
- Gleichberechtigung der Mitgliedstaaten
- Verzicht auf Gewalt

Übung
82000-64

7.8 Generalversammlung und Sicherheitsrat – (ohn)mächtige Institutionen?

➡ S. 214 – 215

Die Vereinten Nationen bestehen aus zahlreichen Unterorganisationen. Ihre wichtigsten Organe sind die Generalversammlung und der Sicherheitsrat. In der jährlich tagenden Generalversammlung sind alle Mitgliedstaaten mit je einer Stimme vertreten. Dort werden Themen und Probleme verhandelt, die von weltweiter Bedeutung sind. Sie kann Beschlüsse fassen, die aber nicht verbindlich sind. Außerdem wählt die Generalversammlung die Generalsekretärin oder den Generalsekretär und die nichtständigen Mitglieder des Sicherheitsrates.

Zusatzwissen:
Die Generalsekretärin oder der Generalsekretär vertreten die Vereinten Nationen nach außen und haben eine unterstützende und koordinierende Aufgabe in der täglichen Arbeit der UN. Eine Amtszeit beträgt in der Regel fünf Jahre.

Der Sicherheitsrat kann zur Wahrung des Weltfriedens verbindliche Maßnahmen und Sanktionen beschließen – bis hin zum militärischen Eingreifen in Konflikte. Er besteht aus 15 Staaten, wovon fünf Staaten (USA, China, Russland, Großbritannien und Frankreich) sogenannte ständige Mitglieder sind. Die ständigen Mitglieder besitzen ein Vetorecht und können Entscheidungen des Sicherheitsrates blockieren. Die 10 nichtständigen Mitglieder werden für jeweils zwei Jahre von der Generalversammlung gewählt.

Zusatzwissen:
Bei der Besetzung der nichtständigen Mitglieder des Sicherheitsrats müssen immer alle Regionen der Welt vertreten sein. Die Sitze werden wie folgt auf die Regionen verteilt: 3 x Afrika, 2 x Lateinamerika/Karibik, 2 x Asien, 2 x Westeuropa/Nordamerika/u. a., 1 x Osteuropa

7.9 (Wie) kann Frieden erreicht werden?

➡ S. 216 – 217

Frieden ist mehr als die Abwesenheit von Krieg oder Gewalt. Er ist ein langfristiger Prozess vom gewaltsamen Konflikt über Verhandlungen hin zur Kooperation. Viel differenzierter muss man auch den Krieg betrachten. Denn auch Krieg kann in vielen verschiedenen Formen auftreten.

Verschiedene Arten von Krieg:
- Cyberkrieg (hochtechnisierte digitale Auseinandersetzungen)
- Hybridkrieg (verdeckt kämpfende Truppen und Desinformation)
- asymmetrischer Krieg (Milizen gegen reguläre Armeen)
- Bürgerkrieg (verfeindete Gruppen innerhalb eines Landes)
- Kriege zwischen Staaten

Umstritten ist die Rolle des Kriegs als Mittel der Politik und als Mittel zum Erreichen von Frieden. Manche sehen diesen als letztes Mittel der Politik, z. B. zum Schutz von Menschenleben, während andere Gewalt als Möglichkeit der Konfliktbewältigung gänzlich ablehnen. Wie und ob Frieden erreicht werden kann, hängt oft von den beteiligten Akteuren und den Hintergründen des Konflikts ab.

M1 Die Corona-Pandemie in Afrika und die Rolle Deutschlands

Der damalige deutsche Außenminister Heiko Maas sprach am 4.12.2020 im Sicherheitsrat:

Ob das Virus, der Klimawandel oder gewaltsame Konflikte – Herausforderungen wie diesen können wir nur erfolgreich begegnen, wenn wir uns die Hände über Länder und Kontinente hinweg reichen. Und wenn wir multilaterale Organisationen wie die Vereinten Nationen und die Afrikanische Union ins Zentrum unserer Reaktion stellen. [...]

Deutschland unterstützt nachdrücklich eine engere Zusammenarbeit zwischen den VN [Vereinten Nationen] und der AU [Afrikanischen Union]. Wir setzen uns für eine größere Rolle Afrikas in den Vereinten Nationen ein – insbesondere durch eine Reform des Sicherheitsrats mit einem ständigen Sitz für Afrika. Und wir bleiben auch weiterhin einer der größten bilateralen Unterstützer der Afrikanischen Union. Sehr geehrte Damen und Herren, ich sehe drei Bereiche für eine noch engere Zusammenarbeit zwischen den Vereinten Nationen und der Afrikanischen Union: Als Erstes die Bekämpfung des Virus. [...] Deutschland hat die WHO und Afrika kontinuierlich während der Pandemie unterstützt. Wir haben soeben der WHO mehr als 120 Millionen medizinische Schutzmasken gespendet – ein Großteil davon wird in afrikanische Länder gehen. Als Zweites begrüßen wir noch engere Zusammenarbeit zwischen den VN und der AU bei der Beendigung gewaltsamer Konflikte – auch auf der Ebene des VN-Sicherheitsrats und des Friedens- und Sicherheitsrats der AU. [...]

Ich will hier auch nochmals unsere Unterstützung für den Aufruf des Generalsekretärs zu einer globalen Waffenruhe bekräftigen. [...] Das Kämpfen weltweit muss aufhören. Deutschland unterstützt auch nachdrücklich die Initiative der AU „Die Waffen zum Schweigen bringen". Wir sind Partner der AU dabei, Waffenströme in Konfliktgebiete zu unterbinden und Rüstungskontrollexperten auszubilden.

Und als Mitglied dieses Rates haben wir deutlich gemacht, dass echter Frieden und echte Versöhnung ohne das zur Rechenschaft ziehen von Tätern, die Einhaltung der Menschenrechte und die gleichberechtigte Beteiligung von Frauen nicht möglich sind. [...]

Als Drittes sind die AU und die VN natürliche Partner bei der Bekämpfung des Klimawandels. Die Auswirkungen des Klimawandels auf Frieden und Sicherheit sind offensichtlich – insbesondere in Afrika. Von der Sahelzone bis Somalia sind Dürren, Hunger und Vertreibung Beschleuniger von Konflikten. Daher hat Deutschland den Klimawandel fest auf der Agenda dieses Rates verankert – und dies mit der Unterstützung nahezu aller seiner Mitglieder. [...] Die Vereinten Nationen und die Afrikanische Union werden dabei eine Schlüsselrolle spielen – und Deutschland steht bereit, sie zu unterstützen.

Afrikanische Union
Die 2002 gegründete Organisation umfasst mit 55 Mitgliedern den gesamten Kontinent. Vorrangige Ziele sind politische und wirtschaftliche Integration sowie Frieden und Sicherheit. Daneben will die AU auch afrikanische Politik koordinieren und Demokratie und Menschenrechte voranbringen.

WHO
World Health Organization – Weltgesundheitsorganisation

© Auswärtiges Amt: Rede von Außenminister Heiko Maas im Sicherheitsrat der Vereinten Nationen zur Debatte „Die Zusammenarbeit zwischen den Vereinten Nationen und regionalen und subregionalen Organisationen: die Afrikanische Union". In: www.auswaertiges-amt.de, 04.12.2020

M2 Die Perspektive Afrikas

Karikatur: Schopf, Oliver

Le Pen, Wilders, FPÖ, Orban
rechtspopulistische Parteien oder Politikerinnen und Politiker Europas

AUFGABEN

1. a) Arbeiten Sie thesenartig die zentralen Aspekte der Perspektive Deutschlands auf Afrika anhand der Rede in **M1** heraus.
b) Nennen Sie die Herausforderungen, welche in **M1** beschrieben werden.
c) Erläutern Sie, welche Rolle der deutsche Außenminister dabei den Vereinten Nationen zuschreibt.
d) Erklären Sie, auf welche kriegerischen Konflikte in der Rede in **M1** angespielt wird.

2. Überprüfen Sie, inwieweit die Perspektive des deutschen Außenministers den Kernzielen der deutschen Außenpolitik entspricht (**M1**).

3. a) Analysieren Sie die Karikatur in **M2** (→ Methodenkarte, S. 18).
b) Beschreiben Sie die Perspektive aus der Sicht Afrikas, die in der Karikatur dargestellt wird.
c) Beurteilen Sie die Darstellung des Karikaturisten vor dem Hintergrund der europäischen Flüchtlingspolitik.

Lösungsvorschläge zu den Aufgaben
70040-47

Tabelle zur Selbsteinschätzung
70040-48

Eine Positionslinie bilden

Worum geht es?

Mit Hilfe einer Positionslinie können Einstellungen körperlich zum Ausdruck gebracht werden. Dies kann in jedem größeren Raum geschehen, z. B. in eurem Klassenraum.

Gehen Sie dabei so vor:

1. Schritt: Vorbereitung

Auf einer gedachten oder durch einen Klebestreifen auf dem Boden markierten Linie positioniert sich die Klasse zu einer Frage oder zu einem Problem.
Die Enden dieser Linie stellen alternative Pole (ja/nein; stimmt/stimmt nicht), der Abstand zwischen diesen Punkten entsprechend abgestufte Positionen dar.

2. Schritt: Durchführung

Die Schülerinnen und Schüler werden dann aufgefordert, ihre Positionen zu begründen und sich auch argumentativ aufeinander zu beziehen.

Scholz, Lothar: Spielerisch Politik lernen. Methoden des Kompetenzerwerbs im Politik- und Sozialkundeunterricht, Frankfurt/M, 2003, S. 114

Ein Wandplakat erstellen

Worum geht es?

Ein Wandplakat bietet die Möglichkeit gelernten Inhalt zu visualisieren.

Gehen Sie dabei so vor:

1. Schritt: Vorbereitung

Halten Sie das Wichtigste fest. Hierbei können Ihnen folgende Materialien helfen:
- Bilder, Tabellen, Fotos ...
- Kurze Informationstexte

2. Schritt: Gestaltung

- Klare, saubere, deutliche Schrift
- Keine Rechtschreibfehler
- Farben verwenden, die auch von weitem gut erkennbar sind
- Raum gut aufteilen (nicht dicht gedrängt)

Nach: Klippert, Heinz: Methodentraining. Übungsbausteine für den Unterricht, Weinheim und Basel: Beltz Verlag 1999, S. 168

Ein Rollenspiel durchführen

Worum geht es?

Bei einem Rollenspiel können Sie in einer vorgegebenen Situation in Rollen schlüpfen, die von Ihnen selbst ausgestaltet werden können.
Dabei geht es darum, möglichst rollengerecht zu handeln, wie es in der Rollenbeschreibung vorgesehen ist. Sie spielen, als ob Sie eine bestimmte Person in einer bestimmten Situation seien. Dabei können Sie eigene Einstellungen und Gefühle erkennen und verstehen, aber auch die anderen Interessen und Sichtweisen erfahren.

Gehen Sie dabei so vor:

1. Schritt: Rollenvergabe

1. Klären Sie, wie viele Rollen im Rollenspiel vergeben werden sollen.
2. Verteilen Sie die Rollen auf möglichst gleichgroße Gruppen in der Klasse. Jede Gruppe übernimmt jeweils eine Rolle. Achten Sie darauf, dass die Rollen unterschiedliche Aufgaben übernehmen und unterschiedliche Recherchen erfordern.

↓ ↓ ↓

2. Schritt: Inhaltliche Vorbereitung auf die einzelnen Rollen

1. Machen Sie sich mit Ihrer Rolle vertraut, indem Sie sich in der Gruppe über die Rolle austauschen.
2. Recherchieren Sie im Schulbuch, im Internet, in Bibliotheken oder bei Expertinnen und Experten nach weiteren Informationen und Argumenten für Ihre Rolle und Position.
3. Besprechen Sie Ihre Rolle, tauschen Sie sich mit Ihrem Wissen aus und erweitern Sie die Rolle mit eigenen Ideen.
4. Bestimmen Sie außerdem die Person, die für Ihre Gruppe die Rolle im Rollenspiel übernimmt.
5. Der Rest Ihrer Gruppe beobachtet das Rollenspiel.

↓ ↓ ↓

3. Schritt: Durchführung und Reflexion

1. Führen Sie das Rollenspiel durch. Bauen Sie Ihr Klassenzimmer dafür entsprechend um.
2. Beantworten Sie nach dem Rollenspiel in der Klasse folgende Fragen:
   - Welche Rolle konnte wie überzeugen?
   - Wie lautet das Ergebnis des Rollenspiels?
   - Wurde ein Ergebnis gefunden, das alle Rollen vertreten können?
   - Welche Besonderheiten sind Ihnen im Allgemeinen aufgefallen?

Bearbeiter

Im Internet recherchieren

Worum geht es?

Suchmaschinen bieten oft viele Tausend verschiedene Internetseiten an. Eine Recherche im Internet muss daher strukturiert angegangen werden.

Gehen Sie dabei so vor:

1. Schritt: Eingrenzung der Suche und Begriffsfindung

Sie sollten die Suchanfrage genau eingrenzen. Am besten schreiben Sie passende Begriffe so genau wie möglich in das Suchfeld. Durch das +-Zeichen sucht die Suchmaschine nach Internetseiten, in denen alle Begriffe vorkommen, durch Anführungsstriche können Begriffe verbunden werden, die Suchmaschine sucht dann nur nach dieser Kombination. Wenn die erste Eingabe nicht erfolgreich war, können Suchbegriffe herausgenommen oder ausgetauscht werden.

2. Schritt: Auswahl der Suchergebnisse

Als Ergebnis erhalten Sie in der Regel eine lange Liste an Treffern von Internetseiten. Wenn die ersten Angaben Ihrer Suche entsprechen, lesen Sie die kurze Beschreibung unter der Überschrift. Die URL gibt oft darüber Auskunft, wer die Internetseite anbietet. Einrichtungen, Ministerien, Tageszeitungen u. Ä. verwenden in der Regel ihren Namen als URL, sodass Sie gleich wissen, dass Sie sich auf die Informationen verlassen können. Wählen Sie die Seite aus, die am besten zu Ihrer Suche passt, und überfliegen Sie den Inhalt. War die Seite nicht richtig, gehen Sie im Browser auf den Pfeil nach links (zurück).

3. Schritt: Bewertung der Internetseiten

Sie können die Identität der Verfasserin oder des Verfassers beispielsweise über das Impressum oder die Rubrik „Wir über uns" herausfinden. Auch der Hintergrund der Autorin oder des Autors sollte bekannt sein, d. h. in welchem Umfeld die Website veröffentlicht wurde (z. B. Universität, Unternehmen, Organisation). Schließlich sollte der Text aktuell sein. Dabei kann ein Blick auf weiterführende Links helfen.

4. Schritt: Ergebnissicherung

Sichern Sie vor dem Schließen der Browserfenster Ihre Ergebnisse (z. B. durch Ausdrucken, Link speichern ...).

Bearbeiter

Ein Flussdiagramm erstellen

Worum geht es?

Die Beziehungen zwischen juristisch, ökonomisch oder politisch relevanten Ereignissen können sehr komplex sein. Um sie zu erfassen, reicht das Denken von einer Ursache zu einer Wirkung nicht aus. Mithilfe von Flussdiagrammen lassen sich systemische Zusammenhänge darstellen und modellieren, die Abfolge einzelner Schritte eines Prozesses verdeutlichen sowie modellhafte Handlungsschritte in einem Problemzusammenhang oder zur Veranschaulichung der Schritte einer Argumentation visualisieren.

Gehen Sie dabei so vor:

1. Schritt: Ermittlung relevanter Systemelemente

Für die Visualisierung eines Themenkomplexes müssen zuerst die für die Frage- oder Problemstellung relevanten Systemelemente ermittelt werden. Hierfür sind vorher die Systemgrenzen und die Systembedingungen zu klären. Die Systemelemente können z. B. nach Ursache, Wirkung, Ziel, Maßnahme, Folgen etc. gruppiert werden. Die Richtung der Beeinflussung der Systemelemente wird durch Pfeile dargestellt.

2. Schritt: Visualisierung des Themas

Beispiel eines Flussdiagramms anhand einiger Systemelemente:

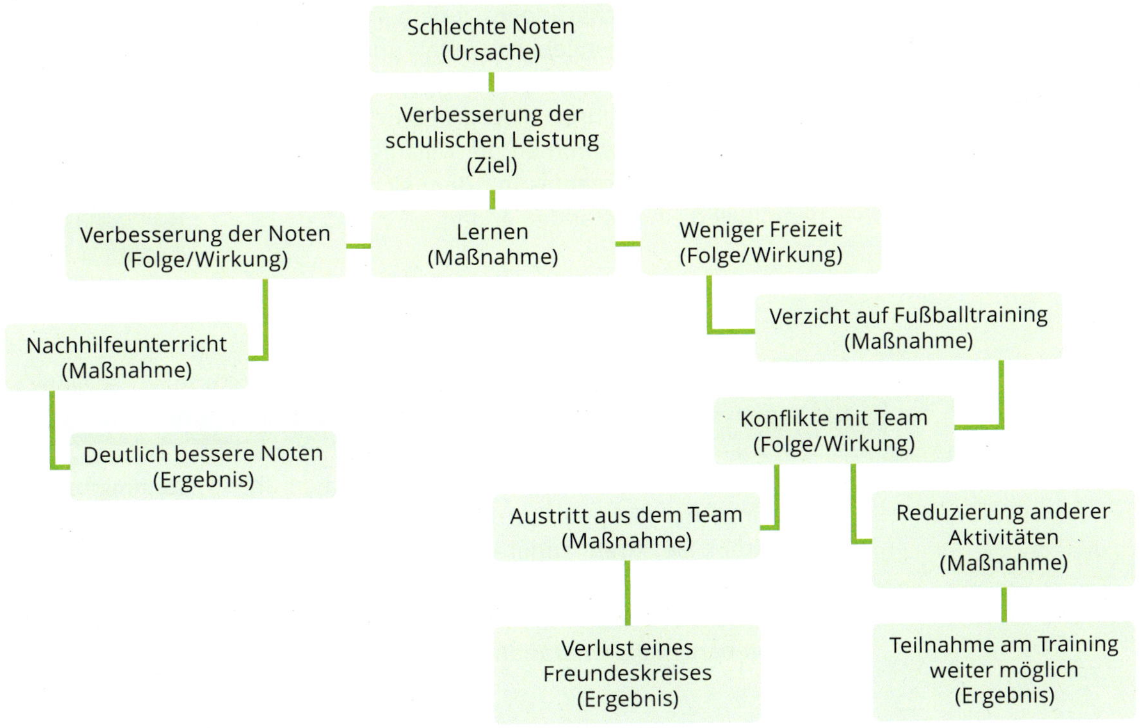

Bearbeiter

Ein Gruppenpuzzle durchführen

Worum geht es?

Diese Unterrichtsmethode ist eine Form der Gruppenarbeit. Sie arbeitet mit zwei Gruppenformen, der Stamm- und der Fachgruppe.
Die Mitglieder einer Klasse werden in Gruppen eingeteilt. Jede Gruppe bearbeitet das Gesamtthema, jedoch jedes Mitglied in Einzelarbeit einen anderen Teil.

Gehen Sie dabei so vor:

1. Schritt: Bildung von Stammgruppen

- Teilen Sie die Klasse in Stammgruppen von drei bis sechs Personen auf.
- Teilen Sie jedem Mitglied einer Stammgruppe eine Teilaufgabe zu. Jedes Gruppenmitglied wird somit zur „Fachkraft" eines Themas.
- Nehmen Sie sich ausreichend Zeit, damit Sie sich in Ihr Gebiet einarbeiten können.

Stammgruppen

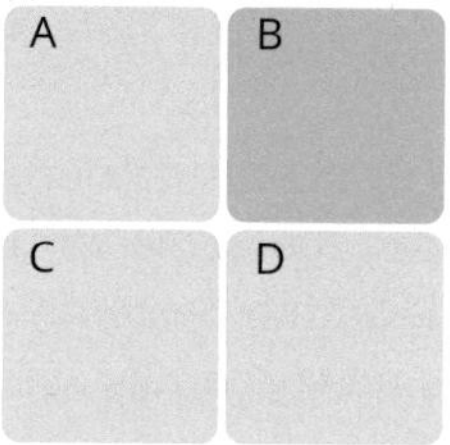

2. Schritt: Bildung von Fachgruppen

- Bilden Sie nun „Fachgruppen", indem sich Mitglieder des gleichen Themengebiets treffen und ihre Ergebnisse vergleichen.
- Besprechen Sie in Ihren „Fachgruppen" Ihre Teilaufgabe. Lösen Sie zusammen die Teilaufgabe und formulieren Sie ein Ergebnis mit dem sich jedes Gruppenmitglied einverstanden erklärt.

Fachgruppen

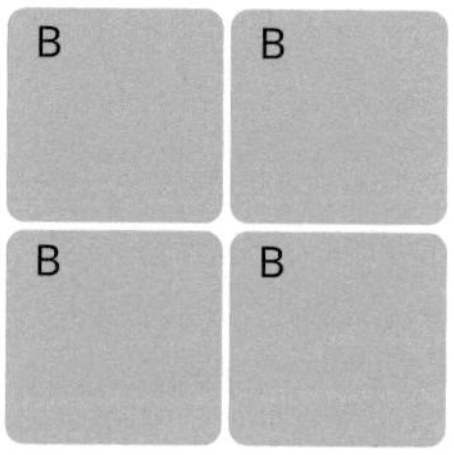

3. Schritt: Rückkehr in die Stammgruppen

- Kehren Sie als „Fachkräfte" anschließend in Ihre ursprünglichen Gruppen zurück.
- Vermitteln Sie Ihren anderen Gruppenmitgliedern, was Sie über Ihr Themengebiet erarbeitet haben.
- Hören Sie den anderen „Fachkräften" zu und stellen Sie gegebenenfalls Verständnisfragen.

Stammgruppen

Bearbeiter

Register

Bildnachweis

ADAC e. V., München – S. 86; AdobeStock / ahmad – S. 60; - / Elnur – S. 60; - / REUTERS, MARCOS BRINDICCI – S. 194; - / RTRO – S. 18; Alamy Stock Photo / Heritage Image Partnership Ltd – S. 18; - / Mo Peerbacus – S. 212; Alternative für Deutschland (AfD) – S. 93; Baaske Cartoons / Gerhard Mester – S. 42, 115, 122, 171; - / Burkhard Mohr – S. 88; - / Thomas Plaßmann – S. 31, 146; BDI – Bundesverband der Deutschen Industrie e. V., Berlin – S. 86; Bergmoser + Höller Verlag, Aachen – S. 126, 128, 129, 132, 135, 144, 176, 207; © BMZ – S. 185; Bullspress / © Watterson / Distr. Andrews Mc Meel Syndicate / Distr. Bulls, Frankfurt – S. 114; Bundesrat 2021, CC BY-NC-ND 3.0 – S. 130; Bundesregierung / Steffen Kugler – S. 132; Bundesvereinigung Lebenshilfe – S. 86; BÜNDNIS 90/DIE GRÜNEN/gruene.de – S. 93; Campact e. V. – S. 84; CDU Bundesgeschäftsstelle, Berlin – S. 92; Chappatte / Globe Cartoon – S. 203; Christlich-Soziale Union in Bayern e. V. – S. 92; DBV – S. 86; Deutscher Bundestag / Achim Melde – S. 21, 39, 200; - / Simone M. Neumann – S. 120; - / Thomas Trutschel, photothek.net – S. 121 (2); Deutscher Fußball-Bund e.V. (DFB) – S. 86; DIE LINKE, Bundesgeschäftsstelle Berlin – S. 93; © FDP – S. 93; Fotolia / Aleix Cortadellas – S. 131; GEPA The Fair Trade Company mbH, Wuppertal – S. 185; Getty Images Plus / iStock Editorial, Alexandros Michailidis – S. 206; - / iStockphoto, AlinaYudina – S. 60; - / iStockphoto, AndreyPopov – S. 152; - / iStockphoto, Antonio_Diaz – S. 94; - / iStockphoto, Bestgreenscreen – S. 126; - / iStockphoto, dikobraziy – S. 198; - / iStockphoto, jzehnder – S. 116; - / iStockphoto, LightFieldStudios – S. 94; - / iStockphoto, Ljupco – S. 94 (3); - / iStockphoto, LSOphoto – S. 94; - / iStockphoto, lucky-photographer – S. 10; - / iStockphoto, lukas zb – S. 59; - / iStockphoto, Nattakorn Maneerat – S. 152; - / iStockphoto, Dianingsih Miasari – S. 60; - / iStockphoto, milosradinovic – S. 126; - / iStockphoto, Mochipet – S. 60; - / iStockphoto, Irina Nisiforova – S. 116; - / iStockphoto, rui_noronha – S. 126; - / iStockphoto, Sablin – S. 152; - / iStockphoto, Stocknick – S. 60; - / iStockphoto, tuaindeed – S. 53; - / iStockphoto, ximacx – S. 120; - / OJO Images, Paul Bradbury – S. 152; GoodWeave International, Washington, DC – S. 185; Greenpeace e. V., Hamburg – S. 86; Horst Haitzinger, München – S. 177; © Initiative Lieferkettengesetz – S. 186 (4); iStockphoto / Steve Debenport – S. 48; - / DLMcK – S. 206; Kostas Koufogiorgos, Stuttgart – S. 56; Mauritius Images / Alamy Stock Photo, IanDagnall – S. 201; - / Alamy Stock Photo, Paul Fearn – S. 18; - / Alamy Stock Photo, Pacific Press Agency – S. 214; - / dieKleinert, Leopold Maurer – S. 96; - / imageBROKER, Wolfgang Noack – S. 172; nelcartoons.de – S. 55; Petitionsausschuss des Deutschen Bundestages (https://epeditionen.bundestag.de) – S. 84; picture-alliance / blickwinkel, W. G. Allgöwer – S. 116; - / dieKLEINERT.de, Martin Erl – S. 62; - / dieKLEINERT.de, Schwarwel – S. 16, 25, 201; - / dpa-Infografik / Globus-Grafik – S. 54; - / dpaweb / dpa Report / Keystone, Urs Flueeler – S. 46; - / Eibner-Pressefoto, Weber – S. 154; - / Fotoreport, epa afp Macallister – S. 154; - / Fotoreport, Gerd Herold – S. 154; - / Christophe Gateau – S. 78; - / Geisler-Fotopress, Marcus Golejewski – S. 116; - / Danny Gohlke – Cover, 83; - / Axel Heimken – S. 78; - / Sven Hoppe – S. 90, 116; - / Henning Kaiser – S. 104; - / Daniel Kalker – S. 206; - / Michael Kappeler – S. 32; - / Wolfgang Kumm – Cover, 154, 192; - / Frank Leonhardt – S. 90; - / Marijan Murat – S. 78; - / Kay Nietfeld – S. 78; - / photoshot – S. 214; - / REUTERS, Annegret Hilse – S. 120; - / REUTERS, JAMES AKENA – S. 194; - / rtn - radio telenord, frank bründel – S. 83; - / Christoph Soeder – S. 172; - / Soeren Stache – S. 104; - / Julian Stratenschulte – S. 194; - / Süddeutsche Zeitung Photo, Heddergott, Andreas – S. 46; - / SZ Photo, Jens Schicke – S. 120; - / SZ Photo, Natalie Neomi Isser – S. 206; - / Sebastian Widmann – S. 78; - / Zentralbild, Britta Pedersen – S. 64; - / Zentralbild, Paul Zinken – S. 172; - / ZUMAPRESS.com, Sachelle Babbar – S. 97; - / ZUMAPRESS.com, Luiz Roberto Lima – S. 196; Thomas Plaßmann, Essen – S. 182; Heiko Sakurai, Köln – S. 161; Roger Schmidt, Brunsbüttel – S. 92; Oliver Schopf, Wien – S. 225; Shutterstock / AlejandroCarnicero – S. 194; Shutterstock / Frederic Legrand, COMEO – S. 76; Shutterstock / Yeongsik Im – S. 194; SPD-Parteivorstand, Berlin – S. 92; Statista GmbH, Hamburg – S. 20, 153, 180, 182, 205; Klaus Stuttmann, Berlin – S. 52; Daniela Tempert, Bamberg – S. 40 (2), 41; TransFair e. V., Köln – S. 185; ver.di - Vereinte Dienstleistungsgewerkschaft – S. 86; Volksbegehren Artenvielfalt – S. 90; © WWF – S. 204; www.wikimedia.org / Wilfried Huss – S. 213.

Erläuterungen zu den Operatoren

Anforderungsbereich I:

Operatoren für **Reproduktionsleistungen (Wissen und Kennen)**

Dieser Anforderungsbereich fokussiert sich auf die reine Wiedergabe von **bereits vermitteltem** Wissen und Kenntnissen bzw. auf das Beschreiben von Sachverhalten aus einem **bekannten** Gebiet.

Operator	Erklärung	Beispiel
aufzählen *nennen* *wiedergeben*	Kenntnisse (Fachbegriffe, Daten, Fakten, Modelle) und Aussagen in kurzer Form unkommentiert wiedergeben	• Zählen Sie drei zentrale Elemente einer Demokratie auf. • Nennen Sie alle Oppositionsfraktionen im derzeitigen Bundestag • Geben Sie ein bekanntes Argument für die relativ hohen Diäten von Abgeordneten wieder.
beschriften	Vorgegebenes (bspw. Modelle) begrifflich präzise, in der Regel mit Fachbegriffen, benennen	• Beschriften Sie folgendes Schaubild zum politischen System von (...) sinnvoll.
beschreiben *darstellen* *skizzieren*	wesentliche Aspekte eines Sachverhaltes wiedergeben	• Beschreiben Sie die Rolle der Fachausschüsse im Gesetzgebungsverfahren. • Stellen Sie eine wesentliche Funktion von Medien in der Demokratie anhand eines Beispiels dar. • Skizzieren Sie den Ablauf des Misstrauensvotums in fünf Schritten.
definieren	Erklärung eines Begriffs inhaltlich präzise wiedergeben	• Definieren Sie den Begriff Föderalismus.
sortieren	Elemente in eine sinnvolle Reihenfolge bringen, um beispielsweise einen Ablauf darzustellen	• Sortieren Sie folgende Schritte des Gesetzgebungsverfahrens sinnvoll.

Anforderungsbereich II:

Operatoren für **Reorganisations- und Transferleistungen (Anwenden und Übertragen)**

Dieser Anforderungsbereich stellt das selbständige Erklären, Einordnen, Übertragen und Anwenden auf **neue Sachverhalte** in den Vordergrund. Somit wird die Wissensbasis des Anforderungsbereichs I auf z. B. **neue** Fragestellungen, Verfahrensweisen, Sachzusammenhänge ausgeweitet.

Operator	Erklärung	Beispiel
analysieren *auswerten* *herausarbeiten*	Materialien (z. B. Textquellen) oder Sachverhalte kriterienorientiert oder aspektgeleitet erschließen, in systematische Zusammenhänge einordnen und Hintergründe und Beziehungen herstellen	• Analysieren Sie das vorliegende Schaubild (EU) in Hinblick auf die demokratischen Mitwirkungsmöglichkeiten eines EU-Bürgers (drei Aspekte).
belegen	aus vorliegenden Materialien bestimmte Sachverhalte herausfinden, um eine vorgegebene Position oder Aussage zu unterstützen	• Belegen Sie mit Hilfe der vorliegenden Passagen des FDP-Wahlprogramms die liberale Grundausrichtung der Partei.